器物圖騰 × 城樓地標 × 自然景觀 × 佳餚酒釀 × 節日傳說
異邦風情錦上添花，探索東方思想的搖籃

齊魯風華

山東掠影 ── 儒學文化的奠基與發揚

王晨光 主編

▶ 始皇帝追求長生不老，遣徐福東渡成日本始祖？
▶ 孔氏一族規矩超繁瑣，內孔和外孔地位大不同？
▶ 魯菜獨有的烹調方法，一躍成為八大菜系之首？
▶ 青島啤酒節聞名海外，慶典規模堪稱亞洲之最？

坐擁豐富人文遺產，多元結合異國情調
漫步山東的街巷，感受中國第一半島的活力！

目錄

前言……………………………005

歷史山東…………………………007

名勝山東…………………………053

飲食山東…………………………091

娛樂山東…………………………133

購物山東…………………………161

住宿山東…………………………185

交通山東…………………………217

風習山東…………………………241

鄉俗山東…………………………259

名人山東…………………………291

前言

　　這裡是一片神奇的土地。

　　孔子在這裡誕生。在遠古的齊魯大地上，到處活躍著聖賢們的身影 —— 黃帝和少昊曾在這裡創建偉業；大舜曾在這裡駕象耕耘；這裡留下了諸子百家博學思辨的足跡，孔子、墨子、莊子、孫子（孫武和孫臏）、鬼谷子……相繼締造出了中華文化的血脈和精華；這裡也孕育出了一大批優秀的中華兒女，如姜太公、管仲、諸葛亮、王羲之、顏真卿、李清照、辛棄疾、戚繼光……他們的精神代代相傳，為中華民族鑄造出了輝煌的篇章。

　　泰山在這裡崛起。從膠東半島到魯中山地，再到魯西平原，大自然的鬼斧神工，不僅締造出泰山五嶽獨尊的雄奇，還為我們呈現出了令世界震驚的山旺化石、萊蕪燕子石、長清木魚石、諸城恐龍……在這片不到 16 萬平方公里的土地上，有全國最大的黃金和鑽石產地、中國第二大油田、豐富的煤炭資源、2,500 多公里海岸線（相當於全中國的六分之一）以及數不清的適宜生活和旅遊的島礁灘塗。這裡瓜果遍地，物產豐茂；這裡生活著 9,300 萬勤勞質樸的人民，是中國著名的經濟強省，有海爾、海信、青島啤酒、張裕葡萄酒等一串串閃閃發光的品牌；這裡還有著當今中國最便利的高速公路交通線……

　　黃河在這裡入海。黃河是中華民族的母親河，在五千年中華文化的進程中，齊魯大地無疑是一張濃縮了的中華名片。在這張名片上，有北辛文化、大汶口文化、龍山文化、岳石文化、後李文化……這些名字後面，無不記載著這片土地對黃河母親的熱愛和貢獻；一路往下看，千里

大運河在這裡流淌，獨特的齊魯民俗風情在這裡孕育……

奧運在這裡揚帆。也許人們想像不到，在這片當今以保守和穩健著稱的土地上，曾經激盪著開放的號角。遠古時期，生活在這裡的東夷部落，曾經是中華大地上最富庶的先民；位列春秋五霸和戰國七雄的齊國，是當時商業最開放的區域；膠東半島的密州港、登州港，曾經是海上絲綢之路的起始點。在近代歷史上，這裡也是中國最早對西方列強開埠的地區之一，青島、煙臺、威海、濟南……到處都留下了殖民者的足跡；在今天的煙臺山，依舊完好保留著當時 17 個國家（組織）的使領館建築。1980 年代之後，這裡成為經濟騰飛的橋頭堡，青島和煙臺是中國第一批的沿海開放城市……

站在地圖前仔細端詳，有人說，山東像一把熊熊燃燒的火炬，點燃了五千年輝煌的中華文明之光；也有人說，山東像一隻振翅欲飛的雄鷹，正昂首面對著太平洋的洶湧波濤；還有人說，山東像一頭穩健靜默的神龜，堅定地邁向輝煌的明天……

孔子曰：有朋自遠方來，不亦樂乎？

我們期待著您的到來……

歷史山東

山東有哪些聞名全國的史前文化

山東是中國遠古文化最發達的地區之一。在舊石器時代就已經有猿人在今山東中部地區勞動、繁衍。進入新石器時代以後，山東創造了極其輝煌的新石器文化，成為中華古文化的一個重要篇章。在已經發現的眾多的山東新石器文化中，大汶口文化和龍山文化是聞名中國的史前文化。

大汶口文化，因 1959 年在泰安大汶口鎮和寧陽縣堡頭城交界處發掘的一個典型遺址而得名。這個文化分布很廣，以泰沂山區為中心，南到江蘇、安徽北部，北到魯西北平原，東達膠東半島，幾乎遍布山東全省各地。大汶口文化從西元前 4300 年一直延續到西元前 2400 年左右，前後經歷了近兩千年之久。

大汶口文化的生產工具，種類很多，原料也多樣化，除了用石頭，還用獸骨、獸牙、蚌殼等製成。所有石器都磨得很光滑，造型有序，刃口鋒利。石斧、石鏟上普遍有鑽孔。鑽孔技術的出現，是製造工具的一大進步，有了鑽孔就可以使石器牢固的縛在木柄上，加強砍伐力，提高勞動工效。

大汶口文化以農業經濟為主。隨著生產工具的進步、生產經驗的累積，農產品的數量也逐漸增加，糧食開始有了剩餘。原始農業的發展，又帶動了原始畜牧業和手工業的發展。此時還出現了陶器輪製技術，這是製陶手工業的一項革命。

龍山文化，因 1928 年首先發現於章丘市龍山鎮的城子崖而得名。山東地區的龍山文化，由於與中原等地的龍山文化有很多不同而被稱為「典型龍山文化」或「山東龍山文化」。這個文化存在於西元前 2400 年到

前 2000 年左右，是在大汶口文化的基礎上發展起來的一種新文化。現在發現的龍山文化的遺址已經有 100 多處，其中許多遺址疊壓在大汶口文化遺址之上，有泗水尹家城、濰縣獅子行、蓬萊紫荊山、茌平尚莊與南陳莊等遺址。

龍山文化的生產工具比大汶口文化有了很大的進步，除了使用磨製精良的石斧、石鏟、石錛、石鑿外，還廣泛使用石、骨、蚌製的鐮和雙孔刀等收割工具。尤其重要的是，在膠州三里河遺址中出土了兩件黃銅錐，這兩件黃銅錐的發現說明龍山文化的後期已進入了銅石並用時期，邁入了一個新的歷史時代。

生產力的進步推動了農業的發展，農業的發展又為手工業的發展創造了條件。龍山文化的製陶業非常發達，這時已經普遍用快輪製陶。除了灰陶，還有大量漆黑光亮的黑陶和少量的磨光陶器，其中有很多表現出極高的工藝水準。

中國最早的城邦 —— 城子崖龍山古城

城子崖龍山古城，坐落在濟南市章丘龍山鎮東北、武原河東岸高阜地帶。因為這裡原是譚國古城舊址，地勢較高，所以被稱為「城子崖」。

遺址於 1928 年春被發現，當時考古學家吳金鼎在這裡發現了一種以黑亮薄胎（蛋殼陶）的陶器為主要特徵的文化遺址，接著中國考古學界在 1930 年和 1931 年又對該地區進行了兩次有選擇的發掘。在幾次發掘過程中，該古城的面貌逐步展現在世人面前。該遺址東西寬 430 公尺，南北長 520 公尺，出土了陶器、石器等大批文物。據專家考證，該遺址是中國歷史上最早的城邦。

　　城子崖是一片隆起的高地，文化堆積的厚度有 3 公尺，包括龍山、周至漢等幾個不同時期的文化遺存。它是黃河下游地區直接承襲大汶口文化發展起來的一支古文化，以素面磨光黑陶為主，盛行以三足器等為主要代表的器物，充分反映了山東龍山文化製陶手工業精湛的技術。在個別遺址中還發現有小型銅製工具。

　　城子崖文化遺址表明，它不同於以紅陶、彩陶為特徵的仰韶文化，因而被考古學界命名為「龍山文化」。又因為這種文化常有黑亮薄胎的蛋殼陶，所以也叫「黑陶文化」。這是新石器時代晚期山東出土的一支古老文化，距今已有 4,000 多年的歷史。現在這座古城已經被列為全國重點文物保護單位。

中國最古老的文字 —— 大汶口陶文與龍山陶書

　　文字是古代社會經濟、政治、文化發展到一定階段的產物，它的功能是多方面的，其中最重要的應該是記載和傳遞各種必要的資訊。文字的發明是人類歷史上的一件大事。文字產生之後，使知識的累積、繼承和傳遞有了重要的依託，從而進一步加快了社會的發展速度。

　　中國古代文字的產生經過了漫長的過程。在舞陽賈湖遺址出土的龜甲上，專家就發現了距今 8,000 多年契刻的「目」字；在仰韶文化和其他地區史前文化的陶器上，也不斷地有距今 7,000 年的、被稱為刻劃符號的遺存被發現，郭沫若生前曾認為這些刻劃符號就是中國文字的來源。距今 5,000 年前後，在大汶口文化的陶器和龍山文化的陶書上出現了與殷商甲骨文最為接近的「文字」，許多古文字學家認為它們是中國最早最古老的文字，和後來的漢字有著密切的淵源關係。

其中，在大汶口文化遺址中發現的陶器上刻有的陶文，與古文字已有相似的地方。這些圖像文字基本上都是以實物為原形摹畫的，但又因為進行了不同程度的抽象化，所以與實物並不完全相同。可以認為，文字是以象形為基礎，從圖畫符號演進過來，後來又經過史官或巫師進行加工整理而形成的表意文字。大汶口的陶文雖然是單獨出現，而不是使用於完整的句子中，但處於當時落後的社會，人們是有可能使用圖形的關鍵字去記載事件的中心的。所以說，大汶口陶文是漢字的雛形。

山東龍山文化時期也已經使用文字，這是山東大學考古實習隊在鄒平縣丁公龍山文化遺址中發現的。文字整齊地刻在一件泥質磨光灰陶大平底盆底部殘片的器內面，共計有 5 行 11 個字。這些刻文筆劃流暢，獨立成字，刻寫有一定章法，排列也很規則，已經脫離了符號和圖畫的階段。全文很可能是一個短句或辭章。文字中除一部分為象形字外，有的可能是會意字，比起大汶口陶文來又有了一定的進步。對丁公龍山文化這件刻字陶文，考古學界、古文字學界 30 多位專家學者經過鑑定，一致認為它也是中國最古老的文字，並且將它稱為「陶書」，和單個陶文相區別。

大汶口陶文與龍山陶書是中國最古老的文字，對於後人研究中國漢字的起源，具有重要的歷史價值和學術意義。

中國最早的甲骨文 —— 桓台縣甲骨文

桓台縣位於山東省中部，魯中山區與魯北平原交界地帶，是華北大平原的一部分。縣境東接齊國故都臨淄，南靠淄博市政府駐地 —— 張店，西南部與周村接壤，西連鄒平，北依博興、高青。歷史上，桓台屬

薄姑國，元朝時，定名為新城。民國後，因境內有齊桓公戲馬臺而更名為桓台縣。

　　早在原始社會的新石器時代，桓台這塊土地上就已經出現了人類文明。在這裡發現了很多大汶口文化、龍山文化、岳石文化和商周文化時期的遺址。到目前為止，桓台境內已發現文化古蹟 100 餘處，其密度之大、內涵之豐富在中國較為少見。由此可以證明，桓台這片沃土是中華民族進入文明時期之後的一個重要聚落群體。

　　桓台縣發掘出土的新石器時代的文物，展示了原始文化的燦爛輝煌。考古學家在桓台的一處祭祀遺址發現了 365 件器物，包括石器、骨器、角器、陶器等，其中兩塊羊肩胛骨上刻有 8 個甲骨文字。此兩塊羊骨均有燒痕，顯然是占卜所用，骨上文字筆劃仍非常原始。專家依據這批器物的特徵，認為此物是岳石文化晚期的遺物。這是人類迄今為止發現的最古老的甲骨文，距今已有 3,500 年，比河南安陽殷墟遺址發現的甲骨文還要早 300 年。這些古老的甲骨文字印證了中國幾千年的文字產生、演變發展史，是中國文字史上一個全新的突破。

悠悠歲月齊長城 —— 中國現存最古老的長城

　　清朝文學家姚鼐的著名遊記〈登泰山記〉中載：「泰山之陽，汶水西流；其陰，濟水東流。陽谷皆入汶，陰谷皆入濟，當其南北分者，古長城也。」這裡所說的古長城，便是中國歷史上最早的長城 —— 齊長城。

　　彙集零零散散的史料記載約略可知，這座齊長城，西起山東省長清縣古濟水河畔的鉅防，橫跨泰山，綿延千里，東經肥城、泰安、萊蕪、淄川、沂水、臨朐、莒縣，以至諸城，從瑯琊臺入海，為齊宣王所築，

當時是為了抵禦楚寇。《管子》中提到它：「長城之陽，魯也；長城之陰，齊也。」這又成了齊魯的「界碑」。齊長城，是冷兵器時代的傑作，是齊國的一項巨大的綜合防禦體系。它很像一條奇長的凸鏈，自西向東，橫亙於齊魯大地。

齊長城在軍事上的重要性是顯而易見的。以青石關為例，兩側山巒夾峙，關嵌在正中，關南北方向延伸處見峽谷山道；左右長城，猶若巨蟒，起伏於危巒溝壑之間，和青石關緊緊連為一體，別無它道，東西十幾公里，乃至數百公里，唯有從這跨度不足 3 公里的關口通過，且南北部都要經過幾公里的峽谷山道，真正是「一夫當關，萬夫莫開」。此外，齊長城文化也播及後人。幾乎每個關隘，都留有門聯和關名，吸引了眾多文人墨客到此觀瞻，留下了許多逸聞趣事。清代文學家蒲松齡在其詩文中這樣描寫他過青石關時看到的情景：「身在甕盎中，仰看飛鳥渡。南山北山雲，千株萬株樹。但見山中人，不見山中路樵者指以柯，捫蘿自茲去。 勾曲上層霄，馬蹄無穩步。忽然聞犬吠，煙火數家聚。 挽轡眺來處，茫茫積翠霧。」

和其他文物名勝一樣，齊長城腳下也有它動人而辛酸的故事：有一對恩愛夫妻，結婚不到三天，丈夫就被齊國公差抓去充役修築長城。臨別時，他告訴妻子：「此去凶多吉少，九死一生，恐難返回。」妻子聽後心痛欲裂，肝腸寸斷，哭得死去活來。轉眼幾年過去了，丈夫杳無音信。在一個大雪紛飛、北風呼嘯的夜晚，其婦夢見丈夫和一群苦役，在那起伏綿延的群山之中，冒著嚴寒搬運石料，修築齊國長城。他們個個衣衫襤褸，骨瘦如柴，令人目不忍睹。一覺醒來，回想夢境，再看眼前慘狀，加之盼夫心切，登山遙望，日復一日，年復一年，久而久之，化為堅石，至今屹立在山頂。此山故名「望夫山」，為萊蕪十大名山之一。

歲月悠悠，齊長城作為古老歷史的象徵，依舊矗立在齊魯大地上，成為一道亮麗的風景線。

曲阜為什麼被稱為東方聖城

中國有句老話，叫做「江南出才子，江北出聖人」。江北的聖人大多在山東，而山東的聖人主要集中在曲阜。

中國封建時代，由皇帝敕封的聖人共有6位，他們是：至聖孔子、亞聖孟子、復聖顏子、述聖子思、宗聖曾子、元聖周公。6位聖人都和曲阜有不解之緣。其中孔子、孟子、顏子、子思出生在曲阜，曾子是孔子的弟子，周公的封地是曲阜。他們都是儒家文化的代表。

在漫長的歷史演進過程中，中華民族的哲學觀念、文化思想、生活方式等，無不刻有儒家文化的痕跡。儒家文化幾乎是中國傳統文化的代名詞。文化是一個民族賴以存在和延續的核心因素。從這個意義上說，曲阜對於中華民族有著特殊的貢獻。

曲阜一詞最早見於《禮記》，「成王以周公有勳勞於天下，是以封周公於曲阜」。悠久的歷史，也給曲阜留下了極為豐富的文物古蹟，曲阜890平方公里的土地上，分布著300多處文物古蹟，文物密度居全國之最。其中孔林、孔廟、孔府是世界文化遺產。

諸多聖人的故里，輝煌燦爛的文化遺存，都使得曲阜成為無與倫比的中華民族重要的精神家園。在這個意義上，如同麥加和耶路撒冷一樣，曲阜無疑是名副其實的東方聖城。

東夷文化的圖騰

東夷本為上古海岱居民的總稱，是與「西夏」（中原居民）、「北狄」（北方遊牧部族）、「南蠻」（南方遊耕部族）相對而言的。東夷的歷史可上溯到夏代以前。夏代時「九夷」泛指泰山以東的夷人部落或小方國，可見中原居民很早就已指稱黃河流域東部地區的居民為「夷」。東夷文化源遠流長，其歷史影響直接貫通商周文化，兩週時期的齊魯文化仍是其嫡傳。

鳥圖騰崇拜是東夷文化顯著區別於其他集群文化的一個重大特徵。東夷集群先後興起過太昊和少昊兩大集團，少昊集團就設有「鳥官」機構，以鳥來命名各種官職。其機構共由 4 個類別的 24 種「鳥」組成，如鳳鳥氏（鳳鳥族，負責掌管曆法）、玄鳥氏（燕子族，負責掌管春分和秋分）、伯趙氏（杜鵑族，負責掌管夏至和冬至）、祝鳩氏（鵓鳩族，負責掌管土地與政教）、鶻鳩氏（鶻雕族，負責掌管部落日常事務）等。少昊的「鳥官」系統形象地反映了東夷族本身就是一個龐大的「百鳥」共同體。儘管這種圖騰的機制也有顯隱興衰乃至混同或改變，而它所展現的特殊風俗和文化精神卻在許多東夷部族進入文明社會以後，仍被長久地保留下來。著名的例子則有商人、秦人及滿族、朝鮮族等部族的「鳥生」始祖傳說。

上古時期濱海地區曾為鳥類的世界，東夷人所崇奉的鳥圖騰種類極多，其最高圖騰是燕和鳳。鳳的祖形即古人稱之為玄鳥的燕子，燕子的神化形象即是鳳。燕、鳳圖騰崇拜的痕跡，在古夷人氏族部落的名稱上處處可尋。東夷稱「夷」，即出於「燕」的方言古稱。夷人後裔以偃、晏、郯、益、應、英、殷等字為姓氏、國名者極多，這些都是由「燕」

的古音分化來的。

在考古史料中，各種鳥圖騰的崇拜痕跡也歷歷可見。如大汶口文化晚期彩陶上的曲折紋和紐線紋，就非常生動地顯示出飛鳥的類比形態。典型的東方文化器物 —— 鳥造型的陶鬶，被公認具有很高的藝術品位和美學價值，其形象所代表的可能就是古夷人心目中的鳳。一直推延至海岱龍山文化時期，玉石器物上的雕刻鳥紋及鳥形玉飾等，仍可與傳說的鳥圖騰崇拜風俗相觀照。

你聽說過 5,000 多年前的開顱手術嗎

古人在 5,000 多年前就進行過開顱手術，聽起來是不是不可思議？

在山東省廣饒縣境內，有一處 5,000 多年前的歷史文化遺跡，它就是聞名於世的傅家村大汶口文化遺址。

1995 年，因公路改造，山東省考古研究所與東營市博物館的考古人員在這裡對文化遺址進行搶救性發掘。技術人員清理一個頭骨時意外發現，該頭骨頂部靠後的位置，有一個周邊較為規則的圓洞，圓洞的直徑約為 30 公釐……

2001 年 4 月初，中國社會科學院考古研究所的知名研究員韓康信等專家被邀請至山東，對傅家大汶口文化遺址的人骨標本進行詳細的整理、鑑定和研究。韓康信整理編號為 392 的頭骨時，意外地發現了這個頭骨頂端部位上的那個圓洞。經測量，這個圓洞的最大直徑為 31 公釐，最小直徑為 25 公釐。他認為，這個圓洞應該是古人做過的開顱手術。從這個圓洞的狀況看，它的規則性完全可以排除為鈍器所傷而致。另外，這個圓洞的周邊有十分明顯的骨組織生長、癒合的痕跡，說明這個男人

在手術之後，還存活了較長的一段時間。

2001年5月，韓康信將對山東省傅家大汶口文化遺址的392號頭骨的有關研究結果向山東省文物考古研究所作了通報。6月，山東省文化考古研究所開始成立、籌備國家級的「山東大汶口文化開顱手術鑑定委員會」。半個月後，委員會成立。該鑑定委員會由中國當時最權威的十幾位考古專家組成，主任為中國考古界德高望重的北京故宮博物院原院長、中國考古學會副理事長張忠培教授。7月中旬，委員會的專家們對392號頭骨進行細緻的綜合研究後認為，從醫學角度分析，392號頭骨的圓洞為開顱手術所致，從其周邊骨組織的修復和生長狀態看，此人手術後仍存活了一段時間……

山東為什麼被稱為「齊魯之邦」

山東自古就是華夏重要的政治、經濟、文化中心地區。「齊魯」最早稱謂起源於先秦齊、魯兩國，是齊、魯兩個諸侯王國的合稱。

齊與魯是西周初年的兩個封國，是西周在東方代行統治權的兩個重要陣地。因為西周初建時，東部沿海地區殷人和東夷人的勢力強大，不服統治，屢次發生反周叛亂。周公東征，平定武庚和商奄叛亂之後，周王便將兩個最得力的助手——周公和姜太公分別封於商奄和薄姑舊地，建立起魯國和齊國，以鎮撫東方殷人和夷人。魯國居泰山之陽，以曲阜為都城；齊國居泰山之陰，起初以營丘為都（今山東昌樂，一說即臨淄），後遷薄姑，再遷至臨淄。至春秋戰國時期，經過數百年的兼併戰爭，兩國疆域不斷拓展擴大，基本控制了今山東地區。而且隨著兩國政治、經濟、文化的發展，民族逐漸融合，人文逐漸同化。文化的交流使

齊、魯兩國內部聯繫逐步加強，有別於中原、燕趙、秦、晉、吳越、荊楚等的齊魯地域文化圈逐步形成。「齊魯」一詞也逐步聯繫起來，由國家概念向地域概念過渡，齊文化同魯文化一道作為中國傳統文化的重要源頭，它對中華民族精神的形成產生了重要作用。

齊、魯兩國在文化上各具特色。齊文化具有廣收兼蓄、開放、靈活、善變、尚利、務實等特徵；魯文化則重視禮樂。同時兩國地域相鄰，在文化方面也有很多的共同之處，如重教化、尚德義、重節操等。齊、魯位居當時華夏文化的領先或者中心地帶，國學大師錢穆說過：「若找代表中國正統文化的，譬之於西方的希臘般，則在中國首先要推山東人。」齊魯文化的交融，也造就了山東人穩健、豪爽、直率、開放等個性。山東也因此被稱為「齊魯之邦」。

中國名山眾多，古代帝王為什麼多選擇泰山封禪

從地理上看，泰山地處華北大平原東部，東望大海，西臨黃河，山體高大雄偉，與周圍的平原產生了強烈的對比，形成了「一覽眾山小」的高曠氣勢。泰山山脈綿延 200 多公里，基礎寬厚，使人產生一種安穩感和厚重感，在心理上就形成了「穩如泰山」、「重如泰山」的自然感受。

泰山因此也成為古人類繁衍生息的主要地域之一，歷史文化源遠流長。在泰山南北分別發掘出距今 5,000 多年和 4,000 多年的大汶口文化和龍山文化遺址。古代人認為「天以高為尊，地以厚為德」；「天高不可及於泰山」。「受命於天」的帝王們，為答謝天父的授命之恩，便要到接近天庭的泰山之巔，積土築高壇，意思是增高泰山以祭天；然後再到泰山

前接近大地的小山丘上設壇祭地，這就是歷代帝王所狂熱追求的泰山封禪大典。一代帝王若能登封泰山，便被天下人看做是國家鼎盛、天下太平的象徵。

從秦至清的 2,000 多年間，秦始皇、秦二世、漢武帝、漢光武帝、漢章帝、漢安帝、北魏太武帝、北魏孝文帝、隋文帝、唐高宗、唐玄宗、宋真宗、清聖祖、清高宗等十多位帝王，先後到泰山封禪祭祀，形成了獨特的泰山封禪文化。泰山也因此被抬到了與天相齊的神聖高度。

古代九州中的青州和兗州

「九州」的說法，早在春秋時期就有文字記載，那時普遍認為，在堯、舜時代，大禹治水改堵為疏的辦法，排除了洪澇，把全國分為冀、兗、青、徐、揚、荊、豫、梁、雍九個區域，讓人居住，名之為九州。

青州是古九州之一。青州之名源自《尚書·禹貢》「海岱惟青州」。為何叫青州呢？這是因為，在九州之中，青州的位置在中原大地的最東方。按照古代盛行的陰陽五行學說，地域有東、西、南、北、中五方，顏色有青、赤、黃、白、黑五色，物質有木、金、水、火、土五行。根據相關的對應關係，東方屬木，木色為青，所以叫青州。《周禮》說：「蓋以土居少陽，其色為青，故日青州。」青州已有 7,000 多年的歷史，從西漢到清朝末年，青州歷代為州府建置，青州城為州府治所在地。

兗州也是古九州之一，有 4,000 餘年的歷史，歷代均為郡、府的治所，是有「九州通衢，齊魯之咽喉」之美譽的政治、經濟、軍事、文化

的重鎮。「兗」字在古文字中是「端信」的意思。

歷史上山東境內為什麼沒有出過皇帝

循規蹈矩，本分求穩，鮮於冒險創新，是山東民風的一個明顯特徵。據歷代方志記載，山東人與海外交流甚少，由於昔日的閉關鎖國政策，山東人只能沿著傳統文化特別是儒家文化的軌跡向前發展。

儒家思想是齊魯文化的核心和代表，本質上是一種「治者」文化。它重視家庭的穩定和社會的安定，重視傳統、經驗，崇尚權威，要求人們恪守宗法，不求標新立異和冒險創新。它雖然經過歷朝歷代的改造和補充，已與本源思想發生了很大變化，但其主流思想仍然存在。

儒家思想曾給齊魯大地帶來無上的榮耀和輝煌，一方面促進了山東人在中華文明史中的進步，另一方面也使齊魯大地承受了太多中庸保守文化傳統的沉重負荷。山東人的思想和行動因此而受到了限制，人們越來越局限於既定成法、昔日規矩，造成了山東人在創新意識和創新能力方面的滯後。孔子所提倡的「君君、臣臣、父父、子子」（要使君主像君主的樣子，臣子盡臣子的職責；父親要仁慈，子女要孝順）的道德思想也被山東人充分貫徹，儒家宣揚的忠君思想也在歷代民風傳承中得到繼承和鞏固。所以，雖然人民在封建統治者的沉重壓迫下時有反抗，但是在推翻舊主自己做新君這個問題上還是非常謹慎的，甚至說是有所忌憚的。

山東人重視傳統和經驗，以至於過分注重自我意識、自我體驗、自我修養，不但對自己的劣勢猜想不足，而且習慣對外來衝擊持蔑視態度。另外，山東人都具有忠誠不二的天性，忠誠一直被山東人當做美德

來頌揚。忠誠是一種品格，是山東人的品格，即所謂的「重義氣」。義是什麼？孔子、孟子解釋得最為清楚：義的表現，即為忠於朋友，同生死，共患難，為朋友兩肋插刀。忠誠構築了山東人生生不息的本質，而這忠誠的信念厚厚地滲透沉澱在山東人的心靈深處，一旦他們認準了值得為之忠心耿耿的事或人，就會忠誠有加，不會有絲毫懈怠。山東人又是有思想的，只是缺少太多的機智罷了，也就是說，有經商之能卻不精於此道，有文化卻不善於辭令。能在亂世之中脫穎而出成為一代帝王要有相當的野心，要極具權謀手腕，又要富有智慧，有著細微而敏銳的觀察力，能洞悉世局……這些帝王特質，對於豪氣干雲、勇氣有餘謀略不足的山東人來說，都是比較欠缺的。

基於以上幾點，山東境內在漫長的歷史長河中沒有出現皇帝，就可以理解了。

齊國為什麼會位列春秋五霸和戰國七雄

周武王滅商紂之後，大規模分封諸侯，其中最大的是姜尚在營丘建立的齊國和伯禽在曲阜建立的魯國。春秋戰國時期，諸侯國之間為了爭奪土地和人口，常常發生兼併戰爭，大的諸侯國在爭奪兼併小諸侯國的過程中更加強大。強大的諸侯國，在勝利之後，往往主持召開各諸侯國會議，強迫弱國、小國交納貢賦，承認其首領地位，將其貢為「霸主」。春秋五霸和戰國七雄便由此產生。無論是春秋五霸還是戰國七雄，齊國都占有一席之地，這與其當時統治者的政策有極大的關係。

春秋時期，齊桓公當政，任用管仲為相後，改革內政和軍制，發展生產，寓兵於農，政治上以「尊王攘夷」作號召，曾經「九合諸侯」，成

為春秋時期的第一個霸主。

齊桓公即位後，在管仲的輔助下，整頓行政機構，又進行軍制改革，使兵民合一，軍事和行政統一，這種農兵結合、寓兵於農的政策，增強了齊國的軍事實力。同時，又進行了經濟改革，頒布了「相地而衰徵」的政策，按土地肥瘠和數量，分等徵稅，使農民的負擔合理一些，因而刺激了農民的生產積極性。此外還鼓勵私人經商。齊桓公的經濟改革，既豐裕了人民生活，又增加了國家收入，大大增強了齊國的經濟實力。在他的治理下，齊國政治清明，官吏各司其職，人民各安其業，國家大治。

隨著國力的強盛，齊桓公打著「尊王攘夷」的旗號，展開了爭霸活動。「尊王」就是尊崇已失去權威的周天子，這是齊桓公為挾天子以令諸侯打出的假招牌，目的是以周天子的名義，討伐那些不聽自己號令的諸侯。「攘夷」就是齊國聯合中原各國，共同抵禦夷狄等周邊少數民族的侵擾，鞏固齊國的霸權。「尊王攘夷」的口號，使齊桓公在爭霸中掌握了政治上的主動權。西元前 651 年，齊桓公與諸侯在葵丘（今河南考城）會盟，周天子的使臣也參加了，正式承認了齊桓公的霸主地位。至此，齊國的霸業達到了頂峰。

戰國時期，齊威王登上國君寶座。他立志治國，到處蒐羅人才，擴大稷下學宮的規模，加封許多學者為大夫，讓他們諮詢政治，並各取所長委以重任，充分調動了各種人才的積極性，因此招攬了鄒忌、孫臏等一批良相將才為其服務。他在內政上懲邪惡、用賢人，推行改革，獲得了民殷國富的碩果。齊威王還非常重視軍事。他選將練兵，並組織人員修撰《司馬穰苴兵法》，提高了軍隊素養。他還派人修築齊長城，保衛了齊邊境。在戰略上，齊國以強大的魏國為目標，奮兵出擊，戰敗了強

魏，掃除了魏國對齊國的威脅，大振了齊國的國威。齊國因此一躍成為軍事政治強國，成為戰國七雄之一。

孔子周遊的列國主要分布在當今哪些地區

孔子名丘，字仲尼，生於西元前 551 年，卒於西元前 479 年。生前曾任魯國中都宰、司空、大司寇，後來一度攝相事，主持處理魯國國政。為了維護魯君的地位，孔子曾經建議「墮三都」，削弱季孫、叔孫、孟孫的勢力，但計畫未能完全實現。這時齊國害怕「魯用孔丘，其勢危齊」，遂送給魯定公美女、香車等，以離間其與孔子的關係。孔子備受冷落，失望之餘，帶領弟子開始長達 14 年之久的周遊列國的漂泊生涯，向列國國君闡述自己「仁政德治」的政治主張。此時孔子已經 55 歲了。

孔子周遊列國去過衛國、匡國、蒲國、鄭國、宋國、陳國、蔡國、楚國等地。這些國家主要分布在今山東、河南境內，分別是河南濮陽、長垣、新鄭、商丘、淮陽、上蔡、信陽等地。孔子周遊列國期間，忍飢餓、避兵禍、歷盡艱辛，卻四處碰壁。他提出的恢復東周禮儀，施行仁政的理想，成為永遠不能實現的泡影。但孔子身後的聲譽卻如日中天，受到了歷代帝王的尊崇。

孟子為什麼稱小國滕為「善國」

戰國時期，滕國只是一個方圓只有 50 里的小國，在諸侯國林立、七雄爭霸的形勢下，不但沒有被大國吞併，反而政通人和、國富民安，成為泗水流域 12 個小國中最強盛的國家，寫下了滕國歷史上最光輝的

一頁。

這些成就都與傑出的政治家滕國國君滕文公有密切的關係。滕文公做太子的時候，就積極學習治國之道，有一種不甘落後、爭強上進的好學精神。他經常利用一切機會向當時的名人請教富民強國之道，當他聽說孟子在宋國講學時，兩次到宋國向孟子請教。孟子是當時的儒學大師，名望很高，文公受到他的教誨以後，增強了將滕國治理成為善國的信心。

滕定公死後不久，滕文公嗣位，又禮聘孟子來滕講學指導。孟子來到滕國，受到熱情周到的接待。滕文公虛心向他請教，孟子也盡心盡力為滕文公出謀劃策，宣傳儒家的治國思想，為文公施行仁政大造輿論。在孟子的大力支持下，滕文公與百官反覆議論，制定了一套新的治國方略：效法先王，施行仁政，改善教育，改革土地賦稅制度等。新措施的實施得到人民的擁護。生產發展，百姓安定，滕國的政治形象樹立了起來。周圍的諸侯國都稱文公為「賢君」，「行聖人之政」。滕國的興盛引起了各家學派的關注，很多人舉家遷徙，絡繹不絕地來到滕國定居。滕國人丁興旺，國富民強，孟子看到這些情景，十分欣慰，連聲讚嘆：「真是善國啊！」於是，滕文公執政將滕國治理為善國的美名便傳播開來，千古流芳。

《孫子兵法》原作有多少篇

今天說到《孫子兵法》，大家都無一例外地知道它共有十三篇，甚至有時直接以「十三篇」指代《孫子兵法》。這是因為，最早提到《孫子兵法》的《史記·孫子吳起列傳》，說的就是十三篇；千百年來，人們所能

見到的，也唯有這十三篇。但是，《孫子兵法》到底共有多少篇，也是大有爭論的，因為還有的文獻記載表明，《孫子兵法》並非僅有十三篇。比如《漢書‧藝文志》記載：「《吳孫子兵法》八十二篇，圖九卷。」這表明，自西漢初年至班固生活的時代，《孫子兵法》很可能就是以「八十二篇，圖九卷」這個版本流行的，而且司馬遷也應當看到過這個本子。

那麼，為什麼當年孫武獻給吳王的「十三篇」兵法，到了漢代會變成「八十二篇」並有「圖九卷」呢？學者們一般認為，這應是由於後人的增益。除十三篇之外，其餘六十九篇都是孫武的逸文。學者們還認為，對《孫子兵法》的這種增益，在戰國時期就已經開始了，而增益者，當是孫子後學，甚至不排除孫臏及其弟子也參與了這項工作。對《孫子兵法》的增附工作，可能一直持續到漢代。如東漢末年的曹操就曾說，他所以要注釋《孫子兵法》，就是因為後世之人對其「未之深亮訓說，況文繁富，行於世者失其旨要」（不能深入了解其精髓，而且文字繁多，目前的版本已經喪失了它本身的要旨）。

1972年，臨沂銀雀山漢墓出土了大量漢代竹簡，不僅發現了《孫子兵法》和《孫臏兵法》這兩部兵書，而且還發現了它們的逸文，有〈吳問〉、〈四變〉、〈黃帝伐赤帝〉、〈地刑（形）二〉、〈見吳王〉五篇。這一發現證明學者們的分析與推測是有道理的。自戰國開始，經孫子的後學和好事者的不斷整理與增益，「十三篇」逐漸變成了「八十二篇」，而且多出了「圖九卷」，但這「八十二篇」和「圖九卷」在2,000多年歷史長河中又遺失了。這從一個側面表明，孫武所著之《孫子兵法》十三篇，因其具有不可磨滅的寶貴價值，所以才能夠經得起歷史的考驗，雖歲月日久而光芒愈現。

天下人才薈萃的稷下學宮

稷下學宮是古代齊國設立的一處專供各地學者著書論辯、傳道授業的場所和機構，是中國最早的由政府創辦的高等學府，也是中國最早的多學科的社會科學院。同時，它還明顯地具有政府諮詢參議機構的性質。

稷下學宮位於齊國都城（今山東臨淄）西門外，大約創建於齊桓公田午時期，至齊王建時衰弱，歷時 140 餘年，繁盛時達「數百千人」。當時各國著名的文學遊說之士多曾先後或長期在此著書講學，互相切磋駁難，掀起了當時思想界的一大波瀾，形成了空前繁榮、百家爭鳴的局面。其規模之大、人員之眾、陣容之強、歷史之久，史所罕見。

當時雲集稷下的主要學者有孟子、荀子、宋鈃、尹文、慎到、環淵、鄒衍、田駢、彭蒙、淳于髡、接子、魯仲連、田巴、貌說、鄒奭等。這些學者在學術上各有所主，分屬各派，沒有統一的模式，也不威懾於權勢，自由地宣傳自己的學說和主張，百家立異，各持其說，爭辯求知，蔚然成風。例如，孟軻、荀況宣傳儒家思想，鄒衍、鄒奭宣揚陰陽五行思想，宋鈃、尹文、田駢、環淵、接子宣傳道家觀點，慎到宣傳法家精神，貌說鼓吹名家理論。在宣傳自己的同時，各家各派也不斷地取人之長，補己之短，完善自己的學說。荀子就強調要在論辯中「兼聽齊明」、「篹論公察」。他正是透過對別人理論的辯難，總結創造，形成了自己系統的理論學說。孟子在論辯中也注意吸收了道家的「寡慾論」，來充實自己的「盡心說」。慎到、田駢都注意吸收了法家某些思想，以倡自我。各家皆以開放的心態和進取的精神，吸收新的思想營養，使自己的學說趨向成熟和系統化。

齊國為促進稷下學宮的發展，制定了切實具體的保護措施。拿出了大量物力財力，大興土木，廣建學宮，「開第康莊之衢，高門大屋尊寵之」；提供了優越的生活條件，孟子出行「從車數十乘，從者數百人」；根據學者的學問、資歷、成就、貢獻等，授予其不同的稱號和榮譽，包括博士、學士、上大夫、列大夫等。淳于髡即被授予「博士」稱號。荀況曾「三為祭酒」，弟子滿門，當為大師級學者。

齊國統治者開放的學術政策，加上文人學士在社會變革時覺醒的主體精神，積極的創造意識，標新立異的理論的勇氣，促成了稷下學宮的繁榮昌盛，推動了整個中國先秦學術文化的發展，對後世也有著極其深遠的意義。

孫臏為什麼能打贏馬陵之戰

周顯王二十八年（西元前 341 年），齊國田忌、孫臏率軍在馬陵（今山東莘縣境）聚殲魏軍，打了一場著名的伏擊戰。

周顯王二十七年（西元前 342 年），魏惠王（子罃）剛在逢澤（今河南開封南）會盟，以韓不赴會為由，出兵攻韓，戰於梁、赫，韓師大敗。於是韓向齊求救。孫臏認為，在韓、魏兩軍尚未疲憊之際出兵馳援，是代韓與魏作戰，建議採用「深結韓之親，而晚承魏之弊」的策略，首先向韓表示必定出兵相救，促使其力戰抗魏；等到韓瀕臨危亡而魏也遭到一定削弱時，再出師援救。齊威王採納孫臏建議，直到韓軍五戰皆敗，情勢危急，魏軍也十分疲憊時，才於次年以田忌為主將，田嬰、田盼為副將，孫臏為軍師，發兵救韓。齊軍仍實行「圍魏救趙」的戰法，直撲魏都大梁（今河南開封），誘使魏軍回救，以解韓圍。魏惠王

果然把攻韓之軍撤回，並以太子申為上將軍，龐涓為將軍，率兵 10 萬，東出外黃（今河南蘭考東南），迎戰齊軍。龐涓恥於桂陵之戰之敗，又自恃兵強馬壯，急於與入境齊軍決戰。面對氣勢洶洶的魏軍，針對龐涓驕傲輕敵、急於求戰的心理，田忌用孫臏計，採取避戰示弱、退軍減竈、誘敵追擊、設伏殲之的方針。齊軍主動後撤，逐日減少營地軍竈數目，3 天內從 10 萬竈減到 5 萬竈，再減到 3 萬竈，製造大量逃亡的假像，引誘魏軍冒進追擊。齊軍退至馬陵，利用道狹樹密、旁多阻隘的有利地形，砍倒樹叢，堵塞通路，並以萬名弓弩手夾道埋伏，等待魏軍。龐涓果然中計，放棄步兵，留下輜重，親率輕車銳騎兼程追擊齊軍。至馬陵道時，正值傍晚，兩旁萬弩齊發。魏軍不及防備，亂作一團，頓時潰散，龐涓愧憤自刎。齊軍乘勝追擊，全殲魏軍，俘獲太子申。

在這場戰役中，龐涓狂驕輕敵，孤軍冒進，中伏被殲。孫臏在戰略上能正確地選擇作戰時間、空間，等到雙方削弱後再出兵擊魏；攻其必救，調動敵軍在預期的有利戰場進行決戰。在戰術上因勢利導，製造假像，使敵產生錯誤判斷而自動就範，完全掌握了戰爭主動權。這為歷代兵家留下了設伏殲敵的成功範例，在中國戰爭史上占有重要地位。

秦始皇為什麼多次東巡山東

戰國時期就盛傳渤海中有三座仙山，名曰：蓬萊、方丈、瀛洲，在仙山上有長生不老的仙人與仙藥，這吸引著歷代帝王去追尋神仙，探求長生不老之藥。

秦始皇之時，以這神話傳說為依託，在燕齊之地產生了許多方士，比較著名的有徐福、韓眾、侯公、石生等，他們謊稱見過仙人，到過仙

山，於是遊說秦始皇入海尋仙。在這些方士中，最有名的莫過於徐福，在《史記‧秦始皇本紀》中記載：「齊人徐福（亦作徐市）等上書，言海中有三神山，名曰蓬萊、方丈、瀛洲，仙人居之。請得齋戒，與童男女求之。於是遣徐福發童男女數千人，入海求仙人。」秦始皇聽信了徐福的話，於是命徐福帶領童男童女，入海求仙人，而徐福卻一去不回。相傳，此後徐福到了現在的日本群島，成為日本人的始祖。在秦始皇在位的時間裡，秦始皇共五次出巡全國，兩次祠神，三次求仙，其中四次到齊地，最後一次是到會稽，病死在途中。

漢武帝如何稱讚泰山

「高矣！極矣！大矣！特矣！壯矣！赫矣！駭矣！惑矣！」

面對泰山峻極於天的雄偉氣勢，漢武帝發出了這樣的慨嘆。

漢武帝劉徹（西元前 140～前 87 年），是西漢第六位皇帝，漢高祖劉邦的曾孫。他 17 歲登基，在位 54 年，開創了西漢自高祖以來的鼎盛局面，堪稱一代頗具雄才大略的君主。

歷代史家評價漢武帝最多的有三件事：一是平定邊患，擴大疆土；二是獨尊儒術，治國安邦；三是「尤敬鬼神之祀」。他曾在 21 年之間 8 次東臨泰山封禪。這位盛世名君在成就空前偉業的同時，也把泰山封禪大典演繹得超乎尋常。

漢武帝第一次封禪泰山是在他即位後的第三十一年（西元前 110 年），此前他集中精力處理邊患和修治內政。這一年三月他啟程東巡，先到嵩山祭中嶽，而後興致勃勃地東往泰山。漢武帝親自確定封禪禮儀：先至梁父山禮祠「地主」神；然後舉行封祀禮，在山下東方建封壇，高

九尺，其下埋藏玉牒書；行封祀禮之後，武帝獨與侍中奉車子侯登泰山，行登封禮；第二天自岱陰下，按祭厚土的禮儀，禪泰山東北麓的肅然山。

封禪結束後，漢武帝在泰山腳下的明堂接受群臣朝賀，並因首次封禪而改年號元鼎為元封。另外，他還在泰山腳下為諸侯修建官邸，以備他們隨駕迎駕封禪泰山之朝宿。

漢武帝為泰山封禪，令群臣考證古制、演練儀式、建造官邸、修築明堂，可謂興師動眾。但他仍意猶未盡，第二年再次來泰山封禪。此後，他又 6 次駕臨泰山封禪，分別是元封五年（西元前 106 年）、太初元年（西元前 104 年）、太初三年（西元前 102 年）、天漢三年（西元前 98 年）、太始四年（西元前 93 年）、征和四年（西元前 89 年）。從記載來看，漢武帝封禪泰山平均不到三年即有一次，頻繁程度大大超出「古者天子五年一巡狩，用事泰山」的古制，他的良苦用心可見一斑。

徐福渡海 ── 中國有史記載的第一次航海探險

比希臘的皮西亞斯（Pytheas）稍晚些時候，中國秦王朝的徐福也完成了中國有史記載以來的第一次航海探險和地理大發現，徐福成了中國有史記載以來第一位大探險家。

西元前 221 年，秦王嬴政橫掃六合，以極大的魄力和才能，統一了中國。國事初定，秦始皇便四處周遊，一來為了巡政，二來便是尋找「長生不老」藥。西元前 219 年，秦始皇第一次巡遊來到東海岸邊，在這裡，他看見大海深處的海市蜃樓，如仙山瓊閣，美不勝收，驚異之餘，心甚往之。於是徵召大批方士，詢問海中神仙與仙藥事。一個叫徐福的

方士來到了秦始皇的行宮，上書秦皇，「言海中有三神山，名曰蓬萊、方丈、瀛洲，仙人居之。請得齋戒，與童男女求之。」秦王大喜，立即下詔征童男女 3,000 和百工技藝之人，攜帶五穀等物，由徐福率領，東入大海「求仙」。

徐福，秦時齊地（今山東龍口）人，雖沒有任何航海經歷，然而，西元前 219 年，他卻率領一支龐大的船隊，從山東琅琊浩浩蕩蕩地啟程東發。不久，這支船隊便消失在汪洋之中，從此杳無音信。2,200 多年來，徐福船隊的去向一直是一個謎。司馬遷認為徐福到了一個「平原廣澤」，但這個平原廣澤是哪裡呢？

據考證，徐福從山東琅琊出發不久，便在海上遇到了一場持續數天的大風暴，船隊被刮到朝鮮半島。在朝鮮半島稍作停留，他們便南下到達日本九州，後來又到了佐賀平原，並將農業技術傳給了當地農民的祖先。無怪日本昭和天皇的御弟三笠宮在給「香港徐福會」的賀詞中動情地說：「徐福是我們日本人的國父。」如果真是這樣，徐福比起他的先輩和後輩許多大航海探險家來，對人類的貢獻就難以盡書。他發現了日本列島，創造了一個偉大的民族。

徐福在那樣的歷史時期，在那種迷信的思想觀念和技術裝備下，面對生死莫測的大海，果斷地出洋，如果不是堅信在海的那一側，有一塊可供生息的土地，他可能如此貿然行事嗎？他的船隊帶著可以繁衍後代的童男童女，可以創造世界的百工技藝之人，以及可以提供不絕糧食的穀物，不正是他已經做好了發現新陸地的準備了嗎？而這種準備，是如此周到與大膽，這是一種超越時代觀念的智慧。

徐福的動機顯然是為了探險，不管他是否真的到了日本，或是其他可供生存的地方（也許他的船隊被風暴吞噬在大海之上了），他的孤注一

擲的探險精神，充分展現了中華民族勇敢求索、堅忍頑強和智慧聰穎的特質。

徐福是中國有史記載的探險第一人。

義士田橫與田橫島

田橫是齊王後裔，秦漢時期狄縣（今高青縣）人。陳勝、吳廣起義反秦後，四方豪傑紛紛響應，田橫一家也成為反抗暴秦的主力之一。漢高祖消滅群雄，統一天下後，田橫與五百壯士仍困守在一個孤島上（現名田橫島）。

漢高祖聽說田橫守信節義甚得人心，怕他們東山再起，起兵反亂，於是便派使者來田橫島，並下詔說：如田橫投降大可封王，小可封侯；如不降，便派兵滅之。劉邦一詔再詔，田橫為保全自己五百人性命，便以「國家危亡，利民至上」的原則，毅然帶著兩隨從前往洛陽去見劉邦。

當他們行至離洛陽 30 里外的地方時，田橫獲悉劉邦曾一詔再詔旨在要「斬頭一觀」，便憤然對兩隨從說：「當初我和劉邦都想幹一番大事業，而如今一個貴為天子，一個卻要做他的臣子。我忍辱負重只不過是想保全我五百人的性命，劉邦想見我，無非是想見我的面貌。此地離洛陽 30 里，如此時拿著我的人頭快馬飛馳去見劉邦，我的面貌還不會改變，劉邦也能看清楚。」（他的言外之意是：如果我死了，劉邦會認為田橫島上群龍無首，五百人的性命也就保住了）說完，不顧隨從再三跪求，面東而跪，遙拜齊國山河，悲歌「大義載天，守信覆地，人生遭適志耳」，慨然橫刀自刎。

田橫自殺後，二隨從急將田橫之首送至洛陽，劉邦看到田橫能為

五百人自殺，感動地哭了，說：「竟有此事，一介平民，兄弟三人前赴後繼為齊王，這能說不是賢德仁義之人嗎？」故派禁軍兩千人，以王禮葬田橫於河南偃師，並封田橫的二隨從為都尉。但這兩位隨從並未為官位所動，他們在埋葬了田橫後，又在田橫墓的旁邊挖了兩個穴位，然後自殺殉葬了。

　　劉邦聽說這一消息後，非常震驚。他怕島上五百士兵知道田橫死訊後奮起作亂，又派使者來田橫島，想說服這五百人成為自己的部下。但五百義士聽說田橫自殺後，感念田橫為保全他們的性命而去洛陽，於是他們為了表示對田橫的忠心也集體揮刀自刎。當地人非常敬重他們這種忠義精神，便收其遺骨合葬於山頂建成「五百義士墓」。該島從此也由此得名為「田橫島」。

孟姜女哭倒的是齊長城嗎

　　秦始皇統一中國後，徵集了數十萬民夫，於西元前 214 年將秦、燕、趙三國北邊的城牆連通、修繕合一，這便是舉世聞名的萬里長城。孟姜女萬里尋夫送寒衣，哭倒長城八百里。這就是家喻戶曉的孟姜女哭長城的故事。但是，孟姜女哭倒的長城真的是秦長城嗎？有沒有可能是齊長城呢？

　　根據近百年來學者們的研究，孟姜女的原型是齊人杞梁之妻。關於她的事蹟，《左傳》中有簡略的記載：齊莊公五年（西元前 549 年），莊公為報 6 年前平陰戰役之仇，親率大軍遠道偷襲晉國，因晉國有所防範，無功而返。回軍途中，又順路偷襲莒國，杞梁作為齊軍先鋒戰死於莒國城下。莊公回來，杞梁妻在臨淄郊外遇見莊公說道：「如果杞梁有

罪，則不必祭弔；如果無罪，則他有家有室。所以我不能在郊外接受您的祭弔。」莊公不得已，只好到她家裡舉行了祭弔之禮。由此可見，歷史上的杞梁之妻是位恪守禮法的婦女。

可是，到了春秋末年，孔子的弟子曾子講到杞梁妻的故事，就根據人之常情而增添了新的內容，說她在路上迎接丈夫的靈柩，哭得很哀傷。因為這個緣故，到了戰國時代，齊國人就把杞梁妻作為善唱哭調的一位歌手來談論了。

漢代以後，天人感應說盛行，杞梁之妻故事的中心又由悲歌發展為崩城，也就是《琴操》中所謂的「哀感皇天，城為之墮」了。西漢後期的劉向說：杞梁之妻在家中接受了祭弔之禮，然後面對城牆嚎啕大哭，城牆為之崩塌，她本人就投淄水自盡了。這個故事中的城牆顯然是指齊都臨淄城牆。東漢以後，又有哭倒杞國都城（在今山東安丘東北 36 里齊城村）和莒國都城的說法。總之，杞梁妻哭倒的城牆不出今天山東中部，都在戰中時的齊國疆域之內。另外，相傳，杞梁故宅就在青州堯山東北。

西元 5 世紀到 7 世紀初的 200 多年間，是中國長城建築史的重要時期。北魏、東魏、北齊、北周、隋朝，都曾大規模修築北部邊地的長城，用來抵禦塞外民族的入侵。尤其北齊和隋朝，動用的人力物力最多，引起的民憤也最大，於是人們就借了杞梁妻哭城的故事來消解胸中的塊壘，孟姜女哭倒秦始皇長城的傳說也就應運而生。

正因為孟姜女的原型是齊人杞梁妻，而杞梁之妻哭夫崩城的故事最先發生在齊地，所以近古以來就有學者認為孟姜女哭倒長城故事應該發源於齊地，所哭倒的也應該是齊長城，而不是秦長城。

中國現存歷史最久遠的地面建築

郭氏墓石祠是中國現存最早的地面建築，位於山東省長清縣孝堂山上。

傳說這是漢代孝子郭巨的墓祠。郭巨家貧，事母至孝，他的妻子生了一個男孩，他怕孩子和老母爭吃的，便挖坑要把孩子活埋掉。在挖坑時，忽得黃金一釜，內有丹書，上書「孝子郭巨，黃金一釜，以用賜汝」。

這種宣傳封建孝道違反人性的故事，早被人們所批判，郭巨埋兒其事也值得懷疑，不過這座石祠本身卻非常珍貴。據祠內題記和畫像風格判斷，石祠約建於西元 1 世紀，即西漢末年至東漢前期，是中國現存最早的地面建築。祠堂室內寬 38 公尺，進深 208 公尺，全部石築。牆壁由石塊砌成，厚約 20 公分，房頂作單簷懸山頂式，屋頂兩面坡的石板刻出脊背、瓦壟、勾頭、椽頭、連簷等形狀。石祠中間有三角形石梁，承托屋頂，把石祠分為兩間。石梁前端由一高 86 公分的八形石柱承托。石柱、山牆和瓦當上刻有蕨紋、垂帳紋、菱紋等裝飾。祠內石堡和三角形石梁上，雕刻有精美的圖畫。這些漢畫像多為平地線刻法，風格勁利獨特，內容廣泛，其中有天文星象、神州傳說、歷史故事和包括朝會、出徒、征戰、庖廚、狩獵等統治階級的生活和活動。祠內有東漢永建四年（西元 129 年）和永康元年（西元 167 年）題刻的兩則最早的遊人題記，西山牆外壁是北齊武平元年（西元 570 年）的〈隴東王感孝頌〉。

郭氏墓石祠無疑有著重要的歷史、學術和藝術價值，宋代趙明誠的《金石錄》曾有關於它的記載。

古代山東的三大農書

　　古代山東出現過眾多的農學家及農學著作。其中，漢代的氾勝之和他的著作《氾勝之書》、北魏的賈思勰和他的著作《齊民要術》、元代的王禎及其著作《農書》是最突出的代表。這些農學著作，記述了古代山東及各地的農業生產，在中國農學史上占有重要地位。

　　《氾勝之書》的作者氾勝之，山東曹縣人，西漢成帝時為議郎，曾在陝西關中平原一帶做農業教導。他總結了前人的農業生產經驗，著農書18篇。這是中國最早的一部傑出的農學著作，直到隋唐時還廣為流傳，宋代以後失傳。現存《氾勝之書》是這本書的輯佚本。

　　《氾勝之書》記載了從古代到西漢時期農業的發展，以及當時農業上採用的先進技術。最突出的是介紹了「區種法」，這種方法對今天旱地的農業生產仍有借鑑意義。它還系統地闡述了種子的整套處理技術，直到現在仍被不同程度沿用。此外，《氾勝之書》對土壤的改良、耕田的時間、耕耘的方法和小麥越冬管理等田間管理技術，也都作了專門的論述，對今天的農業生產也有可借鑑的地方。

　　《齊民要術》的作者賈思勰，是山東益都人，生活在北魏孝文帝時期，做過高陽郡（今淄博臨淄）太守。他整理了近200種古文典籍，並親身訪問有經驗的老農，收集民間有關農事的歌謠、農諺30多條，經過艱苦勞動，寫成了《齊民要術》這部不朽的農學巨著。

　　《齊民要術》是中國現存的一部最早最完整的農書，版本很多，並譯成了日文。它不但在中國農學史上占有極其重要的地位，還是世界農學史上的優秀著作。

　　《農書》的作者王禎，元朝山東東平人，曾在安徽旌德和江西永豐做

過地方官。他為官清廉，為地方做了許多好事，受到稱讚。作為北方人到南方做官，他了解到南北農業生產的差異，總結了《齊民要術》成書以來農業生產的新經驗，以及科學技術方面的新成果，寫成《農書》37卷，分為「農桑通訣」、「百穀譜」、「農器圖譜」三大部分，計30萬字。

《農書》對《齊民要術》所講的各項技術和方法，都有所增加，補充了許多新的內容。它是從全國範圍內總結農業生產的第一部農學著作，是繼《齊民要術》之後的又一部重要的農學著作，對指導古代山東及至全國的農業生產，形成了一定的作用。

宋真宗的封禪鬧劇

一位宋代皇帝，以藐視天地的鬧劇，剝掉了泰山封禪的最後一點靈光，他就是宋真宗趙恆。

西元 1008 年 6 月，宋真宗為了嚇退敬畏天命的遼軍，安定國內，假託天神入夢，告訴他將有三篇天書下降，有兩篇降在皇宮，一篇降在泰山垂刀山。

古人迷信，遼國人也迷信，只有中國的皇帝有資格跟天打交道，他這個皇帝是得到上天認可的。當時宋跟遼國不分勝敗，宋真宗就想到用封禪的辦法對遼國造成震懾作用，同時也期望透過這個舉動，對內可以團結、凝聚力量，對外表示強盛的國力。

據說岱廟天曠殿裡的壁畫〈泰山神啟蹕回鑾圖〉就是根據當年宋真宗封禪泰山時的情景創作的。這幅壁畫高 3.3 公尺，長 62 公尺，畫中人物 657 名，前簇後擁，浩浩蕩蕩，好不氣派。宋真宗封禪泰山，雖然是不折不扣的鬧劇，倒也演得有聲有色，總導演是人稱北宋五鼠之一的王

欽若。經過一浪高過一浪的鋪墊之後，主角終於登場亮相，西元 1008 年 10 月 4 日，宋真宗以謝天書為名，大規模封禪泰山。

神可以藐視，天書可以偽造，但是宋真宗對泰山卻絲毫不敢冒犯。登封泰山時，他頒布禁令，當道的樹木不準砍伐。當年宋真宗夜間登泰山，看好了這裡的山泉流水，不肯離去，便吩咐他的侍從鑿石立柱，搭起帳篷，讓山泉從床下潺潺流過，賞玩美好的月色泉水，這裡由此得名護駕泉，又名禦帳坪。日出之前，宋真宗登上岱頂，他特意把封禪臺設在最早看到日出的日觀峰上，迎著朝陽，舉行了封禪大禮。封禪禮畢，宋真宗釋放全國各地進獻的珍禽異獸，以示好生之德，大赦天下。繼唐玄宗封泰山神為天齊王之後，宋真宗又將泰山神的爵位由王升級為帝，號天齊仁聖帝，並把這位帝君居住的岱廟大興土木，著實擴修了一番。

造天書的鬧劇實際上是對遼國不見硝煙的心理仗，封禪之後，大宋江山又延續了 100 多年。宋真宗封禪泰山，是中國歷史上最後的一次，也是最不光彩的一次。雖然留下了不少的文化遺產，但是勞民傷財的排場和各種惡習的氾濫，是對泰山的褻瀆，泰山封禪從此就永遠地落下了帷幕。

道教全真派為什麼會起源於崑崙山

道教全真派創始人王重陽東赴山東半島傳道的原因很複雜，其中重要的原因恐怕是在於全真道本身。他所創立的全真道是一個不同於傳統道教的新教派。早期的全真道，特別是在王重陽在世的時候，對傳統道教所推崇的齋醮、祈禳與符籙之術等多有排斥，因此他很難容於傳統道教。

山東半島自春秋戰國時期，就有很濃厚的神仙信仰，有關蓬萊、瀛洲、方丈三神山的傳說與美麗的海市蜃樓，曾吸引秦皇漢武多次駐足流連，嚮往至極。而作為道教思想淵源的鬼神崇拜、神仙方術、黃老道家可以說都淵源於山東，從這一方面講，山東具有良好的道教基礎。除此之外，山東自古又是多種文化並存的區域，儒、墨、道、法、陰陽各家在山東都可以並存並榮，和睦相處，尤其是在中國歷史上南北割據之時，山東以其特有的地理條件，往往成為南北文化交流的樞紐，這一切都使齊魯文化形成了開放、包容與富於創新精神的特徵。這一點反映在宗教信仰上，自古以來，山東人的宗教信仰就比較駁雜，屬於多神信仰的典型地域，儒、釋、道、俗各種神靈在山東人的心目中，都有一席之地。因此，雖然王重陽創立的全真道是一個全新的教派，具有各種與傳統道教甚至是與以往其他任何宗教都明顯不同的特徵，但在山東人接受起來並不難。這也許就是王重陽選擇山東半島作為傳道區域的最重要原因。

　　位於寧海州與登州交界處的崑崳山，歷來就是山東半島仙道活動較為頻繁的地區。崑崳山原稱姑余山，後訛傳為崑崳山。很久以來，崑崳山一帶就流傳著對麻姑的信仰。據說麻姑是漢代人王方平的妹妹，曾經在崑崳山修道成仙。除麻姑信仰外，崑崳山一帶還有崇信碧霞君的宗教傳統。在崑崳山上，麻姑廟旁，就有一個岳姑廟殿，其中供奉的就是碧霞君。此外，就在王重陽來到崑崳山的時候，還有李無夢、唐四仙姑等道士在崑崳山修道。因此，王重陽便在此處安定下來，開始了大規模的修道與傳教活動。

　　崑崳山從此成為全真教的起源地，躋身道教名山之列。

濟南何時成為山東的「省會」

濟南是一座具有悠久歷史的古城，1986 年 12 月被中國國務院公布
為國家歷史文化名城。它因地處古四瀆之一「濟水」（故道為今黃河所
據）之南而得名。濟南自古是夷人聚居之地，處於泰山文化圈之內，是
東夷文化的重鎮。4,000 年前即以燒製黑陶為特色。以黑陶為象徵的文化
遺址，最早在濟南龍山城子崖發現，因此成為「龍山文化」的命名地。

商周時代，濟南屬古譚國地。春秋戰國時期，濟南地屬齊國。秦始
皇統一天下後，建立郡縣制。今濟南市區地屬濟北郡，稱歷下邑。漢初
設立濟南郡，此為「濟南」一名出現之始。濟南郡治初設於東平陵（今
章丘縣平陵城）。隋朝開皇三年（西元 583 年），改濟南郡為齊州，轄歷
城等 10 縣。北宋政和六年（西元 1116 年），又把齊州升為濟南府。當
時濟南府被稱為「文學之國」、「富饒之地」，成為全國賦稅最多的地區
之一。金代濟南仍為府，屬山東東路。金元之際，濟南仍是文化繁榮之
鄉。明初，濟南轄泰安、德州等 26 縣。

明洪武九年（西元 1376 年），當時山東地區最高行政機關「承宣布
政使司」由青州遷至濟南。至此，濟南成為山東省會。清代濟南仍為山
東省治。20 世紀初，濟南成為膠濟、津浦兩大鐵路幹線的交會點，擁有
八方輻輳，商貨轉運便利。

煙臺山上為什麼會建有 17 國領事館

煙臺山三面環海、景緻優美。山巔有一巨石，上面刻有「燕臺」二
字，是否因這塊巨石上常有燕子棲息而得名不得而知。明洪武三十一年

（西元 1398 年），為防倭寇侵擾，這座小山上開始駐紮軍人，在山巔修築了一座烽火臺，並在這座小山下設了一座守禦千戶所。遇有外敵入侵，便施放狼煙報警，因此烽火臺的全稱叫狼煙臺，而這座無名小山便有了一個響亮的名字：煙臺山。

就地理位置而言，煙臺北接遼東半島，身後直通京津，腹地廣闊，海岸險峻，素有「京津門戶」之稱，自古便是兵家必爭之地。19 世紀中葉，煙臺山上已換上了大清國的旗號。西元 1860 年 6 月 8 日，3,000 多法國大兵不費一槍一彈登上了煙臺山，並在山上安營紮寨，集結兵力。後會同英軍向天津、北京進發，震驚中外的第二次鴉片戰爭再燃烽火。不久，大清國戰敗，簽署了喪權辱國的《中英天津條約》。翌年春天，一位名叫馬禮遜的英國人登上了時為芝罘地界的煙臺山。他登上山巔放眼一望，一片天然良港展現在他的眼前，北有芝罘島天然屏障，任憑島外風起浪湧，芝罘灣內波瀾不驚，水深灣闊，真乃一處天然良港。於是，根據《中英天津條約》列為通商口岸的登州改在了煙臺山下的這片港灣，而腐敗軟弱的清政府不敢說半個「不」字，默認了侵略者的違約行為。

西元 1861 年 4 月，馬禮遜開始在煙臺山上建設領事館，西元 1867 年正式開館。這座煙臺山上的第一座外國領事館至今猶存。為了便於外國船隻進出港口，1905 年，在距英國領事館不遠處的山巔，英國人建設了一座近代建築風格的燈塔，此後近百年，這座燈塔幾乎成了煙臺的代表性建築。從大英帝國在山上建設領事館開始，列強紛紛插足煙臺山，於是，這座不過 8 公頃的小山，成了煙臺的「使館區」。繼英國領事館之後，先後有美國、日本、法國、丹麥等 17 個國家在煙臺山及其周圍設立領事館，一時間，煙臺山上洋房鱗次櫛比，洋人熙熙攘攘，洋車橫衝直

撞，成為一塊不是租界的租界，而土生土長的煙臺人只能望山興嘆了。

煙臺山上，不見狼煙滾滾起，卻見洋人紛紛來。曾幾何時，煙臺山上花花綠綠的萬國旗迎風飄揚，數不清的輪船在山下的港灣裡耀武揚威。時過境遷，現在煙臺山已經被開闢為旅遊景點。

中國最早興辦的地方官辦大學堂 —— 山東大學堂

1901 年，在濟南創辦的山東大學堂是山東省第一所官辦新式大學堂，也是繼京師大學堂之後，在各省最早興辦的官辦大學堂。

清朝末年，隨著西方列強的不斷入侵，中國的民族危機和社會危機空前加劇。在變法維新思想的推動下，「廢科舉、興學校」的潮流不可遏止。改革封建傳統教育，逐步使中國教育近代化，已經成為中國近代教育發展的趨勢。山東省第一個官辦大學堂就是在這種背景下創辦的。

1901 年 11 月 4 日，時任山東巡撫的袁世凱上奏清廷要求先在省城設立大學堂，當月即獲由慈禧太后垂簾聽政的清廷批准。中國第一個官辦地方大學堂 —— 山東大學堂於 1901 年 11 月正式成立並開學，校址暫設在原濟南濼源書院內，招收第一批新生 300 多名。1904 年，山東大學堂新校舍在濟南桿石橋路北落成，占地 33 公頃，同年冬季遷入新址。學校改名為山東高等學堂，學生分為正科一、二、三類，學制 3 年。1911 年改稱山東高等學校。1912 年後，實行全國設立大學區、各區中心城市設大學、各省設專門學校的新體制。山東隸屬中心城市北平，按規定大學堂應予撤銷，因等正科兩班結業，延至 1914 年停辦。學校停辦後，部分師生分別轉入清末民初陸續成立的法政、工業、農業、商業、礦業、醫學等 6 所公立專門學校。1926 年 6 所公立專門學校合併，重建為山東大學堂。

山東大學堂和私塾和科舉制度比較起來，已經有了本質上的區別。首先，它已經具備了近代正規高等學校的體制和規模；其次，當時雖然還不像現在這樣劃分科系，但也分了本科和預科，學制定為3年，並有嚴格的考試制度，不及格的不能畢業；第三，除了經學外，開設了20多門課程，包括社會科學、自然科學和外國語。這些課程雖然大多數是基礎課，但比起科舉時代的八股文，已經是較為進步的了。

山東大學堂是山東省內第一所官辦的高等學府，也是近代山東高等學校教育的開端。它不但培養了一批人才，提高了山東的科學文化水準，而且也提供了辦學經驗，促進了山東教育的發展。同時，它的創立也帶動了中國各省新式學堂的普遍建立。其在興辦新式教育方面的探索為中國早期高等教育的興起提供了有益的借鑑。

歷史上山東為什麼多農民起義

山東人民不僅以吃苦耐勞著稱於世，而且有著光榮的革命傳統。山東歷史上著名的農民起義事件有：新莽末年瑯琊郡海曲縣（今日照）呂母起義和莒縣樊崇領導的赤眉起義；隋朝末年，相繼有孫安祖、竇建德、劉黑闥、王薄、徐圓朗、杜伏威等領導的農民起義；唐朝末年，濮州（今鄄城）王仙芝、曹州冤句（今菏澤）黃巢領導的全國農民起義曾推翻了唐王朝的統治；宋朝鄆城宋江領導的梁山泊農民起義的故事，至今仍在民間廣為傳頌；近代，有義和團起義，撚軍、幅軍起義，黑旗軍起義，甲午海戰等。為什麼山東歷史上會出現這麼多的農民起義呢？

山東民風強悍，豪爽義氣，人有時會顯得比較粗魯，而且具有開放的精神。尤其是在膠東一帶，這個特點比較明顯。自古以來，山東地區

的戰事頻繁，使山東人養成了尚武的風氣，無論楚漢爭霸、三國爭雄，還是兩晉的七國之亂、南北朝並立，以後的宋元明清，山東都發生了大大小小的戰役。歷史上著名的軍事家、優秀將領輩出其中。古代軍事理論的創始人孫武、後來的孫臏、三國時的諸葛亮、兩晉時的王導與王敦、隋唐之際的李靖與秦瓊、明代的戚繼光等，是其中的佼佼者。南宋著名的文學家辛棄疾年輕時也曾「醉裡挑燈看劍，夢回吹角連營，八百里分麾下炙，五十弦翻塞外聲，沙場秋點兵」。

在歷史的戰亂紛爭中，自然災害也是重要的成因。歷史上黃河經常氾濫，屢屢決堤，以致發生改道的嚴重災害，使土地鹽鹼化，百姓的生活受到非常大的影響。此外山東歷來是中國古代農業最發達的地區之一，封建王朝的農業徵稅政策對山東也有極大的影響。天災人禍加上沉重的苛捐雜稅、兵役徭役，使得山東人民生活非常困苦，流離失所，民不聊生。所以，原本就尚武的山東人民經常揭竿而起，反抗統治者的壓迫，爭取生存的權利。

20 世紀初大運河兩岸經濟為什麼迅速衰敗

從元代開始鑿修的南北大運河，經過明、清兩代的不斷治理，北起首都北京，南到浙江省的杭州，全長 1,780 多公里，暢通無阻。

大運河途經河北、山東、江蘇、浙江四省，連接海河、黃河、淮河、長江、錢塘江五大水系，在海上交通不甚發達、鐵路運輸尚未興起以前，中國大地上的這條水上交通幹線，對中國南北各地的經濟連繫，尤其山東境內城鎮經濟的發展，曾經發生過重大歷史作用。山東處在大運河的中間地帶，大運河的通航，促進了運河兩岸商品經濟的廣泛發展

和社會經濟的深刻變化。

運河沿岸，許多城鎮自然成為當地的經濟中心和商品交換集散的場所，它吸引著中國各地的眾多客商。山東境內的濟寧、德州、臨清等城鎮，人口日益密集，工商業日趨繁榮。運河沿岸商業城鎮的興起和商業經濟的活躍，對農業產生了深刻的影響。由於城市人口不斷增多，不僅食用商品糧的需求日益增加，而且以糧食為原料的酒、油、醬、醋、糕點等手工業的發展，也增加了商品糧的需求。加上棉花、煙葉等經濟作物種植面積的不斷擴大，也都有力地促進了商業性農業的發展。

清朝末年，隨著漕運停止、海運發展和鐵路的修築，大運河在溝通南北政治經濟文化中的作用已不如以前重要，統治者對它的整治與管理日漸廢弛，黃河泥沙的沖積使運河經常淤塞停航，河道迅速衰敗。民國後，由於以上原因，加上政局的混亂與動盪，大運河更趨殘破。由於大運河關係著中國東部廣大地區經濟的發展和人民的生產生活，在民眾和有識之士的要求下，北洋政府和國民黨政府先後多次對它進行過治理。但是，由於財政困難，人才缺乏，吏治腐敗，絕大部分治理工程都未達到應有的品質。那些運河上原來十分繁榮的城鎮，也因為運河的日益殘破而趨向蕭條了。

德國人為什麼要修築膠濟鐵路

近代史上帝國主義列強在中國建築鐵路的真正目的在於鞏固占領、擴展勢力範圍。在列強控制和影響下近代中國鐵路的建成和運行，使中國廣闊的腹地與沿海、濱江通商港埠在地理上的距離大大縮短。列強利用並操縱中國近代鐵路運輸，大量推銷它們的商品，廉價榨取中國的

農、礦產品。中國有了鐵路，還為它們把國內過剩資本進一步輸入中國準備了必要條件。同時，鐵路的修築，為帝國主義控制深入內陸、控制鐵路沿線地區提供了便利。

德國是一個後起的帝國主義國家，所占有的殖民地數量遠遠落在英法等老牌帝國主義之後。為了擴大殖民地，擠入帝國主義瓜分世界的行列，德國把海外殖民、攫取勢力範圍作為對外政策的重心。德皇威廉二世曾狂妄地叫囂：「德國的目的，是要建立世界霸權。」基於這種形勢和目的，德國把侵略的觸角逐漸伸向中國。

在中國侵占一處殖民地是德國蓄謀已久的事情。早在西元 1868 年、1882 年德國就曾兩次派遣其經濟地質學家、殖民局局長李希霍芬到中國進行考察。李希霍芬詳細調查了山東的地理形勢、物產、港口、政治、經濟等情況。此後，又考察了中國舟山、福建、廣東等地口岸，認為膠州灣條件最為理想。西元 1896 年 8 月，德皇又調遣其遠東艦隊司令棣利司對膠州灣再次進行詳細調查，確認膠州灣十分值得奪取。1897 年，德國入侵膠州灣前夕，又派其海軍部建築顧問、海港工程督辦佛朗求斯來中國，對膠州灣地區進行重點調查。佛朗求斯在調查報告中對膠州灣的位置、地勢、港口、面積、島嶼、風力、潮汐差度、地質狀況、飲水、居民和工商業等近 30 個項目作了詳細記錄和研究，甚至「小到一塊礁石、一片沙土，以後如何利用」等，無不敘述詳盡。這個報告為德國侵占膠州灣提供了詳實的情報。

德國取得沙俄等國的默許和支持，並在軍事、情報方面做了充分的準備後，最終出兵侵占了膠州灣。為了鞏固和擴大侵略成果，將膠州灣真正變成自己的勢力範圍，德國修建了膠濟鐵路，為它控制山東全省、「深入豫省中原」鋪平道路。

膠濟鐵路的修築，一方面對山東資本主義因素的發展有著刺激作用，另一方面，對山東加速淪為德國的「經濟領土」和勢力範圍發生了極大的影響。

震驚中外的「五三慘案」

五三慘案，又稱濟南慘案，是指 1928 年 5 月 3 日日本軍隊在山東濟南大規模屠殺中國軍民和外交官員的事件。

五三慘案起源於國民黨北伐後期的中日衝突。當時日本為了維護其在華北、蒙滿的特殊利益而出兵山東，它一方面希望能左右北伐的成功，另一方面則是要向即將統一中國的國民黨顯示力量。日軍藉口占據濟南，然後屠殺軍民的行為，彷彿幾年後日本侵華的樣板前奏。中國方面，以「國民革命」、「收回列強特權」為己任的國民黨，首次正面面對「列強」的拳頭。在敵我力量懸殊，北伐尚未成功的情況下，國民黨並不想正面對抗。

1927 年 5 月，國民黨北伐軍抵達徐州，迫近山東。日本田中內閣以保護山東日本僑民為由，首次派兵兩千到山東，從青島登陸並準備開赴濟南。北京北洋政府、南京國民政府同時向日本提出抗議。國民黨通令中國各地民眾，對日作示威運動，進行經濟絕交。同年 8 月，日本跟隨英國從中國撤軍的決定，從山東撤兵。

1928 年 1 月，蔣中正複出，正式繼續北伐。4 月，日本再向山東派兵。5 月 1 日，北伐軍抵達濟南。日軍在街道上設置防禦工事，並與北伐軍發生衝突，與北伐軍互相射擊。據國民黨的說法，兩軍衝突是由於日軍武官酒井隆故意製造事端。

5 月 3 日，北伐軍戰地政務委員會委員兼外交處主任、山東交涉員蔡公時與 18 名隨員到達濟南，於經四緯六路成立外交部特派員交涉公署。當天晚上，日軍即以武力攻入公署。蔡公時及隨員被殺。

蔡公時被殺後，蔣中正一方面防止事件擴大，先令各軍禁止衝突，然後令軍隊退出濟南，繞道繼續北伐。另一方面則進行外交交涉，分別向日軍司令、日本外交部嚴重抗議，並要求日軍同時撤出濟南，同時請求英美協助調停。但日本並未停止行動，繼續從日本本土向山東增兵 1 萬餘人，並於 5 月 10 日在空軍、炮擊掩護下占領濟南全境。日軍入城後瘋狂屠殺平民及傷兵。據事後中國的調查，中國人在事件中的死傷人數達萬餘人。此後經過多輪外交談判，日軍於 1929 年 3 月撤出濟南，震驚中外的「五三慘案」至此結束。

近代史上的山東軍閥

中國近代軍閥，擁有軍隊，霸占一方，危害人民，充當買辦階級、豪紳階級的代表和帝國主義的走狗。活躍在山東境內的軍閥大大小小也有不少，如馬良、鄭士琦等，但大多都如走馬燈般，督魯的時間並不長，當然這其中也有例外，比如軍閥張宗昌和韓復榘。

張宗昌，字效坤，山東掖縣人，西元 1881 年出生於一個窮苦家庭。人稱「狗肉將軍」，又稱「混世魔王」，足見其人劣跡斑斑，惡貫滿盈。

在中國近代上千個大小軍閥中，張宗昌要算名聲最差的一位，教育程度最低，沒上過一天學，人稱「三不知將軍」：不知道自己有多少槍，不知道自己有多少錢，不知道自己有多少姨太太。所謂的「不知」，實際上講他這三樣東西特別多。張宗昌的統治，是天底下最不講規矩的統

治。各種捐稅和攤派，幾乎無日無之，搜刮之酷烈，無人能及，而且沒有其他軍閥或多或少都要顧及的鄉土情誼，對自己的家鄉也一樣下黑手。除了搜刮以外，張宗昌還有一大宗來錢的路，就是公開走私販毒。其實這種事每個軍閥都要沾，但都沒有他張宗昌做得這樣肆無忌憚。同時，他殘酷鎮壓工農運動，如鎮壓青島日本紗廠工人大罷工，造成了震驚全國的青島慘案。

1927 年 9 月，張宗昌被繼任者韓復榘指使張的仇人鄭繼成刺殺於濟南車站，正印證了那句老話 —— 「不以善始，不得善終」。

韓復榘是繼張宗昌之後山東的「土皇帝」。韓復榘作為一個國民黨雜牌軍閥，能夠統治山東達 7 年之久，這在中國近代軍閥中也是少見的。

韓復榘主政山東以後，很快改組了省政府，提出了「澄清吏治」、「根本清鄉」、「嚴禁毒品」、「普及教育」4 項施政計畫。他治魯 7 年，多少還是有點政績。但是，他在治魯期間，自訂法律，隨意斷獄，草菅人命，則招致怨聲載道。他常以山東省主席和第三路軍總指揮的名義干預司法，親自坐堂審案，隨心所欲地判決。有時，他又微服私訪，遇有訟獄，即升堂審斷，如同兒戲，人稱「青天草包」。

抗日戰爭爆發後，韓復榘面對日軍的進攻不戰而退，最終被國民黨軍事法庭誘捕，並於 1938 年 1 月 24 日被槍殺，死時 48 歲。這位地方軍閥、山東土皇帝就此結束了他可恥的一生。

臺兒莊戰役為什麼震驚中外

1938 年春，日本侵略軍為打通津浦線，攻取徐州，占據隴海線，窺伺中原，磯谷廉介第十師團由濟南經兗州、滕縣，直撲臺兒莊，阪垣征

四郎第五師團由濰坊攻擊臨沂，企圖迂迴分擊合進，會師臺兒莊，然後渡過運河，奪取中原戰略要地徐州。

中國軍隊第五戰區司令長官李宗仁將軍，指揮第二集團軍孫連仲部和第二十軍團湯恩伯部奮力抵抗。中國軍隊眾志成城，團結禦侮，在魯南重鎮臺兒莊與日本侵略軍展開一場血戰，鏖戰半月餘，殲敵 11,984 人，擊落日機 2 架，擊毀日軍鐵甲車 7 輛，繳獲槍支 10,000 餘支，彈藥無數，取得了聲名遠揚的臺兒莊大捷。臺兒莊大捷是抗日戰爭時期中國軍隊繼平型關大捷之後的又一次勝利，振奮了人心，影響了世界。

海內外輿論譽臺兒莊為「中華民族揚威不屈之地」。

為了紀念這一重大歷史事件，臺兒莊區投鉅資興建了臺兒莊戰役紀念館、李宗仁史料館，修復了清真古寺、中正門、新關帝廟、運河浮橋等臺兒莊戰役遺址，形成了臺兒莊戰役旅遊區。

山東盧姓出了很多名人嗎

約西元前 730～前 698 年，齊襄公荒淫無道。他的幾個弟弟為避禍紛紛外逃，其中公子小白在鮑叔牙的輔佐下逃往莒國。齊襄公被殺後，國、高二氏密召小白回國繼任，小白搶在公子糾之前先回，立即被國、高二氏立為國君，這便是後來稱霸諸國的齊桓公。高氏即高傒（約生於西元前 740 年），乃姜太公第十一代孫，任齊國正卿，因擁立齊桓公為王而功賞封食於盧，並創建盧子國，盧傒為首任盧子國王。自此有了盧姓，而盧傒也便成了天下盧姓的始祖。

西元前 481 年，田和篡齊，齊國田姓取代姜姓執政。盧氏為避禍不得不背井離鄉，從盧邑遷至燕、秦之間。秦有博士敖，子孫家於涿水

之上，遂為范陽涿人，後來范陽盧氏成為當地最大名門望族。到後魏時期，盧子遷就任青州刺史，盧氏又回到山東。明代成化年間（西元1465～1488年），盧氏由青州府遷回古盧國，即今長清區。幾經滄桑，盧姓後人歷經磨難，終於回到了祖宗故里。

　　盧姓自創姓以來，人才輩出，群星燦爛。在歷代史書典籍上，諸路英雄豪傑、各類俊傑模範、千行百業的佼佼者，皆有盧姓人氏列於其中。名醫扁鵲乃戰國時期齊國盧人；西漢開國功臣、太尉、長安侯盧綰；東漢時代博士、北中郎將盧植，才兼文武，德高望重。尤其在唐代，盧姓子弟可謂人才薈萃，名流輩出，勛業卓著，位及宰相者就有盧承慶等8人。唐代「茶聖」盧仝、「初唐四傑」之一盧照鄰、「大曆十才子」之一盧綸、「書畫巨擘」盧鴻、「文章飛天」盧殷、「佳名頻出」盧肇……都是一代宗師與歷史名人。

名勝山東

泰山為什麼能成為中國第一批世界「雙遺產」項目

　　泰山是中國也是世界第一批世界文化與自然雙遺產。世界文化遺產的標準有六條，具備其中一條者即可列入《世界文化遺產名錄》，而泰山六條標準全部具備，這在全球世界遺產大家族中是罕見的。

　　文化方面，泰山的突出特點是歷史悠久，文化豐厚，內涵深邃，為與天帝對話之所，寓含國泰民安之意，是中華民族的精神家園。泰山地區是海岱文化和中華古文化的發源地，歷代帝王的封禪文化、古今民眾的頂禮膜拜、石敢當信仰等諸多因素，構成了泰山獨具特色的非物質文化遺產。正如聯合國教科文組織遺產專家盧卡斯所說：「泰山把自然與文化獨特地結合在一起，並在人與自然的概念上開闊了眼界，這是中國對世界人類的巨大貢獻。」

　　自然方面，泰山具有中國和世界意義的地學價值，是構成代表地球演化過程中重要階段的突出例證。泰山是地球發展早期晚太古階段的突出模式，泰山北側的張夏寒武紀地層標準剖面，是華北地區地球演化歷史早古生代階段地質和古生物記錄的代表性模式。分布於泰山後石塢、對松山等地的油松天然次生林及靈巖一帶的古側柏林，是中國暖溫帶天然針葉林的典型代表，為該地區植物演替的頂級群落，也是該區域的潛在植被代表類型。

　　自然造化使得泰山形象壯美、雄中寓奇、雄中藏秀。「地府－人間－天堂」的三重空間歷史文化軸線，使得泰山內涵更為豐富，意境更美妙。文化與自然的雙重魅力，讓泰山成為世界首批也是世界首例雙遺產，可以說當之無愧。

山東有多少個「中國歷史文化名城」

山東省的「中國歷史文化名城」：

◆曲阜

位於山東省中部偏南。春秋戰國時為魯國都城，秦置魯縣，隋改曲阜。有孔子故里、孔府、孔廟、孔林和魯國故城遺址。

◆濟南

戰國時為歷下城，自晉以來歷為州、府、郡治所，明以後為山東省會。市區有風景優美的大明湖和趵突泉、黑虎泉、珍珠泉、五龍潭四大泉群，泉水串流於小巷、民居之間，構成獨特的泉城風貌。文物古蹟有城子崖龍山文化遺址、孝堂山漢代郭氏石祠、隋代四門塔、唐代龍虎塔、九頂塔、靈巖寺、宋代塑像、千佛山黃石崖等。

◆青島

位於山東半島南部。明代中葉為防止倭寇侵襲，設浮山防禦千戶所。鴉片戰爭後，設總鎮衙門。1897 年後，曾被德、日列強先後占領。現存原提督公署、官邸和原員警署等大量歐式、日式建築。

◆聊城

位於山東省西部。古為齊國城邑。宋熙寧年間建土城，明清為東昌府治、重要運河商埠。城中央的光嶽樓和城內的山陝會館為全國重點文物保護單位。有北宋時建的 13 級鐵塔，還有運河小碼頭、傅氏祠堂、海源閣、范築先紀念館等文物古蹟。

◆鄒城

位於山東省南部，是孟子故鄉。秦代始置騶縣，北齊天保年間遷今
址，唐代改「騶」為「鄒」。孟廟及孟府和鐵山、崗山摩崖石刻為全國重
點文物保護單位。有古建築重興塔、傳統街道亞聖廟街和野店遺址、邾
國故城、孟林、葛山摩崖石刻等文物古蹟。

◆臨淄

位於山東省中部。西周、春秋、戰國時，為齊國都城，西晉以後，
為州、郡、縣治。齊國故城、田齊王陵為全國重點文物保護單位。還有
臨淄墓群、桐林田旺遺址等古遺址、古墓葬。

山東省級「歷史文化名城」有哪些

泰安地處山東中部，泰山雄踞境內。漢武帝東封泰山，將瀛、博二縣割
置設奉高縣，作為皇帝祭泰山的行宮。宋開寶五年（西元 972 年），縣址和
封禪中心移至岱嶽鎮。金設泰安軍，清設泰安府。泰山為歷代帝王封禪祭祀
的中心，至今保留了 30 多處不同時期的古建築和大量的石刻，被列為世界
自然和文化遺產。此外，還有岱廟、碧霞祠、普照寺、經石峪、唐摩崖、大
汶口文化遺址等文物古蹟。革命文物有徂徠山起義遺址、馮玉祥墓等。

濟寧位於山東省西南部，歷史悠久。夏代設「任國」（或「仍
國」），秦始皇設任城縣，延續至宋代，元代升為濟寧府，清代為直隸
州。濟寧自元代開鑿大運河後，經濟、文化得到迅速發展。現存眾多名
勝古蹟，有崇覺寺、北宋鐵塔、漢碑群、寺堆遺址、蕭王莊墓群以及明
清時代建造的商業街竹竿巷等，另外有東大寺、太白樓。

青州位於山東半島中部，是古九州之一。自漢武帝設青州刺史部起，歷經隋、唐、北宋、金、元，直至明洪武九年（西元 1376 年），其間近 1,500 年，一直作為一級地方政府與一級軍駐地。明清兩代，仍為二級地方政府駐地。清雍正八年（西元 1730 年），建滿洲兵駐防城。民國後，設益都縣。青州故地名勝古蹟、珍貴文物甚為豐富，有雲門山、駝山、仰天山的隋唐石窟造像群、玲瓏山的北朝書法刻石及紀念范仲淹的范公亭、真教寺、明代衡王石牌坊、清大學士馮溥的私人花園偶園等。

淄博位於山東省中部，是一個組群式重工業城市。淄博市歷史悠久，早在西周、春秋、戰國時期，臨淄作為齊國都城達 600 餘年，為當時世界上最大的城市之一。秦設齊郡，漢置臨淄縣。張店戰國時為昌國城，漢至隋設昌國縣。淄川西漢時設般陽縣，隋改為淄川；周村戰國時屬於陵邑，西漢時設陵縣。淄博文物古蹟眾多，齊國故城聞名中外，至今古城牆、排水口等遺跡尚存，另有田齊王陵、齊景公墓殉馬坑和眾多的墓群；淄川有清代著名文學家蒲松齡故居和明清時期的圍牆、圍子門及保持明清鄉村建築風貌和地方民俗特點的蒲家莊；周村有明清時建造的以大街、新市街、銀子市街為主體的商業建築群；博山有齊長城遺址、顏文姜祠、隋唐古瓷窯址及具有北方山城特色的民居建築群。

蓬萊位於山東半島最北端，唐貞觀八年（西元 634 年）始置蓬萊鎮，唐神龍三年（西元 707 年）升為蓬萊縣，此後歷宋、元、明、清各朝，均為登州府治。現存文物古蹟有蓬萊水城及蓬萊閣，水城為明清兩代海防要塞，抗倭名將戚繼光曾鎮守於此。蓬萊閣建築雄偉，海上常有海市蜃樓出現，有「人間仙境」之稱。此外，尚存戚繼光祠堂及戚氏牌坊、上水門等古蹟。蓬萊小街深巷老城風貌猶存，民居極富地方特色。

潍坊位於山東半島中部，是世界風箏都。該市歷史悠久，漢唐為北海郡、北海縣、平壽縣等，宋為潍州，明清為潍縣。現存文物古蹟有十笏園、漢代城牆、關侯廟、城隍廟、玉清宮、觀音閣、石佛寺、陳介祺故居、松園子街傳統民居等。許多傳統手工藝品造詣很高，如風箏、木板年畫、嵌銀、核雕、仿古銅、布玩具、剪紙、刺繡等都享有盛名。

臨沂位於山東省東南部，虞夏為徐州之域，周改屬青州，秦時屬郯郡，東漢屬徐州瑯琊國，北周屬沂州即邱縣，隋將即邱縣併入臨沂縣。清雍正十二年（西元 1734 年），升為沂州府，設立蘭山縣。民國二年，沂州府撤銷，蘭山縣改為臨沂縣。現存文物古蹟有建國以來中國考古十大發現之一的銀雀山漢墓，還有王羲之故居、孔廟、天主教堂、五賢祠、王祥故里、寶泉寺、集柳碑等。

臨清位於山東省西北部，已有 2,000 多年的歷史。西漢始設清淵縣，隸屬冀州陽平郡，西晉易名清泉縣，後趙石勒建平元年，改清泉縣為臨清縣，臨清之名沿用至今。明永樂十五年（西元 1417 年），會通渠全線開通，臨清成為彙集 7 省漕糧北運的中樞。明清時期，臨清成為內陸通往北京的漕運咽喉和戰略要衝，此時臨清發展到鼎盛時期。現存文物古蹟有鈔關遺址、鼇頭磯、舍利寶塔、清真寺、龍山、鳳凰嶺等。

莒縣位於山東省東南部，已有 3,000 多年的歷史。商代為姑幕國，西周為莒國，秦時改莒國為縣治，西漢為城陽國，以後歷代設州立縣至今。現存文物古蹟有莒國故城、且於門故址、樂毅壘、國士橋、漢槐、狀元林、紀映淮故里等；浮來山有劉勰故居、定林寺、校經樓、天下銀杏第一樹、莒子墓等。

煙臺位於山東半島東部。歷史上，秦始皇曾三登蓬萊島，崑嵛山是北方道教全真派的發祥地。在明清時期，煙臺是中國海防軍事重鎮，其

名稱是因在奇山上設立的海防設施狼煙墩而來。煙臺於 1861 年開埠，是中國最早的通商口岸之一，有包括英、法、美、俄在內的 16 個國家設立的領事館。

山東有哪幾個比較著名的縣級博物館及國家級地質景觀

山東比較著名的縣級博物館有青州博物館、汶上博物館、登州古船博物館、淄博市博物館、齊國歷史博物館、曲阜孔子博物館、招遠黃金博物館、滕州博物館、莒縣博物館、鄒城博物館。

獨具特色的國家級地質景觀主要有：

➤ 著名古生物化石遺址：山東山旺中新世山旺組古生物群、山東泰安晚寒武世三葉蟲產地；典型地質與地貌景觀：山東馬山石柱群和矽化木群落。

➤ 國家地質公園：泰山國家地質公園、山旺國家地質公園、棗莊熊耳山國家地質公園、山東東營黃河三角洲國家地質公園、長島國家地質公園、沂蒙山國家地質公園。

山東山旺國家地質公園位於山東省臨朐縣城東約 22 公里處，面積約 13 平方公里，以聞名世界的山旺古生物化石及反映其形成環境的火山地貌為特色。公園內古生物化石主要保存於中新世山旺組矽藻土層中（距今約 1,400 萬年），其種類之多，保存之完整為世界罕見，目前已發現的化石有十幾個門類 600 多種。山旺地區是中國出產含古生物化石的矽藻土產地之一。獨具「萬卷書」之稱，具有較高的研究和觀賞價值。

孔子誕生地 —— 尼山

尼山位於曲阜城東南 30 公里，是一座五峰相峙的青山，山高不過三四百公尺，但因孔子在這裡誕生，這座山便因此而名揚天下。

後人為了紀念孔子，在尼山上修建了孔子廟。孔子廟依山勢而建，五進院落。據說尼山孔廟最早建於後周顯德年間（約西元 954 ～ 960 年）。宋慶曆三年（西元 1043 年），孔子四十六代嫡孫孔宗原襲封文宣公後，又建講堂，立書院，置祭田，大規模擴建增修。

在孔子廟的第一進院落的東南角，有一座古樸涼亭，名觀川亭。在此向東遙望，是一條寬闊河床，相傳孔子當年在此發出「逝者如斯夫，不舍晝夜」的喟嘆。

尼山上有一片天然柏樹林，古柏的樹端尖，樹端光滑，葉子向上而生，簇擁在樹頂，酷似毛筆，因稱「文人柏」。據傳說，尼山本無柏樹，因孔子述《論語》，著《春秋》，用筆最多，功勞最大，天帝感其功，特將「文人柏」賜予尼山夫子誕生地。

尼山腳下還有一石洞，相傳為孔子出生處，故名夫子洞。相傳孔母回娘家取衣服的時候，兩隻老虎跑來，臥在洞口為孔子把門。當時酷暑洞中悶熱，孔子啼哭不止，一隻雄鷹飛進洞內，用翅膀給孔子搧風送涼。在當地至今流傳著「鳳生虎養鷹打扇」的說法。

嶗山：泰山雖雲高，不如東海嶗

嶗山是山東半島的主要山脈，最高峰嶗頂海拔 1,133 公尺。它聳立在黃海之濱，高大雄偉。當地有一句古語說：「泰山雖雲高，不如東海嶗。」

山海相連，山光海色，正是嶗山風景的特色。在中國的名山中，唯有嶗山是在海邊拔地崛起的。繞嶗山的海岸線長達 87 公里，沿海大小島嶼 18 個，構成了嶗山的海上奇觀。當你漫步在嶗山的青石板小路上，一邊是碧海連天，驚濤拍岸；另一邊是青松怪石，鬱鬱蔥蔥，你會感到心胸開闊，氣舒神爽。因此，古時有人稱嶗山「神仙之宅，靈異之府」。傳說秦始皇、漢武帝都曾來此求仙，這些活動，給嶗山塗上一層神祕的色彩。嶗山是中國著名的道教名山，過去最盛時，有「九宮八觀七十庵」，全山有上千名道士。著名的道教人物丘處機、張三丰都曾在此修道。原有道觀大多毀壞，保存下來的以太清宮的規模為最大，歷史也最悠久。

　　太清宮又名下清宮，始建於北宋初年，迄今已有近千年的歷史。道都以「玉清、上清、太清」為三清，「太清」乃太上清淨之界，也就是「神仙」的天堂。太清宮的全部建築，由「三官殿」、「三皇殿」、「三清殿」組成，風格清淡簡樸。三官殿建築規模最大，前後有三進院落。三皇殿院子裡有兩株古柏，為漢代所植。太清宮三面環山，一面臨水，周圍又有許多景點和刻石。因此，太清宮一帶就成了嶗山遊覽區的中心。

　　遊覽嶗山的人，不會忘記到傳說蒲松齡住過的三清殿西關岳祠看看。蒲松齡的《聊齋誌異》中，多次以嶗山為背景。三官殿前的一株山茶，高 8.5 公尺，幹圍 1.78 公尺，樹齡有 700 餘年，為世界少見的大山茶。寒冬季節，滿樹綠葉滴翠，紅花嬌豔，猶如落下一層絳雪。宮中原有白牡丹，高及屋簷。當年蒲松齡寓於此，與牡丹、山茶相對，孕育出優美神話故事〈香玉〉，描寫的是白牡丹和紅山茶變成美麗的女子與一位書生相戀的故事，為《聊齋誌異》中的佳作。

　　太清宮附近名勝有神水泉、龍頭榆、摩崖石刻等。在太清宮，偶爾還可看到「海市蜃樓」奇景。嶗山上清宮附近景色也很好，多奇峰異石，古

樹清泉。嶗山的山有多高，水就有多高，名泉勝水是嶗山一大特色，巨峰頂上的「天乙泉」、太清宮的「神水泉」、上清宮的「聖水洋」等都是嶗山名泉。嶗山的特產礦泉水，有人譽之「積年之疾，一飲而愈」。

現在，嶗山風景區為遊客創造了更好的旅遊環境，先後改善了水、電、交通、通信等基礎設施，拓寬整修了三條旅遊公路幹線，新建了停車場和數公里登山步道。同時，還建設了嶗山度假村，它由仰口國際旅遊度假村、流清河旅遊度假村、北九水旅遊度假村三部分組成。

千佛山

千佛山位於濟南市區南部，海拔 258 公尺，占地 166 公頃，為濟南三大名勝之一。千佛山，古時稱歷山，相傳虞舜（舜是中國原始社會晚期著名的賢君之一）曾耕稼於此，故又稱舜耕山。隋開皇年間（西元581 ～ 600 年），佛教盛行，依山勢雕鑿，雕刻了數千佛像，並建「千佛寺」，漸有千佛山之稱。唐貞觀年間，經重新修葺，將「千佛寺」改為「興國禪寺」。自元代始，「三月三」、「九九重陽節」均舉辦廟會。後遭戰火被毀，明清重修。建國後，於 1959 年闢建為公園。

千佛山東西橫列如屏，風景秀麗，山北側有登山盤路三條，蜿蜒迴環，松柏夾道，濃蔭蔽日。如行走不便，也可乘車從山東側環山盤路上山，山上名勝眾多。興國禪寺居千佛山山腰，內有大雄寶殿、觀音堂、彌勒殿、對華亭。南側千佛崖，存有隋開皇年間的佛像 130 餘尊。山崖上，由西向東，依次有龍泉洞、極樂洞、黔婁洞、呂祖洞。歷山院在興國禪寺的東側，是儒、道、佛三教合一的大雜院。內有舜祠、魯班祠、文昌閣、一覽亭。在千佛山北麓建有集四大石窟於一體的萬佛洞。遊人

至此，可一瞻北魏、唐、宋造像之風采。山東辛亥革命烈士陵園在千佛山東麓，是省級重點文物保護單位。此外還散落著「唐槐亭」、「齊煙九點」、「雲經禪關」古坊等名勝。在此登高遠眺，山下泉城美景盡收眼底。

千佛山歷史悠久，蘊涵著豐富的文化內容，記載著眾多的歷史典故，如唐朝段成式在《酉陽雜俎》中記載了歷山的來歷：「齊都接歷山，上有古鐵鎖，大如人臂。繞其峰兩浹。相傳，本海中山，山神好移，故海神鎖之，鎖斷，飛來此矣。」黔婁洞內石刻也有一則美麗的傳說：黔婁先生死時，身上蓋了一方白布，白布甚小，蓋上了頭則露出了腳，蓋上腳則又露出了頭，孔子的弟子曾參之孫曾西說：「把布斜著蓋，不就蓋嚴了嗎？」黔婁的妻子韋叢說：「斜著蓋有餘，不如正著蓋不足。先生在世的時候，非常正直，死後卻讓他歪斜，這哪能是先生的本意呢？」這則故事至今被傳為佳話。

近年來，千佛山公園先後增添了桃花園、遊覽索道、瀛芳園、奇能滑道、十八羅漢、臥佛、高爾夫球場、大舜石圖園、梨園、瀑布等。1995 年被列為全省七大風景區之一，成為一處歷史悠久、風景秀麗，以舜文化和佛教文化為特色的規模宏大的旅遊勝地。

千佛山民風純樸，每逢「九九重陽節」都舉辦山會，這種風俗已沿襲了好幾個朝代，至今仍存。屆時，商家都來進行經貿活動，當地各種土特產，如山楂、柿子、花生等也都上市，場景熱烈。

古人的「海上三仙山」是指代哪幾座名山

山東半島是一個風景秀麗、美麗富饒的地方。它瀕臨渤海與黃海，海邊的居民，以捕撈為生。在長時間同大海打交道的過程中，大海的神

祕莫測，海市蜃樓的虛無縹緲，以及以海為生的生死無常，孕育了齊地人民富有幻想、勇於冒險的精神。因此，自古以來，齊地就具有很濃厚的神仙信仰和豐富的神話傳說。

戰國齊威王、齊宣王之時，就盛傳渤海中有三座仙山，名曰：蓬萊、方丈、瀛洲。在仙山上有長生不老的仙人與仙藥，而且山上的百物、禽獸俱為白色，仙人們居住的宮殿用黃金白銀做成。遠望三座仙山，如在虛無縹緲的雲霧中，但等人靠近之時，它們卻又藏到水下，若駕船駛去，則風引船走，終不能至。這些美好的描述，吸引著歷代的帝王，去追尋神仙，探求長生不老之藥。齊威王、齊宣王以及燕昭王，就曾聽信了燕齊方士的話，派人入海尋仙。

濟水與濟南的關係

濟南有兩條重要的河流，一條是黃河，從濟南北邊流過，一條是小清河，則發源於濟南城中。

濟南城市的得名，自古都說是因地在濟水之南。但據專家考證，濟水歷史上有著很大的變動。

濟水在古代是一條很重要的河流。它與長江、淮河、黃河並稱「四瀆」，可見位置非同一般。古濟水發源於河南濟源縣西王屋山，《漢書·地理志》記載它在近河南武陟縣南流入黃河；《水經注·濟水》記載，它在河南溫縣西南進入黃河。黃河以南有一條從黃河分流出來的支流，因分流處與濟水隔岸相望，當時的人又稱這一支流為濟水。據《水經注》記載，這條支流自河南滎陽縣北的黃河東北，流經原陽縣南、封丘縣北，到山東定陶縣西，折東北注入巨野澤，又自澤出，向北經過梁山縣

東，至此以下至今天的濟南濼口。大約走的是今黃河河道。濼口以下，走的是小清河河道。

隋代開通濟渠後，巨野以上河段漸漸被淹沒，巨野以下濟水的名字還沒有被廢棄。由唐至宋，曾先後自河南開封導汴水或金水河入南濟故道以通漕運，時稱「湛渠」或「五丈河」，其後再次淹沒。

近代以後，自汶口至洛口一段正式成為以汶水為源頭的大清河，由洛口東去，在利津入海。清咸豐五年（西元 1855 年），黃河在河南銅瓦廂決口改道，到山東，奪大清河河道入海，形成今黃河河道，大清河只剩下流入東平湖的一個殘餘河段。

天下第一泉：趵突泉

趵突泉位於濟南趵突泉公園之內，是古濼水之源。

趵突泉古時稱「濼」。《春秋》載：魯桓公十八年（西元前 694 年）春，「公會齊侯於濼」。宋代稱趵突泉，亦有「娥英水」、「溫泉」、「檻泉」、「瀑流泉」等別稱或俗稱。當地百姓以其自三個地穴中湧出，形成三股泉水，故又稱「三股水」。

趵突泉三窟鼎立，《水經注》形容其「泉源上奮，水湧若輪」。清朝劉鶚《老殘遊記》載：「三股大泉，從池底冒出，翻上水面有二三尺高。據土人雲『當年冒起有五六尺高』。」因為氣勢壯觀，故稱「趵突騰空」，被古人列為濟南八景之一。由於景觀奇特，被歷代文人墨客讚詠。清朝康熙、乾隆皇帝，也舞文弄墨刻之於石。

1931 年，在趵突泉四周用石砌岸。水溫恆溫 18℃，最大湧水量達單日 16.2 萬立方公尺。泉水清冽甘美，可以直接飲用。相傳乾隆皇帝下

江南時，沿途飲用北京玉泉水，當品嘗趵突泉水後，便立即改用趵突泉水，並把玉泉改為「玉泉趵突」，並將趵突泉封為「天下第一泉」。此泉用來烹茶味醇色鮮，遊人常來此品茗以助遊興，有「不飲趵突水，空負濟南遊」之說。

老龍灣

　　老龍灣，原名薰冶水，為省級風景名勝區，有「北國江南」之稱。位於臨朐縣城南 12.5 公里處的冶源村前，海浮山北麓。

　　老龍灣歷史悠久。其西盡頭主泉薰冶泉，在戰國時期的史書《齊乘》中已有記載。北魏地理學家酈道元在他著的《水經注》中寫道：「薰冶水已成名蹟。」據傳說：老龍灣內有泉眼直通東海，深不可測，有神龍潛居其中，故而得名「老龍灣」。

　　老龍灣係地下泉水湧出地表匯流而成。水面面積約 3.34 公頃，水深盈丈，清澈見底。老龍灣內泉計萬許，主要有鑄劍池、秦池、洪湖窟、善息泉、濯馬潭、萬寶泉、放生池等。一串串氣泡自水底上浮，有如萬顆珍珠。南岸竹林環抱，北岸楊柳垂絲。老龍灣水四季恆溫（17℃～18℃），水面上水雞嬉戲；竹林中群鳥棲息。盛夏酷暑，老龍灣水清涼甘冽，浸人肌膚；但在數九寒冬，水面上卻霧氣蒸騰。古人遂在〈臨朐八大景詩〉中留下「冶源煙靄三冬暖」的詩句。

　　老龍灣山清水秀的自然風光遐邇聞名。雖然地處偏僻山鄉，卻如一個少女 —— 她雖衣著簡樸，但憑美貌麗質，吸引遊人。

百脈泉：「百脈寒泉珍珠滾」

百脈泉位於章丘百脈泉公園內。此泉久負盛名。北魏酈道元《水經注》記載，百脈水出土穀縣故城西，水源方百步，百泉俱出，故謂之百脈水。百脈泉泉水從許多看不見的脈孔中湧出，似百條大脈，泛出參差錯落的顆顆珍珠，形成常年不涸的一泓碧水。當地人也稱其為「珍珠泉」。

元于欽《齊乘》中曰：蓋歷下眾泉，皆岱陰伏流所發，西則趵突為魁，東則百脈為冠。明代文學家李開先《遊百脈泉》讚曰：水勁無過濟，脈泉更著名。不霜清見底，漱石寂無聲。

百脈泉池於 1958 年整修，為一方水池，長 26 公尺，寬 14.5 公尺，深 2 公尺，池岸由青石砌壘，東西向架一虹橋，池岸和橋上裝飾雕刻石欄。池水晶明澄澈，水勢甚佳。水中疏疏朗朗的藻體，比上密密實實的苔蘚，把池水染得碧綠。水中錦魚戲游，生機盎然。泉壁和梵王宮大殿牆上鑲嵌著多方詩詞、楹聯、花卉石刻。

昔日，此處曾建有「龍泉寺」。寺院規模宏大，殿廡臺榭，簷連甍接。百脈泉與寺院合為一體，「百脈寒泉珍珠滾」是章丘著名泉水景觀，入列「章丘八景」，歷代章丘縣誌均有記載。如今，寺院「梵王宮」大殿尚存於百脈泉公園北側。

百脈泉公園內還有墨泉、梅花泉、漱玉泉等名泉。由於泉群眾多，章丘也因此有了「小泉城」的美譽。

東平湖

東平湖位於東平縣西部，瀕臨黃河與京杭大運河，是山東省第二大淡水湖泊。

這裡群山環抱，山水相映，碧波萬頃，白帆點點，菱茨鋪綠，蘆花飄飄，似鑲嵌在魯西南沃野上的一顆明珠；蜿蜒百里的環湖大堤，青石護坡，綠樹成蔭，雄偉壯觀。浩渺的湖面曾經是水滸英雄出沒的地方。波瀾壯闊的東平湖，和它悠久的歷史一樣，富有神奇的色彩。1985 年被山東省人民政府公布為首批省級風景名勝區。

東平湖，由遠古時的大野澤，秦漢時的巨野澤，到宋、金、元、明時的梁山泊、安山湖，以至清咸豐年間定名東平湖，幾經沿革，歷盡滄桑。如今的東平湖，總面積 626 平方公里，蓄水量 40 億立方公尺，是黃河下游的一個重要滯洪區。

東平湖常年水面約有 14,007 公頃，水深一般在 1～2 公尺。水質肥沃，無汙染，是一個淺水富營養型淡水湖泊，魚類和水生動植物資源非常豐富。其中被《本草綱目》列為上品的名貴藥材茨實，面積達 6,670 餘公頃，年產量 150 多萬公斤。東平湖鯉魚金鱗赤尾，細嫩味美，自古就入名吃之列。東平湖甲魚為高級滋補品，中國八大菜系之首的魯菜，有一道味壓眾餚的「霸王別姬」，就是用東平湖甲魚和母雞燴燉而成。

東平湖旖旎多姿，素有「小洞庭」之稱。初春，堅冰融解，風平浪靜；夏日，粉紅的荷花，紫紅色的茨實花，黃白的菱角花，還有叫不出名來的各種水草花，把整個湖面裝扮成錦爛的水上花園；秋天，白帆點點，湖上含碧，白雲飄過，晴空更藍；寒冬，湖面冰封，雪花紛紛揚揚，全湖銀裝素裹，別有一番情趣。

東平湖古蹟遍布。在湖的東南岸邊，有一高臺，是宋東平郡太守劉
敞修建的樂郊池亭遺址。「唐宋八大家」之一的歐陽脩泛舟梁山泊，登上
樂郊池亭，情趣盎然，讚嘆不已，揮筆賦詩曰：「樂郊何所樂？所樂從公
遊……有山在其東，有水出透迤。有臺以臨望，有沼以遊嬉。仰俯速上
下，朱欄映清池，草木非一種，青紅隨四時。」

湖底還掩埋著隋代建築清水石橋。此橋建於隋仁壽元年（西元 601
年），比趙州橋還早 5 年。據《元和郡縣志》載：「清水石橋，在東平（埠
子坡）西三里，隋仁壽元年造，石作華巧，與趙州橋相埒，長四百五十
尺。」唐代詩人高適在〈魯西至東平〉中就有「沙岸泊不定，石橋水橫
流」的詩句。此橋在中國建築史上有重要的地位，現淤於湖中。

東平湖中心有一小島，名謂土山島，史稱無影山。遠遠望去，這湖
中孤島宛如一隻反扣的茶盅。據說，歷史上湖岸至島曾是九省御道，都
有重兵把守。明朝時，島上建有著名的寺院「藏門寺」。相傳，當時寺內
有一口大鐘，與東平府的大鐘合為「姐妹鐘」，撞擊其一，另一鐘則應
聲而和。今寺廟已毀，僅存鐘架、殘垣、斷碑。島上有著名的洄源亭遺
址。洄源亭是唐朝著名詩人、東平郡太守蘇源明所建。當時竣工後，他
曾約請鄰郡四太守來此觀光，並在亭下設宴賦詩。蘇詩曰：「小洞庭兮牢
方舟，風裊裊兮離平流；牢方舟兮小洞庭，雲微微兮連絕陘。」此後，許
多文人騷客都以「小洞庭」吟詠東平湖。宋代文學家蘇轍夜過梁山泊，
為小洞庭美妙的夜色所陶醉，留下了「更須月出波光淨，臥聽漁家蕩槳
聲」意境恬淡、深遠的詩句。如今，雖然時過境遷，遊人若能夜宿土山
島，仍可以借一輪皎潔的明月，看浪花朵朵，金波鱗鱗，遠山如黛，漁
火萬點；聽漁家姑娘伴著悠揚的笛聲唱和著清脆悅耳的漁歌，確實令人
心曠神怡。

　　東平湖西岸有座棘梁山，相傳為水滸英雄最初聚義的地方。山頂有晁蓋修建的第一座聚義廳遺址。廳前不遠處，有一塊向南突出、半截懸空的巨石，名探海石，是起義軍繫纜靠船的碼頭。與棘梁山相連的臘山，以奇、險、幽著稱，為國家級森林公園，也是水滸英雄的出沒之所。東平湖西畔的石廟村，是阮氏三雄的故里。當年，阮氏兄弟殺賊寇，打漁霸，除暴安良，個個武藝高強，為百姓做過不少好事。梁山泊農民起義軍軍師吳用，暗訪石廟村，邀請阮氏三雄同聚大義，劫了生辰綱，一同奔上了梁山。東平湖東岸邊的店鋪，據說就是水滸英雄朱貴開設酒店的地方。當年，朱貴就是在這「千團柳絮飄簾幕，萬片鵝毛舞酒旗」的地方，接待投奔梁山的四方英雄豪傑。

秦始皇與養馬島

　　養馬島，地處黃海之中，總面積約 10 平方公里。據史載，西元前219 年秋，秦始皇東巡，遙望島上景色奇麗，水草豐美，成群的駿馬在島上奔馳，頓時心曠神怡，隨即傳旨在此飼養戰馬，封為「皇家養馬島」，專供皇家御用。養馬島由此得名。養馬島四面環水，島上丘陵起伏，草木蔥蘢，海光山色，秀麗如畫。海島呈東北西南走向，地勢南緩北峭，島前海域開闊平坦；島後懸崖峭壁，群礁嶙峋，風逐浪湧，驚濤拍岸，氣勢壯觀。養馬島氣候宜人，冬無嚴寒，夏無酷暑，藍天、大海、陽光、沙灘、綠地相映成趣，年平均氣溫 11.8℃，有「東方夏威夷」之稱，是遐邇聞名的山東省級優秀旅遊度假區。

秦始皇幾次到過瑯琊

瑯琊臺位於膠南市區西南 26 公里處的海濱，是 2,000 多年前古人緣瑯琊山夯土築就的。酈道元在《水經注》中描繪當時的瑯琊臺「孤立特顯，出於眾山上，下周二十餘里，傍濱巨海」，它「臺基三層，層高三丈，上級平敞，方二百餘步，高五里」。

周代初期，姜太公封齊時作八神，其中四時主祠就立在瑯琊山上，歷代的許多帝王曾來這裡祭拜。越王勾踐在瑯琊山起觀臺會盟諸侯。據《史記》記載，秦始皇曾三次登臨。秦始皇帝二十八年（西元前 219年），秦始皇東巡郡縣時首登瑯琊，樂而忘返，留居 3 月，遷 3 萬戶於瑯琊臺下，親自督工築起了雄偉的瑯琊臺，立石頌德。次年（西元前 218年），秦始皇巡遊膠東半島歸途中，再次登臨瑯琊臺。秦始皇帝三十七年（西元前 210 年），秦始皇巡視東方時，第三次登上瑯琊臺。秦始皇前後三次登臨瑯琊臺期間，還派遣了徐福入海求仙藥。瑯琊臺也是徐福率數千童男童女東渡日本的起航地。所以，瑯琊臺是一部厚重的歷史書，是瑯琊文化的一個重要凝聚點，是學者文人訪古探幽尋夢的地方。

現在的瑯琊臺，依然可見臺分 3 個層次，遞級而上。它海拔 183.4 公尺，山下環臺周長 7.5 公里，平坦的臺頂周長 130 公尺。瑯琊臺風景名勝區的景觀包括瑯琊臺、瑯琊臺下的龍灣、環臺沿海風景帶及臺前齋堂島上的古蹟和自然風光。1982 年，中國國務院公布瑯琊臺為第一批國家重點風景名勝區。1993 年，青島市人民政府公布瑯琊臺為青島瑯琊臺風景名勝旅遊區。2001 年，國家旅遊局評定瑯琊臺為 AAA 級景區。瑯琊臺冠領群山，仰俯高天風雲和大海碧波驚濤，與海上島嶼相望相呼應，自然風光大氣磅礴，蔚然壯麗，天地山海間的奇觀異景叢出迭現，令海內外遊人嘆為觀止。

劉公島因何得名

　　劉公島位於威海灣口，距市區旅遊碼頭 2.1 海里，乘旅遊船 20 分鐘便可到達。它面臨水雲連天的黃河，背接湛藍的威海灣，素有「不沉的戰艦」之稱。

　　據史料記載，威海在漢代叫石落村。東漢末年，這裡屬於東萊郡，是劉姓皇族的封國屬地。西元 220 年，文帝曹丕廢漢獻帝劉協建立魏國後，就對劉姓皇族進行剿殺。劉氏皇族的一支為了逃避追殺，便千里迢迢來到了偏遠荒僻的石落村，成為這裡的早期居民。劉氏到石落村落戶以後，以出海打魚為生，並經常到劉公島上墾荒種地，消暑納涼。那時此島被人們稱之為「劉氏別業」，後來演稱為劉公島。劉公島的名字由此而來，並一直沿襲至今。

　　劉公島北陡南緩，東西長 4.08 公里，南北最寬 1.5 公里，最窄 0.06 公里，海岸線長 14.95 公里，面積 3.15 平方公里，距岸約 4 公里，最高處旗頂山海拔 153.5 公尺。島東碧海萬頃，煙波浩淼，島西與市區隔海相望。全島植被茂密，鬱鬱蔥蔥，以黑松為主，多達 180 餘公頃，1985 年被命名為國家森林公園。1999 年，劉公島被建設部命名為「國家文明風景區」。

　　劉公島歷史悠久，扼守京津門戶，橫踞海上，形成天然屏障，是扼守東面海疆的邊防基地。自古就是軍事重地。位於威海港灣內，19 世紀後期清政府的北洋海軍即誕生於此。如今，島上已建立了中國甲午戰爭博物館，收藏有大量有關珍貴文物。其中從海底打撈的水師巨型艦炮，重 20 多噸，為世界僅存。

　　島上有甲午海戰期間功不可沒的北洋水師鐵碼頭和古炮臺，有紀念甲午英烈的北洋水師忠魂碑，有展示中國兵器發展史的中華兵器館，有

保持原始風貌的國家森林公園，有當年北洋海軍的指揮機關北洋海軍提督署，還有透過聲光電等現代手法再現甲午海戰壯烈場面的甲午海戰館。甲午海戰館是一處透過建築、雕塑、繪畫、影視等綜合藝術手段展示甲午海戰悲壯歷史的大型紀念館，生動再現了當年北洋水師及甲午戰爭的歷史面貌，使人如臨其境。

抱犢崮與民國第一案

　　抱犢崮位於棗莊市山亭區東南部。崮是「四周陡峭頂端較平的山」。據當地文獻記載，昔有王老抱犢耕其上，後仙去，故得名「抱犢崮」。

　　抱犢崮出名不僅因為其獨特的地形，更因其與民國第一大劫案有關。

　　民國之初，各派軍閥割據，連年混戰，對外賣國，對內橫征暴斂。加上連年蝗災嚴重，使當地百姓苦不堪言，紛紛聚眾起義。

　　1920 年，原嶧縣白莊清末秀才孫美珠為官府所逼，和其弟孫美瑤等揭竿而起，在抱犢崮成立「山東建國自治軍五路聯軍」，抗擊官府，劫富濟貧。1922 年 7 月 15 日，在一次遭遇戰中，孫美珠被官軍所殺。其五弟孫美瑤被推舉為聯軍新司令。

　　1923 年 4 月間，聯軍遭到北洋政府重兵圍剿，山上水源不足，危在旦夕。聯軍決心採用「圍魏救趙」之計，擺脫困境。

　　1923 年 5 月 6 日凌晨，由孫美瑤率領一批骨幹力量，在臨城站（現棗莊西站）與沙溝站之間，劫掠了浦口開往天津的特快列車上的中外乘客，其中西客 39 人，中客 30 人，除英人納思滿因抗拒被打死外，其餘均被劫往抱犢崮山寨。最後被登記留下的共有 41 人，其中西客 16 人，分屬英、美、墨、法、義 5 國，另有中國乘客 25 人。隨後孫部發出通

告，如北洋政府膽敢繼續圍剿，就立即將「西票撕毀」。「臨城劫車案」轟動中外，被稱作「民國第一案」。外國使團迫於壓力，決定派人入山招撫救票。從 5 月 10 日開始，經過 32 天的談判，雙方達成協議：北洋政府停止圍剿，並將「山東建國自治軍」改變為「山東新編旅」，將原來的 4,000 人縮至 3,000 人，由孫美瑤擔任旅長。

12 月 19 日，在北洋軍閥直系首領曹錕的幕後操縱下，兗州鎮守張培榮在棗莊中興煤礦公司擺下「鴻門宴」，將孫美瑤以莫須有的罪名槍殺，新編旅亦隨之解散。

目前在抱犢崮景區樹有紀念碑，記載著這一盪氣迴腸的歷史事件。

四門塔與龍虎塔

四門塔是全國重點文物保護單位，位於濟南市歷城區青龍山小坡上。方形單層石塔。因其東、南、西、北四面各闢一半圓形拱門，故稱四門塔。

四門塔是中國現存最古老的亭閣式石塔，每邊寬 7.4 公尺，通高 15.04 公尺。塔牆全部用雕刻有淺席紋的大塊青石砌成。塔外簷用石塊疊澀出五層。塔頂是用 23 行青石板層層向內收疊，構成四角攢尖的錐尖屋頂，上置石刻塔剎。頂中下面是一個須彌座（又稱露盤），須彌座四角置山華焦葉形石座，正中安放五重相輪，相輪上置寶珠以構成整個塔剎。

塔內室中心砌碩大的四方形塔心柱，四周有廊環繞。塔內室頂部是用 16 根三角形石梁塔接於塔心柱與塔外牆之上，三角形石梁上置石拱板，以構成塔室，支撐上層的屋頂。塔心柱四面各有一尊用整塊石灰岩雕刻成的彌陀佛像，皆螺髻，盤膝端坐。有的雙手疊置腹前，作禪定姿

態，有的一手撫於膝上，一手揚起，似在娓娓說法。衣紋用平直刀法刻出規則的皺褶，刻工精細，技法嫻熟。在南面佛座束腰處有造像題記：「東武定二年……楊顯叔造像四軀……」原石遺失，現存題記是根據原拓片摹刻的。1972年對此塔進行大修時，在塔內頂的石拱板反面，發現刻有「大業七年造」的題字。

四門塔內面向東的阿閦佛頭像於1997年被盜失蹤。2002年12月17日，丟失5年之久的四門塔阿閦佛頭像，幾經流轉，在臺灣法鼓山文教基金會的幫助下，終於再次聚首。

龍虎塔，位於四門塔境趨白虎山東麓，與四門塔隔谷相對。因塔身上雕刻有龍虎而得名。1988年被中國國務院公布為第三批全國重點文物保護單位。建造年代無考，但專家根據建築風格斷定，塔基、塔身建於盛唐，塔剎補建於宋。該塔是一方形單層磚石混合建築，通高12.2公尺。基座三層，每層平石大簷突出，束腰部分鑴以佛龕及凹凸紋飾、伎樂、獅子、覆蓮等浮雕。塔身由四塊長方形青石板扣成，四面闢火焰形券門，周身布刻佛陀、菩薩、力士、伎樂、飛天、龍虎等高浮雕。南北門兩側雕以四大天王，東門兩側浮雕則為釋迦牟尼的兩位高足弟子迦葉、阿難。塔簷為雙重，頂端塔剎由露盤、仰蓮、相輪構成。塔內砌方形塔身柱，四面各有石雕佛龕，龕內雕刻佛像，外飾唐草、飛天。整個塔體造型精巧，裝飾華麗，雕刻技藝精湛，可謂盛唐石刻藝術的佳作。

靈巖寺辟支靈塔冠層巒

辟支塔是靈巖寺的代表性建築，位於千佛殿的西北角。「辟支」出於佛教，音譯為「辟支迦佛陀」。

　　辟支塔建於宋淳化五年（西元 994 年），至仁宗嘉祐二年（西元 1057 年）建成，歷時 63 年。塔高 54 公尺，底周長 48 公尺，為八角九層十二簷、樓閣式的磚砌建築。塔頂冠有鐵剎，塔身下四層為重檐，上五層為單簷，這是中國目前僅見的寺塔結構。

　　辟支塔身為青磚砌就，塔內一至四層設塔心，內闢券洞，砌有臺階，可以拾級而上。自第五層以上砌為實體，登塔需沿塔壁外腰簷左轉 90 度進入上層門洞。塔身上置鐵質塔剎，由覆缽露盤、相輪、寶蓋、圓光、仰月等組成。自寶蓋下垂八根鐵鍊，由第九層塔簷角上的八尊鐵質金剛承接，在塔內延續到地下，起避雷的作用。辟支塔造型勻稱，比例適度，精細壯觀，雄偉挺拔。宋代大文學家曾鞏曾形象地描繪道：法定禪房臨峭谷，辟支靈塔冠層巒。

第二個法門寺 —— 汶上寶相寺

　　汶上寶相寺是從唐朝始建的千年古寺，其原名昭空寺。北宋咸平五年（西元 1002 年），宋真宗封禪泰山曾駐蹕於此，御賜昭空寺為寶相寺。歷經千載香火不衰，成為帝王將相、名流墨客禮佛觀光的風水寶地，是齊魯大地上的古寺名剎。其代表性建築是寺北端的太子靈蹤塔，1994 年 3 月 15 日，在修葺塔體時，在塔宮內發現了佛骨、佛舍利等 141 件佛教聖物，經專家鑑定均為國家一級文物。佛教文物的出土，轟動了全中國，震驚了世界。

　　佛骨、佛舍利珍藏在石匣內，有金棺、銀槨層層相套，銀槨由銀條封箍，上放水晶牟尼串珠，黃絹覆蓋；金棺安放在精美的銀座上，前後有銀菩薩、水晶瓶、七寶淨水瓶、跪拜式捧真身菩薩等。宮室南壁、四

壁各有墨書題字，石匣上刻有銘文，此為瘞藏佛教聖物的時間和人證。面世正值 1994 年 3 月 15 日，與瘞藏時隔整整 882 年，適合佛教界陰入陽出之說。1994 年 6 月 3 日，中國以「汶上將成為第二個法門寺」為題，用 6 種文字向海內外播發了消息，140 多個國家和地區的新聞媒體進行了報導。自此，每年農曆三月十五日前後，有「佛光」奇觀顯現，為太子靈蹤塔增添了更加神祕的色彩，參拜僧俗絡繹不絕。

按佛經記載，佛祖涅槃以後一共留下了 4 顆牙齒，中國 1 顆，斯里蘭卡 1 顆，天上、海裡各 1 顆。天上、海裡是指方向，古人以北為天，以南為海，沒有什麼具體的地點。汶上這一佛骨和幾百顆舍利，是在西元 1074 年，由趙匡胤的第五代玄孫趙世昌在嘉王宮內請過來的。佛骨上面有兩個字「京府」，證明它原在皇宮內珍藏了很多年。到了 1112 年，由任城的左榮義、左榮世、中都束德儒三人迎葬到塔宮內，塔宮內石匣上刻有銘文。聖物長度為 5.5 公分，寬 3.3 公分，宋代科學家沈括在《夢溪筆談》一書中講到「佛牙瑞相有三：帝王將相、大德高僧拜之，則能長、生舍利、現佛光」。

孔廟

孔廟本稱至聖廟，是中國古代封建王朝祭祀孔子以表彰推崇儒家思想的禮制建築。曲阜孔廟是世界上最為古老的廟宇之一，是世界上 2,000 多座孔廟的祖型。早在西元前 478 年，孔子的故居就被改為廟宇，「藏孔子衣冠琴車書」，這又可稱為世界上最古老的博物館。

南北朝以前，孔廟基本上保持了孔子故宅的舊貌，唐代擴至 30 餘間，北宋擴至 316 間，三路布局，金代擴至 400 餘間，明弘治十六年（西

元 1503 年），擴建成現在的規模。

孔廟南北全長 1,300 多公尺，東西寬 153 公尺，占地面積 13 萬多平方公尺。現有殿閣門坊等建築 104 座 466 間，古建築面積 15,890 平方公尺。

孔廟主體部分前後九進院落，中貫軸線，左右對稱，布局嚴謹，氣勢雄偉。前三進是引導性的院落，只有一些規模較小的門坊，院內遍植檜柏，蓊鬱蔽日；第四進以後庭院，建築多為黃瓦、紅牆綠樹相映，喻示了孔子的豐功偉績和孔子思想的博大精深。

岱廟與東嶽廟會

岱廟舊稱「東嶽廟」，俗稱「泰廟」，它是泰山規模最大、最完整的古建築群，也是華夏名山第一廟，是古代帝王祭祀泰山神的地方。

岱廟位於泰山南麓的泰安城區北部，恰好處於南起泰城南門，北達岱頂南天門的軸線上，把山與城和諧地連為一體。岱廟在中國建築史上是按照高規格的帝王宮城形制來營造的。總面積 96,600 多平方公尺。岱廟創建於西漢時期，拓展於唐宋，後經多次重修，建國後又屢加整修，使它煥然一新，重放光彩。

舊時，每當農曆三月二十八日東嶽大帝誕辰日，泰山人就在岱廟內舉辦規模盛大的廟會。一提起東嶽廟會，大家就會想起《水滸傳》中所描寫的浪子燕青打擂的故事：天下高手雲集東嶽廟，浪子燕青身手不凡，一場惡戰，不可一世的惡霸任原，終於成為梁山好漢的敗將，一時間轟動泰安州。

如今，東嶽廟會重新煥發生機，成為泰安當地一個重要的旅遊節慶。

中國三大殿，山東有二

太和殿、天貺殿、大成殿並稱中國古代三大宮殿式建築，太和殿在北京故宮，後兩者都在山東：天貺殿位於泰安岱廟內，大成殿位於曲阜孔廟內。

天貺殿創建於北宋大中祥符二年（西元 1009 年），是宋真宗為答謝天帝賜「天書」所建，元代重修時改稱「仁安殿」，明代重修後更為「峻極殿」，民國後復稱「天貺殿」。它是按照帝王的「九五」之制設計的，即面闊 9 間，進深 5 間。這是根據《易經》所說的「九五，飛龍在天」的含義而制定的。天貺殿是重檐廡殿式，下部斗拱承托，上面覆蓋黃色琉璃瓦，整座大殿建於高達 2.65 公尺、面積為 800 多平方公尺的雙重品級臺上，輝煌壯麗，峻極雄偉，展現著皇家權勢的氣派。大殿內供奉著東嶽大帝泥塑坐像，高 4.4 公尺。大殿內東、西、北三面的牆壁上，彩繪有〈泰山神啟蹕回鑾圖〉，是中國宮殿壁畫傑作之一。位於曲阜孔廟內的大成殿，是孔廟的主殿。為了突出孔子的崇高地位，大成殿被建成全廟最高的建築物。不論開間、彩繪、斗栱都是最高規格。現建築是清雍正二年（西元 1724 年）火後重建，面闊 9 間，進深 5 間，高 27.2 公尺，重檐 9 脊，黃瓦歇山頂，金龍和璽彩畫。

大成殿最著名的是殿外的雕龍石柱，柱高 5.98 公尺，直徑 0.81 公尺，兩山及後簷 18 根是八楞水磨淺雕，雲龍為飾，每面淺刻 9 條團龍，每柱 72 條，細心的工匠在石柱上刻下了 1,296 條龍。前簷 10 根柱子是深浮雕，每柱兩龍對翔，中刻寶珠，圍繞雲焰，是中國著名的石刻藝術品，大成殿正門懸掛的匾額和對聯，連同「大成殿」均是雍正皇帝題寫的。殿內北面懸掛著康熙皇帝的「萬世師表」匾額和光緒皇帝的「斯文在茲」匾

額。東次間懸掛著道光皇帝的「德齊幬載」匾額，西次間懸掛著嘉慶皇帝的「聖集大成」匾額。殿內前後金柱上懸掛的對聯也是乾隆皇帝題寫的。

大成殿內神龕供奉孔子塑像，坐高 3.35 公尺，頭戴十二旒冠，身穿十二章服，手捧鎮圭，一如天子禮制。每年 9 月 28 日孔子誕辰時，大成殿前都要舉行盛大的祭孔活動。

中國高山建築的典範 —— 碧霞祠

位於泰山天街東首元君上廟的碧霞祠，與南天門相距 0.54 公里。在唐代，這裡就有玉女祠，宋真宗加封號後，於大中祥符二年（西元 1009年）重建此廟，叫「昭真祠」。近代重修後稱「昭真觀」，明代改為「碧霞靈佑宮」，現稱「碧霞祠」。

碧霞元君又叫泰山玉女，俗稱泰山老母。按照道家學說，男子得仙成為真人，女子則稱元君。泰山老母上通乾象，降靈下土，坤道成女，因此叫「天仙玉女」。又因神女身穿碧衣紅裙，所以全稱「天仙玉女碧霞元君」。

自宋真宗封泰山之後，由於封禪制的嬗變，泰山神由興而衰，隨之，泰山女神逐漸取而代之。到明清時，碧霞元君就成了「庇佑眾生，靈應九州」的泰山女皇了。

碧霞祠是一組龐大的高山建築群，經過精心設計，結構嚴謹，雕梁畫棟，氣勢恢弘，遠望白雲縈繞，金碧輝煌，宛如天上宮闕，被譽為中國高山建築的典範。

蓬萊閣

蓬萊閣位於膠東半島最北端，是國家級重點風景名勝區。這裡素有「人間仙境」之稱，傳說蓬萊、方丈、瀛洲是海中的三座仙山，為神仙居住之所，亦是秦始皇東尋求藥，漢武帝禦駕訪仙之地。廣為流傳的「八仙過海」神話傳說，便源於此。戚繼光故里等 20 餘處景點，每年吸引著數以百萬計的遊客來此觀光旅遊。

蓬萊閣自古就有「仙境」之稱。傳說漢武帝多次駕臨山東半島，登上突入渤海的丹崖山，尋求「蓬萊仙境」，後人就把這座丹崖山喚作蓬萊。恍如仙境的丹崖山立在海邊，臨海的一面是陡峭的絕壁，山岩紋理是暗紅色，故有此名。

蓬萊閣建於山頂。遠遠望去，樓亭殿閣掩映在綠樹叢中，高踞山崖之上，恍如神話中的仙宮。

蓬萊閣建於北宋，在它的兩側有觀瀾亭、賓日樓、避風亭、臥碑亭、姜公祠等建築。蓬萊閣古建築群，面積 32,000 多平方公尺。主要的建築有呂祖殿、三清殿、蓬萊閣、天后宮、龍王宮、彌陀寺等，布置得錯落有致。蓬萊閣坐北朝南，是一座雙層木結構建築，雕梁畫棟，色彩絢麗；閣底環列 16 根大紅楹柱，閣的上層繞有一圈精巧明廊，可供遊人遠眺。遊人至此，彷彿置身於海天之間，真有出塵超凡之感。在蓬萊閣上，有時可以看到「海市蜃樓」的壯觀景象。

光嶽樓：中國現存最古老、最大的木結構閣樓之一

在聊城名勝中，最突出的無疑是雄居於古城中心的光嶽樓。明洪武七年（西元 1374 年）所建的光嶽樓，飛簷斗栱，衝霄凌漢，是中國現存古代建築中最古老、最大的木結構閣樓之一，極為壯觀。光嶽樓是中國三大名樓之一，享有「雖岳陽、黃鶴亦當望拜」之譽。

作為東昌府的象徵，光嶽樓的氣勢是東昌整體環境的產物。有一平如鏡的東昌湖環繞，33 公尺的光嶽樓自然特別有氣勢，難怪古人讚為「昔人所謂手可摘星辰不為過也」。

光嶽樓初名「餘木樓」，原來它是用從運河運來的修城餘木所建的一座更鼓樓。樓基上的 32 根金柱高近 12 公尺，是整個樓的基本骨架。特別的是，柱子生長於熱帶，來源於遙遠的蘇祿國，即今天的菲律賓。從這裡也可以看出運河在中外交流之中的重要作用。

光嶽樓外觀為四重簷歇山十字脊過街式樓閣，由墩石和主樓兩部分組成。墩臺為磚石砌成的正四稜臺，高 9 公尺，四層主樓築於墩臺之上，高 24 公尺。光嶽樓通高和四邊長都是 33 公尺，也就是古代的九丈九尺。在中國古代九為陽數之極，寓意其不可超越。當初為了「嚴更漏，窺敵望遠，報時報警」的光嶽樓，隨著明王朝統治的鞏固，軍事作用很快被遺忘，但卻以它的雄偉高大而名揚天下，成為魯西名勝，眾多帝王將相、文人墨客路過聊城都要登樓抒懷。清朝康熙皇帝四次登樓，並題寫「神光鍾瑛」匾；乾隆皇帝更是九過東昌，六登光嶽樓，並題匾賦詩，將光嶽樓列為南巡三十六行宮之一。當代名家對光嶽樓也都倍加青睞，郭沫若、豐子愷、啟功、溥傑、蔣維崧等都為光嶽樓留下匾額和楹聯。光嶽樓是宋元建築向明清建築過渡的代表作，在中國古代建築史上有著重要地位。1988 年，光嶽樓被列為國家重點文物保護單位。

陽穀獅子樓

獅子樓坐落在陽穀縣城十字街首，始建於北宋景祐三年（西元1036年）。在《水滸傳》、《金瓶梅》兩部古典文學奇書中均有涉及。獅子樓坐西朝東，主樓為全木結構，紅柱灰瓦，雕梁畫棟，飛角翅簷，古樸典雅。著名書法家萬里雲曾書題：「獅子樓前氣勢宏，懲奸除暴顯神風，遊人臨時心猶壯，遙想當年勇武松。」

關於獅子樓的來歷，當地流傳著這樣一個傳說：宋仁宗年間，陽穀縣人口興旺，買賣繁榮，店舖林立。在陽穀城西街隅首上，有一中藥舖，掌櫃的叫趙潤春，膝下無兒，只有一女名為秀姑。父女經營藥舖，童叟無欺，買賣昌順。當地惡霸西門慶看上秀姑秀色，派人殺害了趙潤春，霸占了藥舖和秀姑。成親之夜，秀姑為報殺父之仇，灌醉西門慶，關在屋裡，點火燒屋，然後自殺了。可是西門慶未被燒死，而西花園鴛鴦閣卻化為灰燼。為鎮邪壓驚，西門慶聽從風水先生建議，蓋起了獅子樓，樓前雕刻了一對紅眼披鬢的石獅子。後來，武松為兄報仇，在此鬥殺西門慶，遂使獅子樓名揚四海，人盡皆知。

獅子樓地處陽穀縣城中心，交通便利，服務配套。景區內主要土特產有阿膠、景陽岡系列酒、大棗、木雕，名吃有武大郎燒餅、燒牛肉、驢肉、瓜達等。

海源閣何時成為天下四大藏書樓之一

清道光二十年（西元1840年），鴉片戰爭開始，就在這一年，聊城人楊以增在家鄉東昌府建築了專門的藏書樓 —— 海源閣，成為清朝四大

藏書樓之一。

楊以增與海源閣都直接和大運河有密切關係，其中還有一段傳奇故事。

1848 年，楊以增任江南河道總督，開始到「人文淵藪」的江南去做官，這為他廣收書籍提供了極大便利。最直接的一點就是利用漕運「南書北運」，他可以憑身分借助官方漕運糧船把在當地收集的大批書籍運回老家。事實上，楊以增幾乎搜刮了南方藏書家之精華。當時江南一帶太平軍、撚軍在此與清軍作戰，江南舊家藏書多不能守，大量散失，流入市場，為楊以增大批收購珍貴善本提供了機會。號稱乾嘉間文獻之宗王、「三百年來藏書之巨擘」的蘇州黃丕烈的「士禮居」和汪士鐘藝芸書屋藏書散出，大多歸於鐵琴銅劍樓與海源閣，而以海源閣為最。瞿氏恬裕齋、鮑氏知不足齋，以及韓氏玉雨堂元人集部書等均歸於海源閣，這是海源閣藏書數量品質的一次大飛躍。當時的藏書家江標說：「（海源閣藏書）大約吾吳舊籍十居八九，蕘翁（黃丕烈）之所藏，則又八九中居其七焉。」由此奠定了「南瞿北楊」的格局。海源閣與江蘇常熟的鐵琴銅劍樓一時並稱於海內，加上杭州「八千卷樓」、浙江吳興「皕宋樓」，合稱中國清代四大藏書樓。

海源閣會聚了南北藏書之精華，共有藏書 20 多萬卷。正如葉公綽先生所言：「汲取南北之經帙，萃於山左之一隅。」傅增湘先生也慨言：「（海源閣）蔚然為北方圖書之府，海內仰之，殆如景星慶雲。」

雖然海源閣實行關門主義，但最終也免不了一番浩劫。1929 年，軍閥王金發率領殘部進駐聊城，將海源閣之宋元祕笈、金石書畫擇優掠去；1930 年，土匪王冠軍占據聊城，海源閣再次遭劫，損失大半。1931 年 1 月 16 日，《中央日報》報導：「王匪除將楊氏藏書運走大批外，焚燬者尤

居多數，甚至做飯用書燒火，睡覺用書作褥，吸大煙用書，擦槍、拭燈、擦桌子、擦鼻子無不以書為之，致價逾連城之古書，幾破壞淨盡……院內室外書籍滿地，廁所馬廄亦無地無之，院內書籍盡為大雨淋爛……」此後部分書籍藏於濟南和聊城鄉下。1938 年，日軍攻陷聊城，「盡遭火焚」。現存少數海源閣藏書主要存於中國國家圖書館和山東省圖書館。

　　海源閣藏書起於戰亂，最終又大部分毀於戰亂。回想海源閣藏書印中有一方「子子孫孫永保用享」，這個藏書故事，終以辛酸結尾。

太白樓真是因李白而得名的嗎

　　太白樓位於濟寧市中心，坐落在古運河北岸的太白樓路中段。關於太白樓，有兩種說法：一說認為這裡是原來李白舊居的延存；但人們通常採用另外一說，即這裡原是唐代賀蘭氏經營的酒樓。因李白一家曾經住在酒樓前，並終日與朋友醉飲，所以唐懿宗咸通二年（西元 861 年），吳興人沈光為該樓篆書「太白酒樓」匾額。後來宋、金、元時對該樓進行重建或修葺，並「因白嘗醉於此，故以名歸之」。酒樓原坐落在古任城東門裡，後任城因運河改道而北移。明洪武二十四年（西元 1391 年），濟寧左指揮使狄崇重建太白酒樓，依原樓的模樣，遷移於城牆上，並將「酒」字去掉，名為「太白樓」，流傳至今。

　　現在的太白樓，是 1952 年在高 4.55 公尺的城牆原址上重建的。樓為兩層重檐歇山式建築，灰瓦頂，青磚砌體，朱欄遊廊環繞，占地面積4,000 平方公尺。

　　據李白年譜考證，李白於唐開元二十四年（西元 736 年）偕夫人許氏及女兒平陽由湖北安陸繞道太原投奔任城縣令、六叔父寓家濟寧，在

太白樓上寓家達 16 年之久。他的女兒在這裡長大，兒子在這裡出生，夫人在這裡去世……詩人對太白樓有著難以釋懷的眷戀之情，並在這裡留下了〈將進酒〉、〈行路難〉等諸多名篇。

青島地標 ── 棧橋與小青島

棧橋是青島的象徵。到青島來的遊客如果沒有去看一看棧橋，那就等於沒來青島。

棧橋可以說是與青島同齡的建築，當年，清朝的欽差大臣李鴻章要到青島（當時稱膠澳）來巡視，按李鴻章的級別，他應當坐大型官船，但當時的青島只是一個小漁村，根本沒有停靠大型官船的能力，所以就臨時修了一個港口，後來幾經翻修，並一直使用，這就是棧橋的原形。

棧橋位於遊人如織的中山路南端，橋身從海岸探入彎月般的青島灣深處，橋盡頭具有中國民族風格的翹角重檐建築，端莊地安坐於碧波之上。棧橋全長 440 公尺，寬 8 公尺，鋼混結構。橋南端築半圓形防波堤，堤內建有民族風格的兩層八角樓，名「回瀾閣」。遊人佇立閣旁，欣賞層層巨浪湧來，「飛閣回瀾」被譽為「青島十景」之一。現在回瀾閣是一個小型的展覽館，經常在那裡舉辦一些美術、攝影及其他藝術展覽。

小青島因「山如琴，水如弦，清風徐來，波音錚錚如琴聲」，故而又名「琴島」。它位於碧波蕩漾的青島灣內，距海岸 720 公尺，有長堤與陸地相連。島上最高處有一白塔，是 1900 年德國人侵占青島之初修建的一座航標燈塔，至今仍是海上船隻進出膠州灣的重要航標。每當暮色四合，燈塔射出紅寶石似的光輝，與棧橋的燈光遙相呼應，這就是青島十大景觀之一的「琴嶼飄燈」。小青島早在 1930 年代初被闢為公園，但並未與陸地相接。到

1940 年代初，在小青島的東面建起一道與陸地相連的防波堤，這樣不用乘船就可以直接由陸地走上小青島了。1988 年，小青島被開闢為旅遊景點。

張裕地下酒窖是何時由何人所建

在煙臺張裕酒文化博物館，沿著螺旋石級走下去，就是著名的地下大酒窖。

整個大酒窖沉入地下 7 公尺，窖底低於海拔 1 公尺，整體方位北距海邊不足 100 公尺，窖內 10 個拱洞交錯連環，猶如迷宮。

地下大酒窖共建了 3 次，歷時 11 年才完成。西元 1894 年開始破土，因為土層為沙質，開工不久就因滲水而坍塌。後來採用洋法再建，全部採用鋼鐵構件以期長久，豈知地下潮溼，使得鋼鐵構件鏽蝕嚴重，趕上連降幾天暴雨，洪水大量湧入，終於不保。

後來，人們集思廣益，商定酒窖頂部運用石頭髮旋結構，牆壁用石塊加水泥砌成，牆體內再以亂石填充，使窖體異常堅固。窖體內外還設計了巧妙的排水系統，透過隱蔽的溝渠，將滲水排出，保證酒窖不再滲漏。

酒窖總面積 2,666 平方公尺，上千隻橡木桶整齊排列，非常壯觀。其中有百年歷史的三大「桶王」，高近兩人，每隻足足儲酒 15 噸，為世上罕見。窖內四季恆溫，溼度適中，為葡萄酒的陳釀提供了理想條件。該酒窖被中外建築學界譽為建築史上的奇觀。

酒窖的建造者是張裕公司的創始人張弼士和巴保男爵。巴保男爵是一名酒師，當時自薦上門來到張裕。他是奧國駐煙臺領事官，持有奧匈帝國頒發的釀酒證書。巴保為張裕公司工作了 18 年，立下了汗馬功勞，第一次世界大戰爆發後，他才回國。

臨清鼇頭磯寓意如何

臨清市區元代運河與明代運河分岔處，有一組古建築群，它布局嚴謹，玲瓏幽靜，院內竹影婆娑，照壁刻石相映成趣，這就是省級重點文物保護單位 —— 鼇頭磯。它建於明嘉靖年間（西元 1522 ～ 1566 年），是臨清市博物館所在地。

鼇頭磯之名源於特定的地理環境，此處北側原有元代運河自問津橋入衛，明代又開挖運河南支，經大眾公園，由頭閘口入衛，西面有衛河，這樣鼇頭磯以西便形成了一個四面環水之地，時稱「中洲」。鼇頭磯處中洲突出之地，明代正德年間在此疊石為壩，狀如鼇頭，元代運河之臨清、會通二閘及明運河南板、新開二閘分左右如鼇足，後有廣濟橋如鼇尾，知州馬綸題名曰「鼇頭磯」。整組建築中，東樓名「觀音閣」，西殿稱「呂祖堂」，北廡名「甘棠祠」，門外原有木橋，枋楣「鼇頭磯」三字乃明代書法家方元煥所書。

近代以來，許多學者、詩人、書畫家如季羨林、臧克家、高啟雲、李予昂、夏雨常等先後為鼇頭磯題贈佳作墨寶。國畫大師李苦禪 81 歲時為鼇頭磯題寫匾額，使古老的建築增添了新的文化內涵。

鼇頭磯院內的古磚陳列館，陳列有明清兩代臨清燒製的貢磚。臨清貢磚「不城不蝕，擊之有聲，斷之無孔」，享譽海內，成為皇家專用貢品。營建北京皇城的重要建築材料大城磚，大都取自臨清，所以，史家有「漂來的北京城」一說。

黃渤海分界線

位於人間仙境蓬萊北部的長島，景色優美，這裡是黃色的渤海洋流與藍色的黃海洋流交會的地方。32 個島嶼恰似一串明珠，北望遼寧老鐵山，南接仙山蓬萊，縱貫膠遼古陸。長島群島，居在黃渤海分界線上，扼住京津門戶交通要衝。

黃渤兩海分界，在當地流傳著一段動人的故事，傳說龍女黃渤戀上了打魚郎田橫，令龍王惱羞成怒，施法點化田橫成山。龍女傷心欲絕，乃抽去龍盤化為一泓碧水，以表對田橫不移之志。龍女就化為黃渤二海，緊緊依偎著田橫山。

現在，長島縣在黃渤海分界處立了一處界碑。站在界碑石崖上，放眼遠望，可見黃海和渤海潮頭對立，清晰可見一道反 S 形的交會線，黃藍二色涇渭分明，令人嘆為觀止。這裡可是風急浪險的去處，有民謠為證：無風三尺浪，有風浪三丈。

黃河三角洲 —— 中國最年輕的土地

現在所說的黃河三角洲，主要包括山東省濱州市的一部分和差不多東營市的全部，它是世界上六大河口三角洲之一。

黃河一路洶湧，進入到最低一個階梯時，河道豁然開朗，從寬 300 多公尺陡增到 3,000 公尺，水流變緩，攜帶的泥沙大量沉積。特別是在入海口附近，由於海潮的頂托，滾滾泥沙就在河口淤積起來，而且越積越高，成了阻攔黃河入海的高坎，黃河左沖右突，來回擺動，掃出了一

個扇面,造就了三角洲。咸豐五年(西元 1855 年),黃河驚洪暴發,滔滔洪水自河南銅瓦廂衝破堤壩,棄徐淮古道,奪大清河河道,由東營境地直奔渤海。從此,黃河大改道 10 次,小改道 50 多次,在約 150 年的時間內完成兩次大循環,掃出了一個 5,400 平方公里的新扇面。

黃河三角洲有中國暖溫帶最完整、最廣闊、最年輕的溼地,也是世界上成長最快的溼地。黃河三角洲已經被列為國家地質公園。

飲食山東

被稱為「八大菜系之首」的魯菜

　　八大菜系之首當推魯菜。魯菜的形成和發展與山東地區的文化歷史、地理環境、經濟條件和習俗尚好有關。山東是中國古文化發祥地之一，地處黃河下游，氣候溫和，膠東半島突出於渤海和黃海之間。境內山川縱橫，河湖交錯，沃野千里，物產豐富，交通便利，文化發達。其糧食產量居中國第三位；蔬菜種類繁多，品質優良，號稱「世界三大菜園」之一。如膠州大白菜、章丘大蔥、蒼山大蒜、萊蕪生薑都蜚聲海內外。水果產量居全國之首，僅蘋果就占中國總產量的 40% 以上。豬、羊、禽、蛋等產量也是極為可觀。水產品產量也是中國第三，其中名貴海產品有魚翅、海參、大對蝦、加吉魚、比目魚、鮑魚、天鵝蛋、西施舌、扇貝、紅螺、紫菜等馳名中外。釀造業歷史悠久，品種多，品質佳，諸如洛口食醋、濟南醬油、即墨老酒等，都是久負盛名的佳品。如此豐富的物產，為魯菜系的發展提供了取之不盡、用之不竭的原料資源。

　　魯菜歷史極其久遠，《尚書・禹貢》中載有「青州貢鹽」，說明至少在夏代，山東已經用鹽調味；遠在周朝的《詩經》中已有食用黃河的魴魚和鯉魚的記載，而今糖醋黃河鯉魚仍然是魯菜中的佼佼者，可見其源遠流長。魯菜系的雛形可以追溯到春秋戰國時期。齊魯兩國自然條件得天獨厚，尤其傍山靠海的齊國，憑藉魚鹽鐵之利，使齊桓公首成霸業。傳說中將自己的兒子蒸熟了獻給齊王吃的易牙，實際上是當時善於調味的烹飪大師。魯菜中的清湯，色清而鮮，奶湯色白而醇，獨具風味，可能是繼承了古代善於做羹的傳統；而膠東菜以海鮮見長，則是承襲海濱先民食魚的習俗。而「食不厭精，膾不厭細」的孔夫子，還有一系列「不食」的主張，如「魚餒而肉敗不食，色惡不食，臭惡不食，失飪不

食，不時不食，割不正不食，不得其醬不食……」說明當時的魯菜已經相當講究科學、注意衛生，還追求刀工和調味料的藝術性，已到日臻精美的地步。

秦漢時期，山東的經濟空前繁榮，地主、富豪出則車馬交錯，居則瓊臺樓閣，過著「鐘鳴鼎食，徵歌選舞」的奢靡生活。根據「諸城前涼臺庖廚畫像」，可以看到上面掛滿豬頭、豬腿、雞、兔、魚等各種畜類、禽類、野味，下麵有汲水、燒竈、劈柴、宰羊、殺豬、殺雞、屠狗、切魚、切肉、洗滌、攪拌、烤餅、烤肉串等各種忙碌烹調操作的人們。這幅畫所描繪的場面之複雜，分工之精細，不啻烹飪操作的全過程，真可以和現代烹飪加工相媲美。北魏的《齊民要術》對黃河流域，主要是山東地區的烹調技術作了較為全面的總結。不但詳細闡述了煎、燒、炒、煮、烤、蒸、醃、臘、燉、糟等烹調方法，還記載了「烤鴨」、「烤乳豬」等名菜的製作方法。此書對魯菜系的形成、發展有深遠的影響。歷經隋、唐、宋、金各代的提高和錘鍊，魯菜逐漸成為北方菜的代表，以至宋代山東的「北食店」久興不衰。在這漫長的歲月中，吳苞、崔浩、段文昌、段成式、公都或等，都是著名的烹飪高手或美食家，他們對魯菜的發展都做出了重要的貢獻。

八大經典魯菜是什麼

（1）九轉大腸

「九轉大腸」是山東濟南的傳統名菜。在清光緒年間，濟南九華林酒樓店主，把豬大腸（直腸）洗刷後，加香料並用開水煮至硬酥，取出切

段，加醬油、糖、香料等調味，首先製成了香肥可口的「紅燒大腸」，贏得了顧客的歡迎，逐漸聞名於世。後來在製作方法上又有所改進，即將洗淨的大腸入開水鍋中煮熟後，先入油鍋中炸，然後再加調味料和香料烹製，使「紅燒大腸」的味道更為鮮美。許多著名人士在該店設宴時均備「紅燒大腸」一菜。一些文人雅士食後，感到此菜確實與眾不同，別有滋味，為取悅店家喜「九」之癖，並稱讚廚師製作此菜像道家「九煉金丹」一樣精工細作，便將其更名為「九轉大腸」。從此「九轉大腸」一菜便馳名全省，成為魯菜最著名的菜餚之一。

（2）糖醋鯉魚

「糖醋鯉魚」是山東濟南的傳統名菜。濟南北臨黃河，黃河鯉魚不僅肥嫩鮮美，而且金鱗赤尾，形態可愛，是宴會上的佳餚。《濟南府志》上早有「黃河之鯉，南陽之蟹，且入食譜」的記載。據說糖醋鯉魚最早始於黃河重鎮——洛口鎮。當初這裡的飯館用活鯉魚製作此菜，很受食者歡迎，在當地小有名氣。後來傳到濟南，在製法上更加完美，先將魚用油鍋炸熟，再用著名的洛口老醋加糖製成糖醋汁，澆在魚身上，香味撲鼻，外脆裡嫩帶酸，不久它便成為一款名菜，其中以濟南匯泉樓所製的「糖醋鯉魚」最為著名。他們將活的黃河鯉魚養在院內水池裡，讓顧客當場挑選，撈出活殺，馬上製成菜餚上席。此菜頗受顧客歡迎，成為該店最著名的菜餚。

（3）紅燒大蝦

「紅燒大蝦」是山東膠東風味名菜。膠東半島海岸線長，海味珍饈眾多，對蝦就是其中之一。據郝懿行《海錯》一書中記載，渤海「海中有

蝦，長尺許，大如小兒臂，漁者網得之，兩兩而合，晒乾或醃漬，貨之謂對蝦」。對蝦每年春秋兩季往返於渤海和黃海之間，以其肉厚、味鮮、色美、營養豐富而馳名中外。據分析，每百克對蝦含蛋白質 20.6 克，脂肪 0.7 克，鈣 35 毫克，磷 150 毫克，還含有維他命 A 等營養成分。「紅燒大蝦」歷來是魯菜中膾炙人口的名菜佳餚之一，其色澤之美、口味之佳，久為人們所稱道。

（4）罈子肉

「罈子肉」是濟南名菜，它始於清代。據傳首先創製該菜的是濟南鳳集樓飯店，大約在 100 多年前，該店廚師用豬肋條肉加調味和香料，放入瓷罈中慢火煨煮而成。其色澤紅潤，湯濃肉爛，肥而不膩，口味清香，人們食後，感到非常適口，該菜由此著名。因肉用瓷罈燉成，故名「罈子肉」。山東地區使用瓷罈製肉在清代就很盛行，清代袁枚所著《隨園食單》中就有「瓷罈裝肉，放礱糠中慢煨，方法與前同（指干鍋蒸肉），總須封口」的記載。1930 年代濟南鳳集樓飯店關閉後，該店廚師轉到文升園飯店，繼續製售此菜，使該菜流傳開來。罈子肉是濟南著名的一款傳統名菜。

（5）四喜丸子

「四喜丸子」是濟南大眾化傳統風味菜餚。據說四喜丸子的「遠祖」是南北朝《食經》上所記載的「跳丸炙」，它是舊時人們為慶賀和祈求人生的四大喜事「久旱逢甘霖，他鄉遇故知，洞房花燭夜，金榜題名時」而烹製的菜餚。之所以做成圓形狀，是取其吉慶、團圓、美滿之意，故此菜多用於喜慶宴會。

（6）油爆雙脆

「油爆雙脆」是山東歷史悠久的傳統名菜。元代倪瓚的《雲林堂飲食制度集》中最早記載了「腰肚雙脆」的菜名。清代袁枚在其《隨園食單》中概括為：「滾油炮（爆）炒，加料起鍋，以極脆為佳。此北人法也。」這是對爆肚頭一菜的記載，正是爆雙脆的特色。到清代中末期，此菜傳至北京、東北和江蘇等地，成為中外聞名的山東名菜。

（7）一品豆腐

「一品豆腐」源自山東孔府，以蒸法烹調，可保持豆腐的原始風味，最能發揮清肺熱和胃氣，並有延年益壽之效用，不論男女老少皆宜食用。

（8）德州扒雞

德州五香脫骨扒雞，通常叫「德州扒雞」，成名於 200 年前。20 世紀最初十幾年，「德順齋」掌櫃韓世功等人使這一名吃臻於完善。傳統做法是，採用燒、燻、酥、炸、滷多樣手法，製成的燒雞趁熱一抖，骨肉分離，此即所謂的「脫骨」。

魯菜獨有的烹調方法是什麼

「塌」是山東獨有的烹調方法，其主料要事先用調味料醃漬入葉或夾入餡心，再蘸粉或掛糊。兩面煎至金黃色。放入調味料或清湯，以慢火盡湯汁，使之浸入主料，增加鮮味。「鍋」烹調法最早始於山東，據史料

記載，早在明代山東就有了鍋菜。清代乾隆年間，此菜成為清宮名菜，後傳遍山東各地及北京、上海等地。如今，山東地區廣為流傳的「鍋豆腐」、「鍋菠菜」、「鍋對蝦」、「鍋里脊」等，都是久為人們所樂道的傳統名菜。在這裡可以簡單地為大家介紹一下「鍋豆腐」。

「鍋豆腐」的基本做法是：將豆腐切成長方片，蝦仁剁成泥再加入蛋泡糊製成餡，抹在豆腐片上，每片再蓋上一層豆腐片，放入盤中入蒸籠蒸熟；然後入豬油鍋，兩面煎成淡黃色，加入蔥薑末、雞湯、紹酒、味精稍燜，收乾汁裝盤即成。此菜的特點色澤金黃、味厚鮮嫩、清爽利口。

膠東有句俗語「要想吃好飯，圍著福山人轉」，這是為什麼

魯菜以濟南菜、孔府菜與膠東菜為三大支柱。而膠東菜的老根是深扎在福山的。

福山從前是一個縣，現在是煙臺市的一個區。福山以烹飪聞名於世，可上溯至春秋時期，但真正名聲大噪應在明、清以後。明清以來，山東人在北京開飯館的歷來稱為「兩幫」：一為「濟南幫」，一為「福山幫」。「福山幫」精於製海味，名聞京師。從前，北京著名飯店曾有「八大樓」的總稱，其中有六「大樓」是福山人創辦的。號為「八大樓」之首的「東興樓」，其「老號」、「禮堂」及分號「同春樓」，總掌櫃及當竈廚師清一色為福山老鄉。在福山本土，方圓只有 1.5 公里的縣城中，1920 ～ 1930 年代時期較為有名的飯館就有 40 多家。

數百年間，福山名廚輩出，烹飪技藝傳遍海內外，北京、天津、大連、瀋陽、哈爾濱、青島、上海，及香港、澳門、日本、韓國、新加

坡、泰國、印尼、馬來西亞、菲律賓、英國、法國、美國、加拿大、阿根廷都有福山廚師的足跡和福山人創辦的飯館、飯店。這也就應了膠東一句名不虛傳的俗語：「要想吃好飯，圍著福山人轉。」

福山人自己認為，最能代表福山特色的是 1930 年代福山城裡「吉升館」所製的菜餚。「吉升館」有炸、溜、爆、炒、燒、扒、燜、烤、熗、氽、燴、蒸、煎、拔絲、蜜汁等全套手段。他們烹製的菜餚，色、香、形、味俱佳，而以味為「最」，尤其講究原湯原味，多種多樣。

孔府宴為什麼要分「三六九等」

孔府宴是當年孔府接待貴賓、襲爵上任、祭日、生辰、婚喪時特備的高級宴席，是經過數百年不斷發展充實逐漸形成的一套獨具風味的家宴。

孔府宴分三六九等，單就較高級的兩等來說，其數量之多、佳餚之豐美，是頗為驚人的。

第一等是招待皇帝和欽差大臣的「滿漢宴」，是滿、漢國宴的規格。一席宴，光餐具就有 404 件。大部分是象形餐具，有些餐具的名就是菜名，而且每件餐具分為上中下三層，上層為蓋，中層放菜，下層放熱水。滿漢宴要上菜 196 道，全是名菜佳餚，如滿族的「全羊帶燒烤」，漢族的駝蹄、熊掌、猴頭、燕窩、魚翅等。

第二等是平時壽日、節日、婚喪、祭日和接待貴賓用的「魚翅四大件」和「海參三大件」宴席。菜餚隨宴席種類確定，什麼席，首個大件就上什麼；大件之後還要跟兩個配伍的行件。如魚翅四大件：開始先上八個盤（乾果、鮮果各四），而後上第一個大件魚翅，接著跟兩個炒菜行

件；第二個大件上鴨子大件跟兩個海味行件；第三個大件上鮭魚大件，跟兩個淡菜行件；第四個大件上甘甜大件，如蘋果罐子，後跟兩個行菜，如冰糖銀耳、糖炸魚排。少頃，上兩盤點心，一甜一鹹。接著再上飯菜四個（四個瓷鼓子，如果上一品鍋，可代替四個瓷鼓子。因為鍋內有四樣：白松雞、南煎丸子加油菜、栗子燒白菜、燒什錦鵝脖）。再後上四個素菜，緊跟四碟小菜，最後上麵食。

　　若是海參三大件，也是先上八盤乾鮮果，然後上海參大件，第二、第三個大件是神仙鴨子、花籃鮭魚（俗稱季花魚）或詩禮銀杏。每個大件也要跟兩個行菜，如淬活蝦、炸溜魚、三鮮湯等，飯菜仍是四個，如元寶肉、黃燜雞等。如果是宴席四大件，就要有帶燒烤的菜了，如烤鴨、烤豬、繡球魚翅、珍珠海參、玉帶蝦仁等。在飯菜方面，秋天是菊花火鍋，兩火鍋一葷一素，冬天是雜燴火鍋、什錦火鍋和一品鍋。

　　孔府最低等的酒席從前是給當差們吃的。依舊禮僕人不能上桌，在大院裡搭起天棚，鋪上新炕席，席地而坐，圍成圓圈吃喝，每席十碗菜，名為「十大碗」。這十碗菜有海參、魚肚、紅肉、清雞絲、瓦塊魚、白肉、肉餅、海米白菜、八仙湯、甜飯。

　　孔府宴是吸取了中國各地的烹調技藝而逐漸形成的。孔府的內眷多來自各地官宦的大家閨秀，她們常從娘家帶著廚師到孔府來。數百年來，孔府宴不斷翻新，流傳至今。如今，曲阜國際旅行社的廚師們在繼承孔府烹調技術的同時又不斷創新，在舊菜的基礎上發展出一些新的品種，如神仙鴨子、一品海參、詩禮銀杏、花兒魚翅、霸王別姬、雪裡悶炭、熊貓鬧銀杏、桂花金棗、虎臥尼山、筆蝦仁、八仙過海鬧羅漢、繡球魚翅、八寶龍籃、福壽燕菜、孔門子肉、珍珠海參、一品壽桃、雞容干貝、花籃鮭魚、一卵伏雙鳳、鴛鴦鴨子、一品豆腐、烏雲托月、闔家

平安、猴頭扒雞、雪中藏麥等，使孔府宴更加精美。

孔府糕點與「精美的工藝品」

孔府糕點，也像孔府宴一樣，是源遠流長、世代相傳的一種獨具風味糕點。特別是明、清兩代，孔府糕點要比當時北京市面上在售的名點好得多。孔府的糕點講究現烤現吃，求其色、香、形俱佳。

孔府糕點分外用、內用兩大類。外用糕點主要用於進貢、餽贈和恩賞。進貢的孔府糕點，以「棗煎餅」和「纏手酥」為主。「棗煎餅」是選用上好紅棗、芝麻、小米精工製成，用金屬「長方聽」密封，外加裝飾。其特點是香甜酥脆；「纏香酥」的特色是製作精巧，形薄如紙，香脆可口。

按照定例或遇有喜慶大典，孔府每年幾次向皇宮進貢的貢物和賀禮中，就常有孔府糕點。清光緒二十年（西元 1894 年），「衍聖公」孔令貽同他的母親、妻子進宮祝賀慈禧六十壽辰時，曾進早膳兩桌，內中有孔府糕點，蒙慈禧親自召見，並賞了很多東西。

孔府內用糕點又分應時糕點、常年糕點、到門糕點、宴席糕點、節用糕點等。

應時糕點有桂花餅、藤花餅、荷花餅、菊花餅、薄荷餅等，是在各種花卉盛開的季節精工製作的。如桂花餅，在桂花噴香時，採集花瓣處理後，配以青紅絲等為餡，用上好的豆粉、蛋清為皮，候火過油即成。外酥脆，內香軟，桂花鮮豔如故，令人賞心悅目。應時糕點還有春秋時令的蘿蔔餅，夏令的綠豆糕、栗子糕、涼糕，冬令的小水晶包、豆沙包、火腿燒餅。這類糕點，根據季節變化而隨時製作。如綠豆糕點解暑

清心，涼爽可口，最適宜夏季食用。綠豆糕點是將綠豆煮後去皮，配以各種解暑清涼的作料，最後用各種水果形的特製模具造型而成的。

常年糕點有大酥合、菊花酥、百合酥、麻團、黃糕（各式蛋糕）等。

到門糕點，顧名思義，即客人到門之後，宴席之前上的糕點，有「梢梅」、「一口盅」、「棉花桃」等。這類糕點以製作精巧、形象逼真、色彩優美著稱。

節用糕點有各種餡的元宵和火腿、冬菜、海米餡的月餅，尤以孔府「巧果」為最佳。它品種繁多、造型優美、工藝精細。巧果糕點是用傳統的模具製成的。它的花色圖案十分豐富：有吉祥的孔雀、展翅的小鳥、小石榴、小花籃、仙桃、金魚、壽字、福字等，每塊糕點圖案精巧美觀，形象逼真動人，不僅味美可口，又可觀賞，十分惹人喜愛。

更為有趣的是，孔府各式各樣的糕點，都配以各式各樣的湯。如綠豆糕配山楂湯，其他各類酥糕點，配有桂圓湯、蓮子湯、百合湯、杏仁羹等。火腿燒餅、魚翅餃子，則配有紫菜湯、口蘑湯、銀耳湯等。

孔府糕點雖然歷史悠久、味美色佳，但在新中國成立前，只有皇帝、孔府主人和少數親朋們才能享用。現在，隨著旅遊事業的不斷發展，為了更好地為中外遊客服務，相關部門十分重視這一技藝的發展，原孔府的老廚師正抓緊時間傳授技藝，培養人才，已經恢復了部分品種的生產，使來曲阜遊覽的中外遊客都能品嘗到孔府糕點。凡是吃到各種精美糕點的遊客，不但欣賞點心的美味，更欣賞孔府糕點的造型，將其譽之為「精美的工藝品」。

龍口粉絲為什麼「以地取名」

　　龍口粉絲是山東省的名特產品，距今已有 300 多年的生產歷史。據《招遠縣志》記載，早在 300 年前，當地人民就開始利用綠豆為原料製作冬粉。現在，山東煙臺市屬各縣市有近 300 個村生產龍口冬粉。在國際市場上稱之為「春雨」、「馬尾」、「玻璃絲」。因歷史上以「龍口」為冬粉的重要集散地，故統稱「龍口粉絲」。

　　龍口冬粉以綠豆為原料，利用嶗山的水源、獨特的氣溫、風力等自然條件的優勢，經過浸泡、磨漿、提粉、打糊、拉鍋、理粉、晾粉、泡粉、掛晒等多道工序加工而成。條子細長均勻，單條色澤呈淡水綠色、半透明且有波紋，直徑約 0.8 公釐，無酥碎，無並條，捆紮成束，白中帶青，銀光閃閃。龍口粉絲的彈性和韌性都很強，可以任意扭曲包紮而不斷。在水中浸泡 40 多個小時，仍不變色、不發脹。其特點概括說來就是：色白如玉，光亮透明，絲長條勻，一泡就軟，細而柔韌，潤滑爽口。在國外市場上，聲譽卓著。1983 年被評為農牧漁業部優質產品，1985 年 3 月被法國國際美食委員會授予金質獎章，被譽為「冬粉大王」。

青島三烤

　　青島三烤是山東名菜，是 20 世紀初期由青島名廚潘孝良創製。以當地名特產品為原料，以魯菜風味特色為基調，同時吸收西餐有關加熱、調味配餐等方法，創製了烤加吉魚、烤小雞、烤大排，深受群眾歡迎。此菜可作為大件上席。

　　烤加吉魚取加吉魚一尾去鱗、鰓、內臟，洗淨，周身蘸勻醬油，放入九成熱的油勺內一促，立即撈出控淨油，把魚的左面朝上放入烤盤內，將蔥油、醬油、白糖、味精、高湯兌成調味汁，澆在魚身上，放烤

爐內烤成八成熟，將魚取出，擺魚池內，澆上原汁。另外，將菠菜洗淨，放入炒勺內，加醬油、味精略一翻炒取出，擺在魚腹邊即成，或將生菜洗淨擺在魚腹邊也可。

烤小雞又稱烤雛雞，取當年的小公雞，洗淨，雞腹內用鹽、味精、紹酒搓勻，周身蘸滿醬油醃漬片刻，入九成熟的油內炸至淺黃色，撈出控淨油，放入烤盤內，加上蔥、薑、蒜、花椒（腹內也放入一部分），再用兌好的調味汁（同烤加吉魚）澆在雞身上。然後放入烤盤內，烤至成熟取出，改刀按原樣擺入盤內，澆上原汁即可。

烤大排又稱烤排骨，將豬脊骨按節帶脊肉切下（稱為大排）。用刀拍鬆，修整後放入盛器內，加上薑、醬油醃漬片刻。入九成熟油中一促，立即撈出瀝淨油，擺入烤盤中，加上蔥、薑、花椒，倒上兌好的調味汁，放入烤爐內烤熟取出，去掉蔥、薑、花椒，將大排擺盤內，淋上原汁即成。

濟南白蓮藕有什麼特點

濟南種植蓮藕歷史悠久，據說三國時期就有栽培。濟南白蓮藕品種分為適於深水栽培的「大臥龍」和淺水栽培的「幸城藕」，還有可供觀賞用的「紅花藕」。「大臥龍」是濟南本地品種，這個品種葉片大，葉柄粗，花開放前尖端稍帶紅色，開放後變成白色，藕呈長圓筒形，節間較長，脆嫩好吃。「幸城藕」呈長紡錘形，節間較短，生吃香甜可口，但不如「大臥龍」脆嫩，煮熟則麵。

蓮藕全身都是寶。藕含有豐富的碳水化合物、維他命及礦物質，具有較高營養價值。藕節、青蓮蕊、蓮房、荷梗、荷葉、荷蒂、荷花都可

入藥，有止血、解渴等功效；蓮子是上等的副食品，上席可謂佳餚，入藥則能健脾止瀉。

藕的吃法在濟南也有多種。七八月間的謝花藕，藕頭雪白，頂芽嫩，用荷葉包好，隔荷葉用手擊碎，拌以白糖，清香甜脆，為佐酒之佳品。鮮嫩蓮藕可作為水果菜，還可做藕燉肉、素鍋藕等。「大臥龍」醃製的水晶藕則是醬菜之珍品。

草包包子鋪因什麼而得名

濟南普利街東首的草包包子鋪製作灌湯包已有 50 多年的歷史，堪稱豬肉灌湯包之代表。

「草包」是店主開店時的綽號，「草包」姓張，濟南濼口鎮人。原在鎮上一家飯館學徒，1930 年代初到城裡太平寺街開了一家小包子鋪，取名叫「草包包子鋪」。結果「草包」包子竟比濟南當時有名的大觀園「狗不理」、後宰門的同元樓等包子鋪更風行一時。太平寺街原是條有名的水胡同，道路終日泥濘，卻不妨礙草包包子鋪生意興隆。

草包包子選料嚴格，製作講究，入餡豬肉肥瘦各半，半切半剁，加口蘑醬油、小磨香油、精鹽、薑末、蔥末、花椒水，拌入雞湯或肉汁，每個包子裡再放入肉皮凍丁兩三塊，然後捏成菊花頂狀，包口捏嚴，每個包子有褶 20 個左右。上籠沸水急火蒸約 15 分鐘即熟。食之油湯四溢，鮮香味濃，肥而不膩，久食不厭。如今，重建後的草包包子鋪，每日顧客盈門，供不應求。1985 年，草包包子鋪和天豐園飯店的豬肉灌湯包同時被評為濟南風味名吃。

濟南菜的特點是什麼

濟南菜，古稱歷下菜，起自魯西地方，立足省城濟南，又吸收湖菜特長，形成獨特風味，近年又吸收了孔府菜特色。

濟南菜以湯菜為最大特色。其高湯分清湯和奶湯兩種：清湯用肥雞、肥鴨、豬肘子為主料，反覆沸煮、微煮，中間用雞腿、肉泥和雞脯肉泥兩次清焯，製成的湯清澈見底，味道鮮美；製奶湯用大火，不加清焯，製成為乳白色，故名「奶湯」。

濟南菜系中名品很多，代表作有：

➤ 湯爆雙脆，用豬肚和雞胗為主料，加清湯烹製，其中燕喜堂飯店所製最為有名。

➤ 糖醋鯉魚，歷來被尊為山東名菜之首。此外還有「棒子魚」、「瓦塊魚」、「紅燒魚」、「乾燒魚」等款式。

➤ 奶湯蒲菜，以大明湖出產的鮮蒲菜（香蒲根莖）為主料，配苕菜花、冬菇、火腿片加奶湯烹製而成，濟南老店聚豐德、燕喜堂都有經營。

➤ 濟南烤鴨，17 世紀時濟南就有經營。相傳山東禹城、文登、掖縣（今萊州）3 位廚師於 100 多年前進京開設了全聚德烤鴨店。今仍為濟南聚豐德飯店的名菜之一。

➤ 九轉大腸，見「八大經典魯菜是什麼」一節。

➤ 清湯銀耳，湯清見底，銀耳脆嫩，湯味鮮美。

➤ 宮保雞丁，清朝山東巡撫丁寶楨家廚師創製的炒雞丁菜，因丁寶楨曾被賜封為「太子太保」，簡稱「宮保」，菜名便流傳為「宮保雞

丁」了。

➤ 炸荷花，大明湖獨有菜品，以微開的荷花瓣，抹豆沙、裹上蛋清糊
在香油中炸成。

山東有哪些名醬菜

（1）濟南包瓜

濟南風味名產。中國傳統的醬醃菜品之一。形如圓球，瓜皮呈褐綠
色，肉質脆嫩，色彩鮮豔透亮，鹹甜適口，醬香醇厚，有桂花、薑絲、
芝麻油之香氣。濟南醬包瓜是山東省和商業部命名的特有食品。早在400
多年前明朝萬曆年間，濟南醴泉醬園就已生產風味包瓜，以選料嚴格、
做工精細、造型獨特、味美清香，被稱為獨樹一幟的醬醃菜珍品，曾被
選為貢品。

（2）泰安醬包瓜

創製於清咸豐年間，因質優味美，作為「貢品」。主要用泰山附近大
白峪村生產的鮮嫩甜瓜作外殼，並將配好比例的萵苣、黃瓜、花生仁、
核桃仁、瓜子仁、杏仁、藕、龍鬚菜、冰糖、柿餅、青紅絲等切拌好做
料餡，用甜醬醃製而成。具有皮柔、肉嫩鮮脆、清香、醬味濃郁、開口
胃、增食慾的特點。

（3）青島醬菜

青島市釀造公司生產醬菜，已有 80 餘年歷史，品種齊全，花樣繁多。近代以來，在傳統工藝的基礎上，根據青島地區消費者口味要求，打破「南甜北鹹」的傳統觀念，博采全國各地風味之長，幾經改革，愈臻完善。現在能生產各種醬醃菜近百種。其中醬萵苣條、醬包瓜、醬磨茄、醬水晶地環、醬乳王瓜、芝麻豆瓣辣醬等，多年來均曾獲得優質產品稱號。選用多種新鮮蔬菜和精緻甜醬為原料，加入多種風味調味料，經滅菌釀製而成，向來以選料講究、做工精細而著稱。不僅具備醬製蔬菜「色香味體」均佳四大標準，還尤以甜中有鹹、鹹中有鮮、鮮甜嫩脆而見長。

（4）博山五香百工菜

淄博市博山風味名產。此菜於 1910 年由博山「馥茂齋醬園」創製，深受當地群眾喜愛。百工菜屬半乾菜醃製產品，以淄博市臨淄齊國故都一帶生產的鮮芥頭為原料，經捆綁、入缸燜製而成。可直接食用，亦可做作料，其風味獨特，又便於儲存。產品有圓球形和橢圓形兩種，呈褐紅色，富有少量香料粉和精鹽。質地柔韌，五香味濃，鹹度適口，食後餘味久長。

（5）京冬菜

日照名特醬菜。其特點是條索細量、色澤金黃、清香宜人、風味獨特，清末民初即譽滿上海，遠銷東南亞各國。京冬菜歷史悠久，在清光緒初年（西元 1875 年），由陶跬鎮得「裕源」醬菜鋪獨家經營。其燜製工藝為：用當地產的大白菜經日晒，然後配作料揉撚造型，最後裝罈搗

緊，封口分發而成。裝在罈中，可保存 3 年。它既能做平日餐桌上的小菜，又可當魚湯、蛋湯的作料。

（6）醬磨茄

山東風味名產。圓球形狀，呈棕褐色，光澤油亮，瓤色金黃，有未成熟的白色種粒。特點是甜鹹適口、味道清鮮、醬香醇厚。醬磨茄是山東省醬菜，也是傳統風味產品，據考，原係惠民縣（古稱武定府）的特產。在明朝已有聲譽，曾被選為貢品。

（7）萊陽醬萵苣

煙臺地區風味名產。以鮮萵苣為原料，選取中段經削皮、鹽漬、醬漬、打靶、出池、改製、成品包裝等工藝加工而成。有條、片、塊等幾種形狀。其色澤棕紅、光亮，具有質地柔脆、鹹甜清香、醬香濃郁的特點。

（8）萊陽醬什錦菜

萊陽釀造廠創製的風味產品。1987 年被評為省優質產品。精選優質芥藍、萵苣、芥疙瘩、花生仁等原料，經精心加工、醃製、裝袋醬漬而成。此醬菜主要繼承八寶菜的傳統風味，具有色澤金黃、質地柔脆、鮮甜可口、清香醇厚的特點。

（9）武定府醬菜

惠民縣城為清代武定府駐地，所產醬菜以色澤鮮豔、鹹甜適口、醬香味濃而馳名全國，是山東地方著名特產之一。該醬菜生產工藝已有 300

多年的歷史。早在明代，這裡醬菜作坊就很興盛。至清代，各家作坊分赴外地招聘名師，競相研製，以「仙泉居」、「福元居」、「元香居」、「大同」、「天順棧」等醬園最為有名。

博山豆腐箱

　　博山豆腐箱是淄博傳統名菜，以其特有的風味，引起了中外客人的極大興趣。對於它的形成還有一段廣為流傳的故事。

　　早在清朝咸豐年間，博山大街南頭有一張姓，名登科，乳名張九，在京城一家叫「振泰綢緞莊」的大字號裡當大師傅。此人聰明能幹，技術高超，在京都號稱「博山廚師第一人」。

　　大約到了光緒年間，50多歲的張登科因病回到家鄉養病。不到一年工夫，他的病就好了。博山部分商賈知道張登科是位烹調高手，便與他在當時窯業十分發達的山頭合開了一家飯館，取名為「慶和聚」。

　　一天，張登科在京時的掌櫃到周村去辦貨，順路到博山看望他。客人到慶和聚時已是晚上，館子裡準備的菜餚全部銷光，沒有像樣的菜招待客人。張登科靈機一動，用博山優質豆腐為主料，做了一道箱式素菜，主要工序是把炒過的蠅頭豆腐、海米、木耳、砂仁粉等裝入箱內，整個外觀呈箱形，用油炸成金黃色，勾芡後，更有金箱之感。席間，吃膩了山珍海味的客人，吃到這道別具風味的素菜時，讚不絕口。客人問及張登科菜的名堂時，他只好說出實情，客人見菜的形狀，又品過味道，脫口而出：「真像個金箱，就叫它金箱吧。」在座的一位客人，很是文雅，接過話題說：「按吃法，叫金箱還不如叫開箱取寶更合情理。」於是，「金箱」這道菜漸漸在山頭部分窯主的酒席上出現。這道菜出現時，

是一個「大箱形」，吃時很不方便。張登科就將其改為若干個「小箱」湊成一個「大箱」。因為此菜是道素菜，山頭人就按當地的命名習慣，管它叫豆腐箱。喜歡「講究」的人，還是稱它為「開箱取寶」或「金箱」。由於慶和聚的賒帳總也收不回來，店舖瀕於倒閉。這時，張登科在京的掌櫃再三邀他去京城。借此，張登科又回到了北京，並將做「豆腐箱」的手藝帶進京城。從這之後，京城裡部分商賈的宴席上出現了「博山豆腐箱」，慢慢一些官僚的家宴上也時常見到這道菜。

隨著博山三大產業（煤炭、琉璃、陶瓷）的興旺，博山與北京的交易也漸漸多了起來，從而飲食的交流也被重視，「博山豆腐箱」又傳回博山，成為飯館、酒家的「看家菜」。到了民國，作為博山豆腐箱發源地的山頭，有個「同心居」飯館，掌櫃的叫李同心，因烹調技藝超群，人稱「天師傅」。他根據「豆腐箱」的做法，將其外形的「箱式」改為「塔式」，並將博山豆腐箱更名為「水漫金山寺」，使這道菜又賦新意。「水漫金山寺」共有四層小箱疊成，上小下大，呈塔狀。上菜時，在盤子的周圍灑上適量的上好白酒，點燃後，關閉燈火，頗有煙霧水中金塔時隱時現之感。後來，在博山的酒席上，只要這道菜整個外形呈箱形的就叫它「博山豆腐箱」、「金箱」或「開箱取寶」；外形是塔狀的都叫它「水漫金山寺」。

單縣羊肉湯

「單縣羊肉湯」最早創於西元 1807 年，當時由徐、寶、周三家聯手創建，故取名為「三義春」羊肉館。「三義春」羊肉館的創立在那個時期的飲食界引起了不小的轟動，為日後「單縣羊肉湯」揚名天下打下了堅

實的基礎。如今，已有近 200 年歷史的單縣羊肉湯，以其「色白似奶，水脂交融，質地純淨，鮮而不膻，香而不膩，爛而不黏」的獨特風格，載入中華名食譜，被中國人稱為中華第一湯。

單縣羊肉湯的成名與其優越的地理位置是分不開的。單縣地處蘇、魯、豫、皖四省八縣交界，南有黃河故道，北有貫穿全境的大沙河，這裡水草豐美，綠樹成蔭，陽光充足，氣候溼潤，是一個天然的優良牧場。單縣羊肉湯選用的羊肉就是當地的青山羊，青山羊肉質鮮嫩，外地的羊肉是絕對熬製不出單縣羊肉湯的味道的。

經過單縣幾代廚師的鑽研，不斷的改進，形成了單縣羊肉湯獨特的製作工藝。單縣羊肉湯因所用的主料不同，可分為天花湯、口條湯、肚頭湯、眼窩湯、奶渣湯、馬蜂窩湯、三孔橋湯等 72 種，味道各異。單縣羊肉湯製作精細，選料、燒製等極其講究。它選用本地產 2 ～ 4 年的肥青山羊為主要原料，尤其是單縣東南大沙河兩岸的「捶羯」、「蒙羊」最佳。燒製時除鍋內羊肉湯保持沸騰外，還有兩條極為關鍵：一是白芷、肉桂、草果、陳皮、杏仁等各種作料的運用，多了則藥味出頭，少了則腥羶雜味不除；二是要大火急攻使羊油融化後與水互相撞擊，達到水乳交融，才能成乳狀。如火候達不到，則水是水，油是油，水下而油上。凡熬製好的羊肉湯，勺子在鍋裡打個花，往下一舀，朝桌面一滴即凝成油塊。食用時，取湯鍋中熟羊肉和羊雜切碎放入碗中，再盛上羊湯，加上蒜苗末、香辣油即可。羊肉湯趁熱食用，味道特鮮，「伏天」製作的羊肉湯為最佳，因為這時的青山羊膘肥肉嫩，燉製的羊肉湯別有風味。

單縣羊肉湯色香味俱佳，在中國享有盛譽。各地賓客到單縣，均以品嘗單縣羊肉湯為快事。

臨朐全羊宴

臨朐名吃，起源於清代，是在宮廷全羊席的基礎上發展起來的，曾與滿漢全席齊名。清末民初臨朐城有一家菜莊，名「德順樓」，烹調羊肉馳名齊魯。當時曾有「青州遊，莫過德順樓」之說。「全羊宴」是把羊的軀體和內臟的不同部位，用不同的烹調方法，做出色、形、味、香各異的各種菜餚，並冠之以吉祥如意的名稱，雖係全羊，卻無羊名。如龍門角、採靈芝、雙鳳翠等，一隻羊能做 80 多種菜。在製作上，刀工精細，調味考究，炸、溜、爆、燒、燉、燜、煨、炒，醇而不膩，具有清淡、口味適中、脆嫩爽鮮等特點。選用羊身各個部位做成的「全羊湯」，酸辣麻香，清素不膻。用眼、耳、舌、心等做成的明開夜合、迎風扇、迎香草、五福玲瓏、八仙過海等菜餚，質脆而嫩，味美形奇，各具特色。具有益腎、壯陽、溫胃、和中等功能。上菜程序是先涼後熱，先羊頭後羊蹄，中間上素菜。全羊宴極具民俗特色，富有濃郁市井風情，以其配料、菜品豐富的色彩對比，對人們有著極強的誘惑力。全羊宴，以其獨特的技藝、高貴清淡的菜餚在魯菜系列中獨領風騷，經歷代廚師發掘創新，無論菜品特點，還是烹調技藝，都有了自己的風格。1997 年被山東省貿易廳評為「山東名小吃」。

周村燒餅

周村燒餅是山東淄博市周村的傳統名點。其主要特點是：色澤淡黃，形圓而薄，正面黏滿芝麻仁，背面布滿酥孔；吃起來，酥脆焦香，

但香而不膩。燒餅分甜、鹹兩種，甜餅酥脆甜香，鹹者爽脆味美，各有所長。

　　周村燒餅由來已久。而周村燒餅這個詞，其實是周村地區人對來自周村地區的那種獨特的燒餅的籠統稱謂。道地的周村人，一般喚其為「香酥燒餅」或「大酥燒餅」等。周村燒餅據稱源於漢代的「胡餅」，至今已有1,800多年的生產歷史。據史料記載，明朝中葉，周村商賈雲集，多種小吃應時而生，用以胡餅上貼烘烤的「胡餅爐」此時傳入周村，當地飲食店的師傅結合焦餅薄、香、脆的特點，加以改進，創造出膾炙人口的大酥燒餅，此即當今周村燒餅的雛形。但使周村燒餅具備今天所說的「薄、香、酥、脆」四大特點的卻是在近代。周村區高塘鎮王家莊是目前民間生產周村燒餅最多的村莊之一。該村一位名叫郭雲龍的師傅形成了周村燒餅如今的特色。郭師傅在烤製當初厚厚的大酥燒餅時，偶然發現餅上面鼓起來的部分薄而香脆，加上芝麻，吃起來香而不膩。於是他大膽試製新品，果然深受大家喜愛。於是，不經意間便推而廣之。西元1880年後，「聚合齋」燒餅老店，即郭家，首先啟用紙包裝，最終產品大都以印花紙包裝，久藏不變質，故而沿襲至今。清末皇室曾屢次調貢周村燒餅，這也讓周村燒餅名滿天下。當時山東省著名商號「八大祥」（八大祥以實實在在經營綢緞而名聞當時）也專門訂購周村大酥燒餅成箱發往埠外，作為饋送佳品。

　　除了厚重的文化淵源，周村燒餅也屢獲殊榮，如曾榮獲「商業部優質產品」、「山東省優質產品」、「山東省傳統名特食品」、「國家品質達標食品」、「中華名小吃」、「中國名點」、「國家級無公害產品」、「中國放心食品信譽品牌」等稱號。

濰坊「槓子頭」與「朝天鍋」的來由

槓子頭濰坊有名的硬麵食品。做法是和硬麵，用棗木槓子壓製而成。特點是中間薄，有孔，邊厚。古時用麻繩串成串，掛在鞍邊、車旁，食之方便。涼吃，越嚼越香；熱吃，用菜、肉去燴，柔韌不散，非常有味。

朝天鍋源於清代乾隆年間的民間早市。當時濰縣趕集的農民吃不上熱飯，便有人在集市上架起大鐵鍋，為路人煮菜熱飯，因鍋無蓋，人們便稱之為「朝天鍋」。鍋內煮著豬下貨、肉丸子、豆干等，等到湯沸肉爛，顧客圍鍋而坐，由掌鍋師傅舀上熱湯，加點香菜和醬油等，並備有薄麵餅，隨意自用。店家根據顧客要求，把腸、肚等切碎，放在餅上，捏上細鹽，捲成火筒狀，送到顧客手中。因其經濟實惠，肉湯隨喝隨舀，深受群眾歡迎。濰坊朝天鍋經不斷改進，於 1997 年分別被中國烹飪協會、山東省貿易廳認定為「中華名小吃」、「山東名小吃」。隨著商業的發展，朝天鍋已遍及全市，如今已發展成為「朝天宴」。此宴用雞肉、驢肉煨湯，以煮全豬為主，有豬頭、肝、肺、心、肚、腸，再配以甜麵醬、醋、醬油、疙瘩鹹菜條、胡椒粉、蔥、薑、八角、桂皮、鹽、香菜、香油、青蘿蔔條等十幾種調味料和冷菜搭配而成。食客們坐在一張特製的餐桌周圍，桌中央有一口直徑 50 公分，深 65 公分的大鍋，鍋口與桌面齊平，鍋底有特製燃料。圓桌有一缺口，服務員在缺口處，根據客人的要求將鍋內的肉舀出、切好，供客人慢慢品嘗。「朝天鍋」肥而不膩，營養豐富，味美可口，湯清淡而不混濁，加以薄餅配用，其味無窮。

「呱嗒」是什麼

「呱嗒」是聊城傳統名吃，城內以祖傳「孫呱嗒」（孫立忠）最有名，鄉間則以沙鎮呱嗒最好。呱嗒有肉餡、雞蛋餡、肉蛋混合餡（又名「風攪雪」）等多種。最早創於清代，迄今已有 200 多年的歷史。《中國小吃》一書對其製作方法有較詳細的描述。呱嗒是用燙麵和麵粉隨季節變化按不同比例調製，捲以肉餡、蔥油，軋成矩形，烙烤而成，形狀像「呱嗒板」，滿掛金黃繭，外焦裡嫩，香酥可口。既有麵，又有餡，食用方便。在莘縣、陽穀、聊城一帶備受歡迎。

福山大麵與蓬萊小麵

福山大麵俗稱福山拉麵，即聞名全國的「抻麵」。

拉麵的操作技術較難掌握，其工序有和麵、打條和拉條。把麵和勻，稍餳就可打條。打條時把麵團搓成長條，握兩端，於麵案上摔打，並不斷對折，直到把麵團整理得順了筋，才能拉條。拉條要握住麵的兩端，既抻又拉，使麵條上下翻舞，如蛟龍翻舞，每拉抻一次再對折兩端，為一扣，出條多少和粗細依扣數多少而定。一般的拉麵，拉五六扣就可以吃，「龍鬚麵」須拉至少九扣以上。這種「龍鬚麵」，一斤麵粉可出條 1024 根，每根長約 1.67 公尺，細如銀絲。熟練的麵案廚師，拉一次麵僅需一分鐘。麵拉成後，掐去兩端麵頭，將麵條投入開水鍋內煮熟，用笊籬撈到盆裡，經涼水一過，撈到碗裡，淋上滷汁即可食用。

拉麵按條形分扁、圓兩大類。扁條的有韭菜扁、一窩絲扁、燈草

皮、柳葉條、帶子條等；圓條的有粗細勻條、綠豆條、大條等。按麵品
分常行麵（普通麵）和特製麵（筵席麵）。常行麵有熱湯麵、溫滷麵、
麻汁麵、半湯麵和油鹽拌麵。特製麵有打滷麵、炸醬麵、口蘑麵、肉絲
麵、雞絲麵、三鮮麵等十幾種。

福山拉麵具有條形均勻、韌而柔軟等特點，加上各種各樣滷汁，別
有醇香風味。滷湯清鮮適口，食者無不稱道。福山拉麵遐邇聞名，堪稱
中國煮製麵食之一絕。

蓬萊小麵是在「福山拉麵」的基礎上發展起來的一種民間風味小
吃。因每碗的麵胚只有 1 兩，而滷汁特別多，滷多麵少，為與福山拉麵
相區別，故稱「蓬萊小麵」。蓬萊小麵已有近 200 年的歷史，其創始人為
廚師衣福堂，亦稱「衣福堂」小麵。蓬萊小麵之所以盛名，成為名吃，
其主要原因有二，一是它製作的麵胚採用「福山拉麵」的技法，麵條筋
道甘香；二是製作小麵的滷汁選用蓬萊沿海盛產的加吉魚（名貴魚種）
為主要原料，再配以雞湯和各種配調味料，口味鮮美。蓬萊小麵以特有
的魅力成為煙臺市地方風味名吃的代表。

萊州「生熗梭子蟹」

萊州灣盛產「三疣梭子蟹」，汛期一年兩次，春汛在小麥將熟時，名
為「麥黃蟹」，秋汛在大豆結夾飽滿時，名為「豆黃蟹」。

萊州人善捕蟹也善食蟹。食蟹最講活鮮，同時又分季節，講方法。
流行的諺語是「夏吃尖臍秋吃圓」。初秋的麥黃蟹，美在鮮嫩，這種鮮
味集中展現在尖臍的公蟹身上，此時尖臍蟹味上品，圓臍的母蟹次之。
仲秋的豆黃蟹，美在香濃，這香濃之味來自圓臍母蟹，所謂「八月的蟹

子頂蓋肥」，指的是肥滿母蟹的一殼蟹黃，此時自然母蟹味上品，公蟹次之。母蟹產卵後，空殼成一朵仍附在身上，漁民稱此為「戴花」。這「花」，鮮食無滋味，但取下晒乾，敲碎做湯，卻又滋味重返，很好吃。還有一種特異的美味，是蟹子蛻皮時，不知受了什麼干擾，外邊的不及脫下，內裡又生一層，漁民呼為「二夾皮」。將蟹蒸熟後，剝去外皮，內裡一層皮柔韌香鮮，勝過多少海味，只是此蟹極少，非常難得。

萊州有生吃蟹的方法，外鄉人沒有親見，傳為奇聞。這種特製的生蟹，當地人稱作「生熗梭子蟹」。生熗梭子蟹既是一種保鮮方法，又是一種美餚。一般在菊花開時梭子蟹最肥的季節醃製。醃製時，水中加食鹽、大料、花椒、桂皮、肉桂多種作料煮沸，使鹽水達到飽和程度。冷卻後，將蟹裝進罈子裡，令其飽飲一腔，香味內浸，然後封緊罈口，20天後便可以食用。不過，漁民們多愛把這種美味放到大雪紛飛的時日，到那時開罈取蟹，鮮香之氣，溢滿一室，大碗飲酒，吮生蟹當餚，讓人覺得神仙不換。

蒙陰的「兔子頭」與「光棍雞」

紅燒兔頭是蒙陰地方小吃，深受饕客的喜愛。自古蒙陰人有養殖肉兔的傳統。得天獨厚的良好自然生態環境使蒙山兔具有兔肉白嫩、營養豐富的特點，常食有滋補養顏、強身壯骨的作用，蒙山兔肉因此聞名。金蒙兔子頭集全兔之精華，在注重色香味調配前提下，遵循中醫養生保健原理和現代營養學的相關理論，精選十餘種蒙山純天然中藥材，專門選用 3 ～ 4 個月齡肉食兔頭，經過 10 道工序炮製而成，因此而得名「紅燒兔子頭」。「吃兔腮美容，吃兔腦聰明，吃兔眼明眼」三大特點，加

之輔以十餘種蒙山天然中草藥，你將更切身體會到「滋補養顏、健腦明目、健脾開胃、強身健骨」的功效。不同於其他名吃美味，獨特的營養保健作用使「金蒙兔頭」有了「沂蒙健康美食獨一家」的稱譽。

紅燒兔頭吃法講究：兔頭上桌後先掰開，先吃舌頭後吃腮，稍後再食黑眼圈，最後集中吃兔腦部分。

光棍雞也是蒙陰地方名吃，以其風味獨特，風靡沂蒙山區。創始人付澤明在蒙陰縣城西嶺開設炒雞店，以烹製蒙山大公雞為主。該菜以口味鮮美、風味特殊，吸引了大批饕客。因炒雞店工作人員全部是男士，取材又全是大公雞，便將此菜戲稱「光棍雞」，此店即叫「光棍雞店」。

其基本製法：將雞宰殺、洗淨，改成劈柴塊；蔥切段，薑切片，青椒切片；勺放油煸薑片、蔥段；下雞塊並炒至灰白色無水分時放醬油，再炒至雞塊醬紅色時加入高湯、鹽、藥料等；溫火燉 20 分鐘，待湯汁濃稠時下青椒、味精，裝盆即成。特點是色澤紅亮、汁寬味濃、鮮香醇厚、藥香濃郁。

「泰山三美」

所謂「泰山三美」，包括以下三個方面。一是泉水，泰山俗話「山多高，水多高」，即使在海拔 1,500 多公尺的泰山峰頂上，也可尋見淙淙泉水。泰山泉水富含多種礦物質，清甜爽口，對人體有益。二是用泰山泉水澆灌出來的泰山白菜，又稱「黃牙白」，曾是給皇帝享用的貢品。白菜口味鮮美、通腸利胃、除煩解酒；長得形體細長，頂部向外翻捲。這種菜質細無筋，好炒易爛，水分少，香味濃，湯色乳白，入口細膩滑爽，可做各種熟菜，是泰安群眾的主菜。三是泰山豆腐，用小石磨推磨，用

泰山水成漿，用生石膏點漿，由於做工精細，質細潔白、鮮嫩，被譽為「神豆腐」，可做多種菜餚。泰山豆腐漿細水多、稚嫩不流、潔白如雪、味道甘美、富有彈性、久煮不老不糊。用泰山白菜、豆腐、水烹製的湯稱為「泰山三美湯」，是泰山豆腐筵席中始終占據冠軍寶座的名菜。

泰山赤鱗魚

　　「泰山赤鱗魚」是著名的泰山傳統名菜。泰山赤鱗魚又名石鱗魚，是一種珍貴的野生魚類，產於泰山桃花峪、石塢等陰暗深水之中。這種魚體積小，一般僅 10 公分長，小手指般粗，肉質細嫩，含有較多的蛋白質和脂肪，肥而不腥，滋味極美。在自然條件下，成魚 20 公分，重 100 克。體側扁，腹部圓，頭小吻鈍，上唇有兩對極小的短鬚。體暗褐色，腹白，背部微顯藍色。體被細鱗，兩側鱗片微黃，背鰭、尾鰭灰黃色，其他諸鰭橘黃色。吻部及臀部綴以白色珠星。體色隨環境而變，或深或淺，變化迅速。對聲音變化反應靈敏，行動敏捷，遇外界刺激迅即潛入石下。赤鱗魚生長於海拔 270 ～ 800 公尺的山澗溪流中，喜食藻類及浮游動物。泰山溪流富生藻類，溪水常年低溫，徑流彎曲，含氧豐富，pH 值呈中性，各種礦物質含量低，形成了赤鱗魚特有的生態環境，故有「赤鱗魚不下山」之說。

　　中國從秦始皇開始，歷代封建帝王都有到泰山封禪祭山的傳統。據說，清代乾隆皇帝曾多次遊泰山，每次必食此魚。唐、宋、元、明、清歷代的著名詩人如李白、杜甫等遊泰山時，都品嘗過赤鱗魚的美味。自清朝以來，泰山赤鱗魚日益聞名，被列作泰山名菜之首，馳名中外。現在，中外來賓遊泰山時，也非常喜歡品嘗此菜。赤鱗魚可燉、可氽、可炸、可溜，但以清湯水煮為佳。

臨沂八寶豆豉

八寶豆豉簡稱豆豉，是臨沂特產之一，迄今已有 130 多年的歷史。因用大黑豆、茄子、鮮薑、杏仁、花椒、紫茄葉、香油和白酒 8 種原料發酵而成，故稱「八寶」。以其營養豐富、醇厚清香、去膩爽口、食用方便的特色成為享譽中外的臨沂地方名吃之一。八寶豆豉含有豐富的蛋白質、維他命、麩胺酸、離胺酸、天門冬胺酸等營養成分，具有溫中健脾、益氣補腎、滋補潤燥、舒筋活絡等保健功能。

豆豉製作歷史悠久，明代《本草綱目》穀部中即有記載：「豆豉，諸大豆皆可為之，以黑豆者可入藥。有淡豉、鹹豉，治病多用淡豉汁及鹹者，當隨方法。」

關於豆豉的由來，相傳在道光年間，山東沂州府的堆莊（今在蒙陰縣境內）有位老媽媽，智慧過人。她用大黑豆、茄子、香油做主要原料，醃製出的醬菜，非常美味可口，取名曰豆豉。堆莊的一位醬園師傅彭三從她手中學到了製作豆豉的技藝。後來，臨沂城內的「惟一齋」醬園慕名將彭師傅聘請到該園製作豆豉。「惟一齋」醬園收集了各地製作豆豉的名師技藝和配方，並在實踐中不斷加以研究改進，終於研製成獨具一格的臨沂風味豆豉。

魯南「糝」

遐邇聞名的臨沂小吃 —— 糝（音ㄙㄢˇ，是古已有之的羹類食品，方言讀ㄙㄚ），一向以香辣可口、肥而不膩、營養豐富而為臨沂人民所喜愛，也為省內外品嘗過這一美味的顧客所稱譽。

糝，是用禽畜肉類、麥米、蔥、鹽、麵粉、醬油、胡椒粉、味精、五香粉、香油、醋等多種精料調製而成的一種肉羹。喝糝，講究「熱、辣、香、肥」四美。一碗熱糝，配以適量具有臨沂地方色彩的麵食，如油條、烤牌、馬蹄燒餅之類，不僅是一餐理想的早點，也實在是一種對生活美的充分享受。不唯果腹，冬令食之，具祛風除寒、開食健胃、怡情爽神之功效，對增進健康，大有裨益。

糝的歷史悠久，中國歷史文獻多有記載。春秋戰國時期的名著《墨子·非儒下》中記載：「孔子窮於陳蔡，藜羹不糝。」由此可知，糝已有2,400 多年的歷史。清康熙年間編纂的《沂州志》卷一「祭祀篇」記載的16 種祭品中就有「糝食」，可見糝的歷史源遠流長。

黃河口刀魚

由於渤海灣和萊州灣獨特的地理條件，使得它的水底世界成為魚類的天然王國，是中國近海罕見的優良漁場。這裡的主要經濟魚類不下十幾種，如梭魚、鱸魚、黃魚、銀魚、鄂針魚、黃姑魚……可謂數不勝數。然而，最具特色的當數黃河口刀魚。黃河口刀魚，因其體形酷像一柄尖利的刀而得名，又因每年農曆三月中旬，沿黃河溯流而上幾百里，洄遊到東平湖產卵，而被漁民戲稱為「倒魚」。黃河口刀魚腹部呈銀白色，像一柄青光閃爍的利刃，而脊背卻像鍍上一層金，透出金燦燦的鮮黃色。它細鱗小肚，吻短圓突，體形側扁，因此在水中游起來迅如刀光劍影，一閃即逝。黃河口刀魚洄游到東平湖，每尾雌魚一次可產下幾萬顆卵。等卵孵化為幼魚後，又順黃河來到入海口。刀魚經過這種往復循環，兩三年方可長成成魚。成年的黃河口刀魚，體長約有30～40 公分，重約200 克左右。黃河口刀魚脂肪豐富，奇香無比，

且肉質細嫩，味道鮮美。可炸、可燉、可汆丸子⋯⋯都是香鮮並佳，百吃不厭。如果遊人恰巧在麥黃時節來黃河口，正逢捕刀魚的最佳時機，品嘗一下剛出鍋的黃河口刀魚，那當是人生一大幸事。

餑餑

果模，民間稱「餑餑搕子」、「火燒搕子」等，用它可將麵食製成各種形狀，做節日、禮儀場合的禮品和食物。膠東地方盛行餑餑搕子，而雕刻餑餑搕子最有名的地方，就是青島市所屬即墨市留村鄉王家葛村。

餑餑搕子的題材廣泛，因時應景，多種多樣：春節用元寶、麵魚、蓮花、石榴、佛手、花籃等樣；清明用燕子、鳳鳥；端午節用荷包、葫蘆；七夕用小型搕子之巧果，有獅子、扇子、方勝、蟬、桃、秋葉、花籃、魚、雙魚等形；中秋有廣寒宮、玉兔等樣；過生日祝壽又有壽桃、壽字、福字、喜字、龍鳳、鴛鴦等圖案。

刻餑餑搕子有傳統步驟，造型誇張簡潔，線條明朗而奔放，拙中見巧，粗中現俏。常用紋路有八字紋、月牙紋、柳葉紋、皂盒紋、波狀紋、帽釘紋、捲鬚紋等。雕模多用梨木、蘋果木。先在平板上畫出輪廓，沿輪廓鑿出凹槽，再在凹槽內鑿刻細紋。

簇花餑餑

簇花餑餑是膠東棲霞民間的傳統麵食。歷史悠久，多出自巧婦之手。選用精麵粉，經發酵後多次揉軋，做成乳房形狀，上點綴以各種花物。多用於婚娶吉慶之事，較有名的主要有以下幾種：

- ➤ 喜鵲登梅：表示報喜，結婚、生育、賀喜等用。
- ➤ 雙配鴛鴦：表示新婚夫婦和睦相愛，主要用於婚娶。
- ➤ 菊花佛手：表示人壽九十九，多用於老年人慶壽；新生兒第一次去外婆家也需帶此物。
- ➤ 鳳凰傳牡丹：表示吉慶富貴，多在結婚、蓋房祭祀時用。
- ➤ 魚兒飛草：表示生活富裕，和平幸福。

何謂「霸王別姬」

「霸王別姬」是山東濟寧一帶的傳統名菜，其正宗主料為南四湖的甲魚和山區的母雞。因菜製成後甲魚頭和雞頭別繞在一起，甲魚俗稱「王八」，故以其諧音「霸王別姬」為菜名。此菜雖有雅趣，但往往與宴席間的喜慶氣氛不相協調，因此，又有將此菜叫做「龍鳳吉祥」、「龜鶴長壽」的說法。據傳，龜屬龍種，雞如鳳凰近似鶴，故名。

此菜以沙鍋燉製，盛盆後別繞著的甲魚頭和雞頭露出湯麵，有趣而好看；食之，肉爛而湯鮮，是宴席上的一道主菜。用餐時，因甲魚蓋的裙邊味道尤其鮮美，口感舒爽，富有營養，常被讓給主賓或長者，以表尊意。

老舍與〈吃蓮花瓣〉

「四面荷花三面柳，一城山色半城湖。」荷花是濟南的市花，在濟南人心目中，占有重要的位置。過去，濟南人還有吃荷花瓣的習俗，其中，「炸荷花瓣」是濟南府夏季特有的名菜。

選取未開的荷花，摘取中層的花瓣，用泉水洗淨，掛上一層薄薄的

雞蛋糊，再放到油鍋裡炸。炸好撈出，撒上白糖，吃到嘴裡，清香可口，這是一些老人的做法。官商大戶人家，有廚師的，做法上更講究。將洗淨的荷花瓣平鋪在案板上，抹上一層豆沙餡，順花瓣長方向對折，外面掛上用蛋清和上等白麵粉攪成的蛋麵糊，一片片放入三四成熱的油鍋中，撈出，兩次後再放入六七成熱的油鍋裡，來回翻動，炸至淺黃色，撈出、控油，放盤中，撒上白糖、青紅絲即成。吃起來外酥裡嫩，甜香異常，是一道高雅別緻的食菜。尤其招待官吏文人更顯得體，也暗示著主人的身分和氣質。

當年老舍在濟南教書的時候，最多的樂趣就是在朋友家小酌的時候，能有一盤炸荷花下酒。在體驗了若干次炸荷花之後，老舍寫下了〈吃蓮花瓣〉一文，譽之為「濟南的典故」。

郯城為什麼被稱為銀杏之鄉

山東省郯城縣銀杏栽培歷史悠久，是中國著名的銀杏集中產區，故以「銀杏之鄉」聞名於世。全縣百年以上的大樹有 2,800 餘株。新村鄉官竹寺旁現存一株古銀杏，高達 35 公尺，胸徑 2 公尺有餘，覆蔭近畝許，相傳為唐時所栽，距今已超過千年。清乾隆《郯城縣志》將其列為重要特產，載入「果之屬」。銀杏產區幾乎家家栽銀杏，戶戶有白果。近年來，全縣新栽銀杏 10 萬株，新造銀杏林 130 餘公頃，形成萬畝銀杏園，年產銀杏幾百萬斤，遠銷海內外，成為一大景觀。

郯城銀杏俗名白果，落葉喬木，素有「活化石」之稱，為中國特有的珍稀樹種。銀杏全身是寶。種子為乾果，既是高級食品又是珍貴的中藥材，含澱粉、蛋白、脂肪、蔗糖、還原醣、粗纖維、礦物質等，具有

溫肺、益氣、定喘、降痰、消毒等功效。銀杏外種皮含白果酸、白果醇等成分，銀杏葉含黃酮類成分，被廣泛應用於臨床。銀杏樹生長緩慢，傳統的栽培方法需要 40 年才進入盛果期，故又有「公孫樹」的別名，意即爺爺栽樹，孫子得益。

銀杏在宋代即被列為皇家貢品，食用白果，可以養生延年。日本人有每日食用白果的習慣。西方人耶誕節必備白果。就食用方式來看，銀杏主要有炒食、烤食、煮食、配菜、糕點、蜜餞、罐頭、飲料和酒類。銀杏葉也具有重要的藥用價值，利用銀杏葉研製的銀杏葉飲料、銀杏桃果汁、銀杏啤酒、銀杏茶等健康食品受到了越來越多消費者的歡迎。

名聞天下的煙臺蘋果、萊陽梨

煙臺市位於膠東半島東北部，自然條件和土壤條件均適於蘋果生長。煙臺蘋果栽培的歷史悠久，至今已有 120 多年的歷史。素以色澤豔麗、皮薄肉脆、香氣馥郁、品質優良而馳名中外，在國內外市場具有很強的競爭能力。煙臺蘋果品種多達 200 多個，尤以青香蕉、紅香蕉、金帥、國光風味獨特。「青香蕉」果皮翠綠，香味濃烈、持久，含糖量達 13.2%，食之香甜如飴，可與南方的香蕉媲美，是煙臺蘋果的代表品種；「紅香蕉」果皮濃紅如脂，果肉細嫩，亦具有香蕉的濃郁芳香。煙臺已成為中國最大的蘋果栽培區，出口的蘋果主要銷往俄羅斯、東南亞和中東等地。

萊陽梨也稱茌梨，是山東梨類傳統名貴品種，馳名中外。其特點是表皮粗糙，布滿斑點，果頂有鏽斑成片，果形頭粗尾細，整體形狀也不有序，看上去並不美觀。但其皮薄如紙，去皮後肉質細嫩，清脆可口，

甘甜如飴,風味獨特,含糖量 8.5% 左右,含酸量僅為 0.113%,品質屬眾梨果之上,在海內外皆享盛譽。萊陽梨不僅鮮美可口,還有開胃、消食、化痰、清肺、止咳等功效。「萊陽梨止咳糖漿」就是用萊陽梨的果汁加中藥配製而成的。萊陽梨還可用於釀酒,用萊陽梨加工製成的梨膏、梨乾、梨脯、罐頭等,深受消費者喜愛。

福山大櫻桃為什麼備受推崇

中國櫻桃栽培已有 3,000 多年的歷史,引種大櫻桃亦已有 100 餘年。煙臺福山屬暖溫帶東亞季風大陸性氣候,四季分明,冬暖夏涼,年平均氣溫 12.5℃,年平均降水量 737 公釐,有適宜大櫻桃生長的得天獨厚的小氣候。西元 1870 年,原福山縣黃務鎮朱家村果農從美國船員那裡引種大櫻桃大紫品種,後又由華僑引進其他品種,在北上坊、芝水等地栽培繁育。現在,煙臺市福山區已經成為中國知名的大櫻桃主產地。

大櫻桃是一種營養價值很高的果品,所含鐵質居諸水果之首,其維他命 C 含量比蘋果高 7.4 倍,對於降低血脂、血壓有一定益處。大櫻桃是鮮食佳果,又是加工罐頭、果露、果脯、美酒的上等原料。大櫻桃罐頭,在國內外市場上享有盛譽,供不應求。

福山大櫻桃分紅、黃、紫 3 個品系,硬肉和軟肉兩類。主要品種有早紫、大紫、娜翁、水晶、雞心、紅豐等。其中,大紫、娜翁、雞心為栽培最多的 3 個品種。大紫櫻桃,又名大葉子、大紅袍,果實紫紅色,寬心形,肉軟皮薄,平均果重 6 克,含糖量 18% 左右。每年 5 月中下旬上市,有「北方春果第一枝」的美譽;娜翁櫻桃,又名黃櫻桃,嫩黃中

泛潤，片片紅暈，肉質硬脆。平均果重 7 克，最大的重 10 多克，每年 6 月中旬上市，含糖量 14% 左右；雞心櫻桃，又名子櫻桃，果實雞心型，濃紫色。平均果重 4 ～ 5 克，每年 6 月中下旬成熟。果質柔軟，纖維多，果汁多，味甜稍酸，以其顆大、肉厚、味甜而蜚聲中外。

樂陵金絲小棗得名的由來

樂陵金絲小棗，以其優異的品質和豐富的營養而聞名。掰開半乾的紅棗，黏連果肉的縷縷黃色細絲延伸一兩寸不斷，在陽光下，金光燦燦，故得金絲小棗的美名。

樂陵小棗特色有三：一是味道特別甘甜，尤其鮮食，肉質細脆，且甜中微酸，極為可口；二是肉厚核小，出乾果率高；三是果皮紅豔且堅韌，易儲耐運。此外，因其有健脾胃、補肝腎的藥用功效，還是良好的滋補品。

山東樂陵是金絲小棗的故鄉，種植歷史悠久。相傳，早在戰國時期，燕將樂毅就在這裡種過棗樹，稱「樂氏棗」。今在樂陵城東北有一株「老壽星」棗樹，樹高 5.5 公尺，傳說唐初名將羅成曾在這棵樹上拴過馬，足見其歷史之長。清乾隆年間所修《樂陵縣志》記載：「旱澇之地，不任稼穡者種棗。棗熟則歲豐也。」由於樂陵縣盛產小棗，清代初期稱樂陵是「一年頂三秋」、「無糧雙倍賦」的「寶地」。現在魯北的無棣、慶雲、惠民、沾化、陽信、壽光等縣均有大量栽培。

魯北冬棗為什麼被稱為天下第一珍果

魯北冬棗（亦稱靄化冬棗、黃驊冬棗、冰糖棗、蘋果棗、雁來紅等），是魯北地區的一個優質晚熟鮮食品種。在明清時代已成為貢品，所以亦稱為「貢棗」。因成熟晚，改稱「冬棗」，又因為果形似蘋果，又稱「蘋果棗」。魯北冬棗是中國棗樹資源中稀有名貴的鮮食品種，它以極佳的品質、獨特的成熟期而馳名中外。該品種盛產於魯北平原的濱州地區，已有近幾千年的栽培歷史。

魯北冬棗 10 月上中旬成熟，果實近圓形，果面平整光潔，果形酷似小蘋果。平均果重 16 克，最大果重 36 克。果皮赤紅光亮，皮薄肉脆，濃甜微酸，啖食無渣，甘甜清香，營養豐富，品質極佳，在中國 260 餘個鮮食棗中居冠。

經中國醫學科學院、北京食品科學研究所化驗分析，冬棗含有豐富的蛋白質、脂肪、19 種胺基酸，多種礦質元素和維他命。其中尤以維他命 C 含量為最高，每百克鮮棗果肉中含量高達 380 毫克以上，是蘋果的 80 倍，柑橘的 16 倍，是號稱維他命 C 之王中華獼桃的 8 倍，因此有「活維他命丸」之美譽。現代醫學證實，維他命 C 易與致癌物質亞硝胺結合，有防癌效應。近代科學家還發現冬棗中含有較高的環磷酸腺苷（cAMP）等物質。cAMP 是一種重要的生理活性物質，能參與人體內多種生理活動，可以調節免疫系統，具有增強心肌收縮力，保護冠狀動脈，降低膽固醇，抑制癌細胞增殖的作用。因此，冬棗在海內外已被列入「健康食品」行列並有「天下第一珍果」之美譽。

即墨老酒為什麼可以稱之為「液體蛋糕」

即墨老酒以獨特的原料和工藝釀造而成，具有獨特的地方風味。不僅暢銷中國各地，而且遠銷新加坡、日本等國家和香港地區，在國內外久負盛譽。

《黃酒釀造》一書中稱：「長江以北，以山東省黃酒生產為最，而『即墨老酒』尤負盛譽。」即墨老酒的原料為黍米、麥曲和水。在釀造工藝上繼承和發揚了「古遺六法」，即「黍米必齊、曲蘗必時、水泉必香、陶器必良、火燧必潔、火劑必得」。所謂黍米必齊，即生產所用黍米必須顆粒飽滿均勻，無雜質；曲蘗必時，即必須在每年中伏時，選擇清潔、通風、透光、恆溫的室內製曲，使之產生豐富的糖化發酵酶，陳放一年後，擇優選用；水泉必香，即採用了質好、含有多種礦物質的嶗山水；陶器必良，即釀酒的容器必須是質地優良的陶器；火燧必潔，即釀酒用的工具必須加熱燙洗，嚴格消毒；火劑必得，即講究蒸米的火候，必須達到焦而不糊，紅棕發亮，恰到好處。1949 年前，即墨老酒屬作坊型生產，釀造設備為木、石和陶瓷製品，操作笨重，勞動強度大，檢測手段落後，其工藝流程分浸米、燙米、洗米、糊化、降溫、加曲保溫糖化、冷卻加酵母、入缸發酵、壓榨、陳釀、勾兌等。近代以來，政府在舊酒館的基礎上建起了即墨縣黃酒廠，對老酒的釀造設備和工藝進行了革新，逐步實現了工廠化、機械化生產。炒米改用了產糜機，榨酒改用了不鏽鋼機械，儀器檢測代替了目測、鼻嗅、手摸、耳聽等舊的品質鑑定方法，並先後採用了高溫糖化、低溫發酵、流水降溫等新工藝，運用現代化科學技術手段對老酒的理化指標進行控制。現在生產的即墨老酒酒度不低於 11.5 度，糖不低於 10%，酸度在 0.5% 以下。即墨老酒的色澤

純正，醇厚爽口，性質溫馨，具有微苦焦香、餘味無窮的獨特風格。據
檢測，即墨老酒含有 17 種胺基酸、16 種人體所需要的微量元素及酶類、
維他命。定量常飲能增強體質，促進人體新陳代謝，防止疾病，延年益
壽。所以，即墨老酒有「滋補健身之佳釀」的美稱，並被中醫選為「藥
酒」。據多年臨床驗證，即墨老酒含有少量乙醇，而在其氧化過程中對人
體有活血、驅風寒、健脾胃的功能，對關節炎、腰腿疼、婦科病和體弱
者均有明顯療效，適量飲用具有強心肌、軟血管、降血脂、降膽固醇的
功能。營養學家于若木曾說，人們都說啤酒是「液體麵包」，從這個意義
上講，即墨老酒就是「液體蛋糕」了。

青島啤酒 —— 中國啤酒業的第一名牌

　　青島啤酒，向來以風味絕佳聞名中外，也是中國啤酒的第一名牌。
青島啤酒是採用優質原料、特有菌種以及青島當地絕妙甘甜的嶗山泉
水，再加上有德國移植而來的經典釀造技術與獨特的後熟技術精心釀製
而成的，素以泡沫潔白細膩、澄澈清涼、口味醇厚柔和、香甜爽口而馳
名。自 1945 年出口至世界各地之後，已成為世界名牌，暢銷全球 50 多
個國家。許多國際友人正是透過青島啤酒才了解青島的，青島啤酒作為
青島市對外開放的窗口，發揮了積極作用。

　　青島啤酒廠始建於 1903 年。為適應當時的德國占領軍及其僑民的需
求，英、德商人創辦了啤酒廠，它是中國歷史最悠久的啤酒生產企業。
青島啤酒廠建廠初期產量只有 2,000 多噸，經歷了德國（西元 1903 ～
1916 年）、日本（西元 1916 ～ 1945 年）的殖民統治。1949 年 6 月 2 日，

工廠由青島市人民政府接管,定名為「國營青島啤酒廠」。1980年代後,青島啤酒廠有了長足的發展和大踏步的前進,現已發展成一個年產能力達30萬噸的大型企業。

目前,青島啤酒的出口和創匯一直穩居中國同行業之首。

為張裕葡萄酒題寫「品重醴泉」和「圭頓貽謀」的人分別是誰

1912年8月,孫中山先生由上海水路北行,應袁世凱邀請赴京議事,途經煙臺作短暫停留。21日,他參觀了生產葡萄酒的張裕公司,為張裕題寫了「品重醴泉」四字。孫中山一生忙於政務,所題匾額並不多,流傳到今天的,要數「天下為公」與「品重醴泉」最有名氣了。「品」字既指酒品又更重人品,好人品釀造好酒品,這樣的深意用四個字就概括出來了,可見國父的學養與才情。在張裕的諸多名人題字中,能與「品重醴泉」相媲美的,當數張學良的「圭頓貽謀」。

孫中山先生讚揚他的廣東老鄉:「張(弼士)君以一人之力而能成此偉業,可謂中國製造業之進步。」張學良則用四個字詮釋孫中山的一番話,真可謂切中肯綮。「圭頓貽謀」以春秋戰國時期善於經營的大賈巨富白圭、猗頓作比,稱讚張裕公司經營有方。

1915年2月,「巴拿馬太平洋萬國博覽會」召開,張裕公司四個產品同獲金獎。回味這段輝煌,如果把國父和張學良的兩個題詞連繫起來看,就不難找到答案。

馳名中外的蘭陵美酒

一提蘭陵美酒，人們就會想起唐代大詩人李白的千古絕句：「蘭陵美酒鬱金香，玉碗盛來琥珀光。但使主人能醉客，不知何處是他鄉。」

生產蘭陵美酒的蘭陵鎮位於山東蒼山縣的西南部，歷史悠久，譽滿華夏。李時珍的《本草綱目》及一些古典戲曲中，都提到了它。遠在唐朝，蘭陵酒就曾遠銷至長安、江寧、錢塘等名城。蘭陵美酒具有天然形成的琥珀色澤，晶瑩透明，醇厚可口，回味悠長。蘭陵美酒之所以能把色、香、味三美集於一體，蘭陵地下泉水甘美是重要原因之一。加之世代傳襲，技藝高超，使蘭陵美酒形成獨特的風味。

蘭陵美酒是以黍米為原料的發酵酒，也叫重釀酒。釀造時將加工過的優質黍米加水糊化，再放進麥曲、大棗進行糖化，然後添加適量大麯酒，密封在瓷缸裡，陳釀半年以上即成。蘭陵美酒含有麩胺酸、丙胺酸等 17 種人體必需的胺基酸，常飲具有養血補腎、益壽強身之功能。在萬國博覽會上，蘭陵美酒曾榮獲金牌獎，因而馳名中外。

蘭陵美酒廠繼承了傳統的釀造工藝，又不斷地加以改進，現生產蘭陵美酒、蘭陵特曲、蘭陵大麯、蘭陵鬱金香等十幾個品種的飲料酒，遠銷中國十幾個省市，有些產品暢銷國外。

娛樂山東

山東快書又名「說武二郎的」

山東快書又叫「說武二郎的」、「竹板快書」。它誕生於魯中南、魯西南地區的農村。據傳說，清咸豐年間，山東濟寧一帶有個讀書人趙大桅，因生活清貧而編了一些說唱武松故事的順口溜以趕集賣藝。後來又借鑑了山東大鼓藝人何老鳳的「捽韁腔」來編演唱詞，並使用梨花大鼓的梨花片（銅板）作為打擊樂器，此時的「山東快書」曲目已初露端倪。當時在集鎮上表演的演員們斜披大褂，露著手臂表演武松 —— 山東人稱武二郎的故事。因此演員又被百姓們稱為「說武二郎的」、「唱大個子的」。

經歷了 200 多年的發展，山東快書自成兩派：一派是以楊立德為代表的「楊派」，他擅長「貫口」、「俏口」；一派是「高派」，一代宗師高元均以刻劃人物、表演生動風趣見長。山東快書《武松傳》分「東嶽廟」、「景陽岡」、「獅子樓」、「十字坡」、「石家莊」、「孟州堂」、「安平寨」、「快活林」、「飛雲浦」、「鴛鴦樓」、「蜈蚣嶺」、「白虎莊」等十二回，是歷代演員收集民間廣為傳頌的梁山好漢的故事，不斷加以豐富改編而成。它的唱詞基本上是七字句的韻文，穿插一些過口白、夾白或較長的說白。語言明快風趣，情節生動，表情動作誇張，節奏較快，多演說英雄人物除暴安良的武打故事。山東快書除正書外，還有一些風趣的小段子，叫做「書帽」，著名的如〈大實話〉、〈柿子框〉等。

山東有名的京劇票友

在山東，若說起與京劇結下不解之緣的票友名地，那就莫過於有著「碧海、藍天、紅瓦、綠樹」美稱的海濱城市 —— 青島和享有「家家泉水，戶戶垂柳」美譽的泉城 —— 濟南。他們都擁有大量的京劇票友、戲迷，而且還培養出了許多著名的京劇藝術家。

說起濟南的知名票友，就要提一下清末出現的傅石如和現今的李文貞。傅石如，行三，譜名金壽。他為了學戲、唱戲不惜重金置辦行業並請京劇老演員給他「說戲」。他先學老生，演唱《空城計》，後跟著名演員瑞德寶學紅生，演唱《白馬坡》。中年後不斷觀摩京劇花臉票友李克昌演唱的《法門寺》，收穫很大。從此，他就專演《法門寺》盤中的劉瑾，受到內外行的讚許。

劉文貞 8 歲開始學唱京劇，喜唱青衣，如《玉堂春》、《紅娘》等。到 1980 年代，隨著傳統京劇的恢復，主唱老生、老旦，後又恢復青衣行業，主要唱梅派《鳳還巢》、《霸王別姬》及張派《孔雀東南飛》，並多次參見省內外京劇票友演出活動，獲得過《好戲連臺》京劇票友比賽第一名、《2001 年中國京劇藝術節》最佳演出獎、《中國第四屆京劇藝術節》彩唱組最佳演出獎等。

1920 年代，青島最為出名的「票社」當屬「和聲社」。當時著名的作家老舍、戲劇家洪深、話劇演員俞珊都是其成員。和聲社培養了許多京劇人才，如馬派老生曲學海，著名青衣季硯農，名票王振金、於振之，還有後來的程派名票袁立干、老生陳貫一等。時至今日，青島仍湧現出不少傑出的青年京劇票友及演員，曾多次獲得省票友大賽獎項。

博興國際小戲藝術節

2003 年 5 月 1 日首屆「博興國際小藝術節」在博興拉開帷幕。博興是中國傳統劇種 —— 呂劇的發祥地。「博興國際小藝術節」目的就是為了振興地方小戲藝術，救助瀕臨滅絕的中小劇種，促進中小型劇種的繁榮，並推廣一批內容健康且具有觀賞性的小型劇碼。此藝術節是中國規模最大、規格最高的小戲展演活動。這項活動一經推出，受到了各地中小劇團的極大支持與歡迎，甚至也吸引了一批國外藝術團的參演。

目前，小戲節收錄了國內外 30 多個劇種的 50 多個優秀劇碼參加評比，其中包括民眾喜聞樂見的京劇、呂劇、評劇、柳琴戲、豫劇、黃梅戲、東北秧歌劇、晉劇、雲南花燈、楚劇、淮劇、粵劇、梨園戲、高甲戲、桂劇、彩調等，還有一些新創作的作品，如吉劇、耍孩戲、線腔、呂梁秧歌劇、臨縣道情、泗州戲、錫劇、甌劇、婺劇、童子戲、武甯採茶、南詞、雷劇等種目，不僅戲種多，而且也讓熱愛戲曲的戲迷們大飽了眼福。

2005 年舉辦的第三屆「博興國際小戲藝術暨董永文化旅遊節」較前兩屆有了增新。此次以弘揚民族戲劇、打造文化品牌、啟動旅遊產業、推動經濟建設為主題，開展了「首屆中國廚具暨新型建材博覽會」、「博興外商聯誼會成立大會」、中外小戲「天天演」、「中外小戲走向何方」論壇、「遊博興仙境、賞國際小戲」旅遊觀光活動，還有「新博興、新形象」書畫攝影展、「呂劇調研暨票友擂臺賽」、「博興首屆十佳主持人」挑戰賽、「青春風采」系列活動，為本屆小戲節增色不少。

長島的海島端午節

在煙波浩淼的黃海上，鑲嵌著一群寶石般蒼翠如黛的島嶼，這就是被世人譽為「海上仙山」的美麗群島 —— 廟島群島，亦稱長島。島陸面積 56 平方公里，海岸線長 146 公里，是山東省唯一的海島縣，隸屬煙臺市。

中國自古以來每逢農曆五月初五的端午節都有吃粽子、煮雞蛋、賽龍舟的習俗，而長島端午節又別具特色，尤其是在大欽、小欽、北隍城、南隍城諸島，還保留著海島端午節的古俗。節日這天，漁民們會開展「拉露水」、摘「五樣草」和「捉鮑魚」 —— 俗稱摸房檐等各種民間活動。

端午節這天天還未亮，主婦們便早早起來生火開竈煮雞蛋。煮熟後趕忙趁熱抓出一個，跑進裡間屋，掀開正在熟睡的小孩的被窩，將熱雞蛋在小孩的肚皮上滾來滾去，據說這樣滾過後，小孩一年內都不會肚子痛。

晨光熹微，村裡的年輕人紛紛走出家門，按習俗大家互相不打招呼，彼此不言不語，也不回顧、四處觀望，直接走向山岡。到山野草木茂盛處，人們用手撫摸草木尖梢，用手掌上沾得的晨露抹洗眉眼，據說這樣可以終年不患眼疾，又能百事如意。這一項活動，俗稱「拉露水」。「拉露水」後，採上野艾和五種樹枝，名為「五樣草」。「五樣草」與艾草陰乾後備藥用。另外，人們還將野艾遍插窗上、門上，同時還要繫上面塑虎頭或綢布製的仙桃、蒜頭。節日這天，家家戶戶在門上、窗臺上張貼黃色剪紙，其形有獅、虎、桃、五毒葫蘆、寶劍等，最常見的要屬老黃牛了。有的還在牛形剪紙上寫符咒般的詩句：「我是天上老黃牛，不吃

五穀和雜糧,單吃人間百病和憂愁。」另外,漁民的家門上,一年四季都掛著火紅的小布方,這樣能保佑出海的人平安返航。小布方大多於端午這天更換,有的還要再剪一些桃形的、長條的紅布掛在臨街窗上。按老一輩傳下的規矩,這一切都要在日出之前完成。

節日的早餐有粽子、紅皮雞蛋、糕點,還有剛下樹的新鮮紅杏。早飯後,青年人又結隊到海邊礁石間去捉名貴的鮑魚,這東西平日總藏在深水中,唯有在端午前後跑近海岸,人們站在礁石上,伸手向下,如立在屋頂,探向屋簷的姿勢一般,很容易就可以摸到碩大的鮑魚,此舉名為「摸房簷」。

國際孔子文化節上的獨特樂舞表演

在孔子文化節上,以博大精深的儒家思想為主題的樂舞表演再現了2,000多年前文化聖人孔子的聖哲思想。有幾經整理出的仿古《祭孔樂舞》、《簫韶樂舞》和《雲門大卷》以及大型廣場歌舞劇《杏壇聖夢》。其優雅莊嚴的舞蹈和天籟般的歌聲將引領觀眾感受數千年前的文化精髓,並領略中國古代禮儀的莊重。

據考證,祭孔活動始於孔子逝世兩年後,而《祭孔樂舞》則始於隋文帝元年(西元 581 年),至清乾隆年間定型。研究人員經過整理考證宋、明、清三朝祭孔樂舞的精華,於 1985 年正式推出現代版的《祭孔樂舞》。樂舞音樂上吸納了韶樂之精華,而舞蹈上則模仿了敦煌壁畫和漢畫像石的生動,被譽為「樂有韶樂之雅,舞有漢雕之美」。

《簫韶樂舞》相傳是西周祭祀四方之神的典範樂舞。它採用了樂、歌、舞三位一體的藝術形式。樂體屬「大雅」,「八音」(金、石、絲、

竹、土、匏、革、木）俱全。演奏所用樂器都是古樂器，有編鐘、編磬、古琴、簫、管、笙、竽、塤、匏等，可謂「八音克諧，無相奪論」。

　　大型廣場歌舞劇《杏壇聖夢》磅礴大氣，自始至終都透著博大精深的儒家文化。它透過四幕歌舞劇詮釋了孔子思想學說。第一幕以「學而時習之不亦樂乎」為主題，運用宏大的場面展示了「春秋百家爭鳴」、「盛唐景象」、「宋朝莘莘學子」、「明清盛世」燦爛的中華文明史。第二幕以「發乎情止乎禮」為主題，以舞蹈的形式將「孔雀東南飛」、「梁祝愛情」、「許仙與白娘子」等傳說故事展示出來，淋漓盡致地抒發了古人對於情、性及愛的看法。第三幕以「四海之內皆兄弟」為主題，展示了聖人主張「仁者愛人」，反對戰爭期望和平的思想。第四幕以「有朋自遠方來不亦樂乎」為主題，融匯了世界各民族舞蹈，展示了多元化的文化場景，各族人民歡聚一堂，生動地詮釋了孔子「世界大同」的美好思想。

菏澤國際牡丹花會

　　菏澤牡丹花會源於每年穀雨時節牡丹花開，起初是民辦自發組織，以觀賞牡丹為主的群眾遊園娛樂活動。菏澤市於 1992 年 4 月 20 ～ 26 日舉辦了第一屆菏澤國際牡丹花會，並使其成為中國國務院批准的「92' 中國友好觀光年」大型節慶活動之一。花會「以花為媒，廣交朋友，文化搭臺，經貿唱戲，促進開發，振興經濟」為宗旨，取得了良好的社會效益和經濟效益。

　　菏澤古稱曹州，故菏澤牡丹又稱曹州牡丹。據史料記載：「至明，曹南牡丹甲於海內。」明代創建的牡丹花園有萬花村、凝香園、巢雲園、趙氏園、毛花園等十多處，其中最負盛名的要屬明萬曆年間戶部尚書郭

允厚創建的巢雲園和進士何爾創建的凝香園了。

歷屆國際牡丹花會，除大型開幕式外，還將各種活動分為幾個不同的類別展現給遊客。其一為經貿活動，包括工業品展銷會、物資交流會、資訊發表會；其二是文化旅遊，以賽事、大眾性文藝展演和牡丹園旅遊觀光為主。如中國（菏澤）國際龍獅邀請賽，武術散手擂臺賽，健美錦標賽，戲劇演唱會，書畫作品展，煙火晚會，鬥雞、鬥羊邀請賽，燈展，夜遊牡丹園，以及秧歌、舞獅、龍燈、竹藝、曲藝、嗩吶等民間遊藝活動。其三以花會新聞發布會、中華牡丹仙子大獎賽和國花婚禮大典為主。

建於 1982 年的曹州牡丹園是由四個自然村的牡丹園連綴而成的花卉園。近年來對其進行改造，將整個園區劃分為花之語、花之韻、花之海、花之魂、花之情五大功能景區。經過牡丹研究人員的技術創新，現在已經做到了讓牡丹四季開花。特別是「秋韻」品種的牡丹，一年春秋兩季自然開花，觀賞價值極高。

濟南大明湖荷花節

濟南市民自古人人愛蓮，1986 年定荷花為市花。大明湖荷花節每年有兩次，一次是農曆六月二十四日，這天俗稱荷花生日，湖中有迎荷花神節；另一次是農曆七月三十日，是舊時的盂蘭盆會，當地稱為送荷花神節。

農曆六月二十四日的迎荷花神節，遊湖赴會的多是新婚夫妻和攜帶兒童的中年夫婦。適時荷花剛開滿湖面，遊湖的人有的沿湖賞花，有的租條小船愜意地划著，在荷花蕩中穿來穿去，有的則帶上酒食在湖畔或島上美餐一頓。

農曆七月三十日的送荷花神節這天，赴會的人以老太太和兒童為多，比起迎荷花神節，這一日更加熱鬧，連郊區農村的老太太和孩子們都紛紛趕來參加，遊湖的隊伍特別熱鬧。農曆七月三十日原是佛教信徒的「盂蘭盆會」日，傳說和尚目連的母親死後極苦，如處倒懸，以求佛救度，佛告訴目連，在僧眾夏季安居終了之日，備百味飲食，供養十方僧眾，他的母親便得解脫。

中國其他各地的「盂蘭盆會」節日大都在七月十五日，唯獨大明湖設在七月三十日，或許是為了趕上大明湖賞荷的最後一個高潮。盂蘭盆會本是佛家的活動，但大明湖北岸北極閣的道士歷來積極參加。這一天，北極閣的道士和匯泉寺的和尚一樣穿著齊整，敲著鐃鈸，吹奏笙笛，歡迎前來燒香上供的施主。他們還用彩紙紮成大「法船」，放在廟前寺後的湖水中，黃昏時，吹打奏樂，將彩船燒掉。來赴會的老太太們帶來油燈，點燃放在湖中以「超度亡靈」。此時，油燈像繁星一般點綴在湖中，匯波樓下的水閘一開，湖燈便順流漂入小清河，孩子們成群地跑出北城牆，沿河追燈，歡樂融融。

濟南人不僅有賞荷花的嗜好，還有將荷花、蓮葉製作美食的習俗。老舍筆下的〈吃蓮花瓣〉就是香脆的油炸蓮花瓣；還有清香醇甜的蓮葉粥，使得人們一飽口福。

歷史悠久的濟南大觀園

說起老濟南就不得不提大觀園。它建於 1931 年，位於經四路、經五路之間，東臨緯二路，西接小緯二路，是一個歷史悠久、規模較大的綜合性商場。

1930 年，軍閥混戰暫停，商業復甦。當時靳雲鄂將大觀園及周圍百畝荒地仿照上海「大世界」形式開發成娛樂場所，並以《紅樓夢》中「大觀園」命名。後交由張儀亭經營，於 1931 年 9 月 26 日（農曆八月十五日）正式開業。除已建成的第一劇場、共和廳書場和中心花園外，還有一個臨時搭布棚的小馬戲團、三五個說書棚、雜耍場以及幾個跑江湖打拳賣藝賣野藥的。此外，另有些零星的小攤販和幾家小飯館。後來遭遇兩次大火後，商場較之前有所改觀和發展，所以大觀園有「火龍」、「火燒旺地」之說。

歷史上的大觀園以經營小門頭、小飯店、小戲院為主，是小商販會聚、江湖藝人雲集的市井之地。幾經發展形成了如今具有商業文化特色和鮮明市井文化韻味的商城。1930 年代出版的《濟南大觀園》中記載：「大觀園在商埠四大馬路緯二路西，複收門票。第一劇場京劇，第二劇場有聲電影，第三劇場評劇，共和廳茗姬書場，如筱月樓之京韻大鼓，筱軒和甫之快書大鼓，以及各種雜耍莫不新巧，門外的雜技藝場如幻術小戲⋯⋯」可見當時它已頗具規模。值得一提的是大觀園裡的餐飲業和名吃，如趙家乾飯鋪的把子肉、大丸子、菜菇雞，老馬家羊肉水餃、涮鍋，半里香施餅，麻醬燒餅，天豐園狗不理包子等，樣樣都讓人垂涎三尺。如今，小緯二路已成為飲食一條街，小飯店、小攤點隨處可見，逛一路吃一路，嘗盡這美味的濟南小吃。

幾經風雨的大觀園不僅見證了濟南的發展，也譜寫了老濟南的歷史，它已不是一座單純的商場，而是濟南這座城市的象徵。

寧陽的蟋蟀民俗

　　中華蟋蟀歷史悠久，名聞遐邇。它又稱蛐蛐、促織、蛩、秋蟲，早在 2,500 年前的《詩經》中就有「蟋蟀在堂，十月入我床下」的記載。素有「蟋蟀聖地」之稱的山東省寧陽縣鬥蟋蟀史可謂源遠流長。它始於秦漢，興於唐宋，盛於明清，因其蟋蟀個大、性烈、強悍善鬥、品種繁多而被奉為歷代皇宮貢品，自古被譽為「天下鬥蟋第一蟲」。據《功蟲錄》中記載：「善戰之名蟲，從清光緒二十一年（西元 1895 年）至 1940 年的 46 年間，全國共得悍將 26 隻，其中寧陽蟲占 9 隻。」在 1984 年天津蟋蟀友誼賽、1989 年上海蟋蟀大賽、1992 年上海與天津對抗賽，以及 1998 年全國蟋蟀友誼大賽上，寧陽鬥蟋均力挫群雄，奪冠稱王。自 1999 年鬥蟋大賽被列入泰山國際登山節重點活動之一後，寧陽蟋蟀更是聲名遠颺。大賽期間以弘揚中華蟋蟀民俗文化為理念舉辦的蟋蟀文化交流研討會、名蟲展銷與拍賣，為參加大賽的海內外蟋蟀愛好者提供了一個傳播鬥蟋文化的舞臺。

　　被譽為「蟋蟀聖地」、「鬥蟋搖籃」的寧陽縣已成為中國北方最大的蟋蟀市場。寧陽蟋蟀的特點一是品種多、品質好，二是性情剛烈、搏鬥凶狠、強悍而善鬥。經研究確認，在這片鈣質褐土區，土地肥沃、酸鹼適度、食料眾多、營養豐富、氣候適宜、溼度相當，是繁衍中華鬥蟋名品的主要因素。每年秋高氣爽的日子，幾百公尺長的蛐蛐市場裡攤挨攤，人擠人，到處都擺滿了蛐蛐攤位，省內外及海外蟋蟀愛好者都前來寧陽「朝聖」，呈現出「百種名蟲爭霸主，八方好者湧城池」的盛景。大青、鐵頭青背、花頂淡紫、銀牙淡紫、銅頭鐵背、陰陽翅等品種的蛐蛐，最容易出貨，而且價錢也高。每年九月初舉辦的中華蟋蟀友誼大

賽，是天下「蟲迷」們的盛會，為「蟲」而來的遊客一年比一年多，目的為一睹「蟋王爭霸」的好戲。

蓬萊漁燈節

　　漁燈節是漁民的傳統節日，流行於山東蓬萊境內的大季家鎮和馬格莊鎮的部分漁村，於每年正月十三日或十四日舉行。早先，在節日期間，漁民紛紛來到蓬萊閣龍王宮送燈、進奉貢品，祈求出海平安和漁業豐收，後來改為設供祭船、送漁燈、放鞭炮，同時舉行娛樂活動。濃郁的漁村氣氛，吸引來許多旅遊者觀光，給節日帶來了狂歡的場面，其中要以大季家鎮初旺村的節日最為盛大。

　　節日這天，在節日活動的主要場所 —— 村東港灣一帶，到處洋溢著春節時的喜慶氣氛。港灣裡停泊著的眾多的大船、小船，無一例外地都在船頭上、艙門上貼著大紅對聯和「福」字斗方，還有一些大船在清晨就掛起了紅旗、彩旗。

　　中午時分全家團聚後，村中鑼鼓四起，昭示著各個祭船的隊伍已在集結。此時，請來的土風舞在村外發出號令，翩翩起舞，鑼鼓聲震天的同時，土風舞經過的大街，人流如潮水般從四面八方湧來。這時，村中漁民以船為單位夾在土風舞中，以鑼鼓鞭炮引路，帶上祭奉海龍王的供品、鞭炮、燈盞，並在臉上畫上造型，一路模仿大龜走路的姿勢向自家的漁船行進。供品中必有餑餑、供菜，供菜中又必有魚和豬頭。豬頭只褪毛不烹煮，而且要帶鮮血，名為「發血財」。供菜中的魚，要展現大吉大利，所以供品中十幾斤一尾的大魚很常見。漁民們還用水蘿蔔或胡蘿蔔做成漁燈以祭奠那些長眠海底的靈魂，讓他們早日安息。祭船隊伍來

到海邊後，先打開所有的船艙，然後置燈點燃，再將供品羅列船頭，由船長率隊面向船而拜。拜船之後，漁民再紛紛登船，在船上大放鞭炮。有的自家放過鞭炮之後，還要坐在船頭等親朋好友來「送鞭」致賀。所有縣裡、鎮上停泊在這裡的船隻都會入鄉隨俗，也往船上送燈放鞭炮。當漁民們各自祭船的時候，土風舞在碼頭上歡歌狂舞，天海之間一片歡樂。

青島的酒吧文化

「音樂、酒、前衛和時尚」這些詞似乎都與酒吧如影隨形，酒吧情調迷人，激情似火，是青年人的天下，也是亞文化的發生地。儘管青島的酒吧業與北京、上海等大城市相比稍有遜色，但它又具有獨特的魅力。青島酒吧節以及酒吧一條街向來吸引著眾多喜愛酒吧文化的人士前來盡情享受。

在青島，除香格里拉大飯店的蝙蝠吧、頤中皇冠假日的非洲吧等各大星級酒店的酒吧外，多數酒吧、咖啡吧聚居於島城東部。燕兒島路酒吧一條街已延伸到漳州一路、閩江路至東海路地段周邊區域。而每屆酒吧節就選在酒吧一條街舉辦，於十二月的冬夜舉行，屆時，來自數十個國家的外籍人士聚集於此，享受音樂和美酒。由 DJ 帶來的新興電子音樂和搖滾舞曲拉開了激情湧動的開幕式，隨後進入引人入勝的文藝表演和花式調酒表演。

酒瓶在調酒師的手中以令人驚奇的方式轉動，花樣、速度都由調酒師隨意控制。在鎂光燈的映射下，紅、黑、藍、綠各色美酒在師傅們手中被調製得口味清爽、色澤豔麗，同時也調出了多彩的生活。隨後，人

們來到酒吧攤位前選擇自己喜歡的酒並開懷暢飲。來自各樂隊的動感表演讓觀眾徹底瘋狂地舞動起來。

青島國際啤酒節

青島國際啤酒節創始於 1991 年，每年 8 月的第二個週末在位於青島石老人國家旅遊度假區的青島國際啤酒城舉辦，為期 16 天，是一個融旅遊、文化、體育、經貿於一體的國家大型節慶活動，現已成為亞洲最大的國際啤酒都會。

啤酒節期間活動豐富多彩，由開幕式、啤酒飲品、飲酒大賽、文藝晚會、藝術巡遊、旅遊休閒、經貿展覽、閉幕式晚會等組成。節日期間，遊客可以親身體驗到來自海內外 20 多個世界知名啤酒廠家的啤酒文化，並開懷暢飲。遊客可以在每個別具特色的啤酒棚裡愜意地品嘗正宗德式、美式、澳式等啤酒，當然還有味香誘人的各式菜品和配酒佐餐。來青島國際啤酒節親身體驗一下這裡的啤酒嘉年華，對每一個啤酒愛好者都將會是一生的幸事。

德國啤酒村裡有能夠充分展現德國啤酒精髓的比爾森、慕尼黑、科隆三大區域高端啤酒。德國啤酒村內提供多種食物：烤雞、烤腸、烤豬手酒、巴西烤肉、德式鹽粒麵包……

海內外的遊客在百威啤酒大棚將會喝到來自美國口味純正、品質道地的百威啤酒。

啤酒大棚主推嘉士伯扎啤，它的保鮮期僅有 15 天。當然還有味道鮮美的「烤三全」──烤全羊、烤全牛、烤全豬。近年啤酒節上大棚還引進了披薩和壽司等豐富的品酒佐餐來滿足不同顧客的口味。

德國科隆巴赫啤酒大棚從德國原裝引進了科隆巴赫啤酒、豪夫啤酒、威麥啤酒、艾斯特啤酒、艾斯寶啤酒。科隆巴赫啤酒大棚推出風格獨特的西式燒烤，如香脆啤酒鱈魚塊、原味鱈魚條等 12 種西式食品。

百發力麥芽無酒精啤酒無疑是女士及司機的最佳選擇。百發力還生產其他不同口味的啤酒，如蘋果味、焦糖味、檸檬味等。

費爾德堡啤酒，扎啤和瓶啤一應俱全。大棚引進有德國口味的琵琶肉，口味獨特的烤熏腸，以及富有青島海鮮飲食文化特色的蒸魷魚、烤大蝦、微波蛤蜊。

在這裡，您不僅能品嘗到味道極正的德國啤酒，還有原版德國民族舞蹈。啤酒節期間舉辦的文化娛樂活動異彩紛呈，主要有中心舞臺演出和飲酒大賽。舞臺演出含有經典激情搖滾、中外友人群英薈萃、少兒專場、模特大賽等。每年的飲酒大賽都會有傳統的競技類賽事，如個人吹瓶有專業大杯賽速飲、一分鐘速飲，並伴有趣味性比賽，諸如男女雙人管飲、搬運酒桶等。

青島海雲庵糖球會

海雲庵位於青島四方區，又名「大士庵」。建於明朝末年，正殿祭觀音大士，俗稱「老母廟」。舊時，前來祭拜者大多為漁民，他們在出海捕魚之前都要到海雲庵燒香磕頭，祈求豐年，保佑平安。每年的農曆正月十六日，也就是新年中第一個大潮日，定為海雲庵廟會正日。每逢廟會，香火更旺，各地藝人也從近裡趕來助興，有柳腔、茂腔等劇碼，還有跑驢、踩高蹺、跑旱船等娛樂活動。廟會上，眾多商販紛紛叫賣用山楂、軟棗、山藥等製成的糖球。青島方言管「糖葫蘆」叫「糖球」，有所

不同的是，海雲庵廟會的糖球品種繁多，可謂是集「色、香、味、形、意」於一身。歷久更新後，廟會逐漸發展為現在的「糖球會」。

糖球會一般歷時 3 天，「以糖球為媒介，發展成集經貿、旅遊和文化活動為一體的新型旅遊節慶活動」，不僅活躍了經貿和商品交流活動，同時也發揚並保護了民間優秀文化傳統。在糖球會上，您既可以大飽眼福，欣賞到龍、鳳、花卉、特大長串等花樣百出的糖球和棉花糖、麥芽糖等手工製作過程，而且還能有幸大飽口福，什麼紹興臭豆腐、洪七公叫花雞等。會上要屬「高家糖球」攤前最為火爆，各種口味的糖球引得遊人垂涎三尺，有傳統的果仁糖球、芝麻糖球、草莓糖球，更妙的是推出了海鮮糖球。

榮成漁民節

榮成漁民節又叫穀雨節，它源於歷史悠久的漁民傳統。早在春秋時期，人們將穀雨節這天的河水稱為桃花水，用其洗浴以避凶免禍。洗浴後，人們以跳舞、射獵、釣魚的形式來盡情歡慶萬物更新。

在榮成，穀雨節又更富有其地方特色。榮成市地處膠東半島最東端，三面臨海，盛產富饒鮮美的海珍品，如扇貝、海參、鮑魚。早在春秋時，這裡就已大興漁鹽之利。每年穀雨時節，春暖魚醒，漁民便開始了一年的海上生產 ── 捕魚、釣魚、趕海。為感謝「海神」賜予的豐厚物產，並祈求神靈保佑平安，漁民便在穀雨節這天舉行傳統的祭神活動。起初，漁村家家戶戶蒸好大餑餑，並備好鞭炮、香供品，有些人家殺頭肥豬，去毛烙皮後，塗上朱紅顏料，由男人抬著，挑著供品來到娘娘廟，呈上供品，燃香鳴鞭，供奉「海神」。祭罷，漁民們歡天喜地地開懷暢飲，唱粗獷的漁民號子，與劈哩啪啦的鞭炮聲融為一體，久久迴盪

在漁村。隨著漁業的發展，漁民的養殖、耕海規模逐漸擴大，人們過節的目的從最初單一的祭「海神」轉而向更高境界的活動發展。

首屆榮成漁民節於 1991 年 4 月 20～21 日，在美麗富饒的黃海海濱城市——石島舉行，此後成為固定的節慶活動。節日期間，活動安排可謂豐富多彩，別具特色。分為開幕式、舉行記者招待會、典禮儀式、遊藝慶祝活動、觀光旅遊；並伴有划船、釣魚、織網、水產品加工等參與性很強的比賽；舉辦地方名優土特產展覽、經貿洽談及燈展、花展、書畫展等。活動開幕式在中國最大的漁村——大魚島舉行。開幕式上，有醇香的大碗酒、大型歌舞「漁家大豐收」、「海鷗舞」、「八仙過海」等傳統舞蹈。節日燈會堪稱一絕。燈會中心會場設在中國北方最大的漁港——石島港。幾千公尺海岸展出眾多綵燈傑作，有「百魚上岸」、「海神送娘娘」等榮成漁民書燈會，具有濃郁的漁村鄉土氣息，景物燈、海洋動物燈、民間傳說燈，都突出了漁民喜慶豐收、平安吉祥的主題。

漁民節上花展也獨具風格。花展場地設在享譽全國的「花鄉」——南車村，這裡是杜鵑花的故鄉，花展期間遊人彷彿置身仙境。節日期間還舉辦旅遊觀光活動，遊客可以參觀當地極具特色的旅遊景點，如被譽為「中國好望角」、「天盡頭」的國家級名勝區——成山頭，中國最大的天鵝越冬棲息地「天鵝湖」，還有峰連九頂鐵槎山、道教「全真派」發祥聖地之一的聖水觀景區等。

山東的威風鑼鼓 —— 博山鑼鼓

博山鑼鼓，係指在山東淄博博山地區城鄉廣為流傳的一種民間鑼鼓。它由若干鑼鼓段連綴而成，是形式結構比較完整的民間打擊樂組

合。博山鑼鼓歷史悠久。據考證，清朝初年，博山鑼鼓由江淮地區傳入顏神鎮（今博山城），當時顏神鎮的陶瓷、玻璃、煤炭三大行業空前興盛，吸引來不少行商者，不僅密切了當地與外地的經濟往來，也同時促進了各地文化交流。最先將蘇、杭兩州的民間鑼鼓技藝帶回本地的是李家窯村的袁、孟二家，所以後人稱之為「李家窯鑼鼓」。起初，它只有七個鑼譜，如〈蓬萊閣〉、〈魚得水〉、〈義昌通〉等，後經民間藝人的不斷充實與修改，逐漸發展為今天的「博山鑼鼓」。

如今的博山鑼鼓樂隊組合龐大，包含鼓、鑼、鈸、鈴等樂器。鼓主要是大鼓，直徑 1 公尺左右，高 60 公分；鑼有蘇鑼、手鑼和點鑼，其中點鑼直徑為 10 公分，在整個樂隊中擔任領奏，產生指揮作用；鈸包括大鈸、鐃、鑔；鈴指碰鈴。後來，有些樂隊還增添了三角鐵、木魚和梆子等樂器。

博山鑼鼓經過不斷的變化與翻新，已形成了較為固定的編制，即單鼓編制和雙鼓編制。單鼓編制由 36 人組成，有 1 面大鼓、8 面蘇鑼、6 面手鑼、1 個點鑼、4 對大鈸、6 對鐃鈸、4 對鑔和 6 對碰鈴。雙鼓編制由 41 人組成，有 2 面大鼓、12 或 14 面蘇鑼，其他樂器與單鼓編制相同。

博山鑼鼓經過發展豐富，除了有一般打擊樂的特點「剛」、「粗」、「熱」，還具備其獨特的音樂特點：剛中有柔、粗中有細、熱烈中見溫和。既能表現富有氣魄、威武、波瀾壯闊的場面和熱烈激昂的情緒，也可以細膩地刻化肅穆、寧靜的意境，表達輕鬆活潑的情調。其代表作〈緊急風〉與〈峨眉山〉即成明顯對比。

山東的有名廟會

廟會，又稱古會、山會、廟市、香會等，山東鄉間有「趕廟會」、「逛廟會」、「趕山」、「趕會」的習俗。廟會原為祭祀寺廟神佛而舉行的集會，地址一般設在寺廟所在地或附近，會間往往要唱大戲，後來漸漸有商販加入，形成了祭神、遊樂、貿易「三合一」。

山東省傳統廟會著名的如泰山廟會、濟南千佛山廟會、青州雲門山廟會、臨清泰山行宮廟會、曲阜林門會、蓬萊閣廟會、煙臺毓璜頂廟會等。其中以曲阜林門會、濟南千佛山廟會和泰山廟會最為出名。

「林門會」曲阜市孔林前的「林門會」一年兩度，春天以清明節為正會，秋天以農曆十月一日為正會，前後都是 3 天。起初這兩個日子是孔姓家族祭祖上墳的日子，後來竟發展成為以出售鋤、鐮、鍬、木杈、掃帚為主的大市場了。現今的「林門會」以農具市場為主，有百貨飲食、雜耍遊藝，還有鄉土特色的紙花、木玩具、泥玩具。正會日從北門鼓樓至孔林大門前，「神道」數里，是省內規模大、特色濃的大山會之一。

濟南千佛山廟會自元代就定農曆九月九日重陽節為廟會，這天人們來到「賞菊巖」賞菊。千佛山盛產柿子和山楂，尤以大盒柿最為著名，還有「牛心柿」、「烘柿」、「懶柿」，也有「喝蜜兒」的小軟柿，趕廟會者多買柿子而歸，故千佛山廟會有「柿子會」之稱。每年廟會期間，從山腳下到山腰興國禪寺之間 1 公里多的山路兩旁，擺滿了大大小小的攤位，除經營日用百貨、土特產、風味小吃、工藝美術品等，還有來自省內外的民間藝術團體在廟會上表演雜技、馬戲、歌舞等，人流如潮，熱鬧非凡。

東嶽廟會（泰山廟會）傳說農曆三月二十八日為泰山神 —— 東嶽大帝的生日，歷代帝王多於這天在岱廟舉行封禪大典。帝王的慶典活動、佛道的宗教活動以及民眾的朝山進香活動在岱廟一帶形成了以貿易、娛樂活動為主的東嶽廟會。宋元後，成為北方規模最大、影響最大的廟會，泰安也成為重要的商品集散地，元明時期是華北最大的騾馬交易市場。經歷「文革」後，泰安市於 1986 年恢復了泰山廟會，地點改設在以紅門、王母池為中心的泰山環山路上。新廟會集遊、玩、吃、樂、經濟貿易於一體，規模和影響在逐年擴大。

山東的知名地方戲

山東現今保留的地方戲劇有 30 餘種，具有代表性的要屬呂劇、柳子戲、山東梆子、五音戲、茂腔、柳腔等。

呂劇 —— 樸實無華，扣人心弦。它是在民間說唱「山東琴書」的基礎上發展來的，後流行到黃河下游廣饒、博興一帶，1900 年時由時殿元、譚秉倫、崔興樂等第一次將山東琴書改作化妝表演，其上演節目為《王小趕腳》，用竹竿、布紮成驢形，演員身綁道具驢，做乘驢狀，另一演員扮作揮鞭趕驢的王小。在墜琴、揚琴等樂器伴奏下，表演活潑生動。呂劇劇碼多取材於民間傳說故事，反映下層人民的日常生活，內容表現家庭倫理、風土人情、戀愛婚姻、兒女情長。呂劇劇名的由來歷史悠久，起初稱為「驢劇」，因劇中的道具是紙紮的毛驢；也稱「侶戲」，由於呂劇擅長表現男女愛情，多與兩口子有關；還有一種說法是：古代 25 戶為一閭，而這種戲尤以表現鄰里生活見長，所以也稱「閭劇」。經過半個多世紀的摸索，由著名作家王統照提議，取中國古音樂十二律中

「六呂」的「呂」字，同時，又諧「驢」、「侶」、「閭」之音，「呂劇」之名便應運而生。它的一些優秀劇碼，如《李二嫂改嫁》、《姊妹易嫁》、《兩壟地》等，流傳塞北江南，遠播港澳，飲譽華夏。

柳子戲 —— 粗獷豪放，是中國戲曲古老聲腔之一。又稱「弦子戲」，以元、明、清以來流傳於中原一帶的俗曲小令為基礎，吸收高腔、青陽、亂彈、崑腔、皮黃等聲腔的劇碼及唱腔，逐漸發展演變而成。曲牌中有種柳子調，得名柳子戲。早在明萬曆年間，就有《野獲編·時尚小令》記載：元人小令，行於趙燕，後流傳各地……柳子戲表演程序中人物動作維妙維肖，生活氣息濃厚。如武將出場，必先在臺上表演踢腿、打飛腳、亮相；發怒時雙腳跳起，表示急躁情緒；對打時多用真刀真槍。歷史上柳子戲傳統的角色行業分為四生、四旦、四花臉，三大門頭十二行。傳統劇碼有《玩會跳船》、《抱妝盒》、《三盜芭蕉扇》等。

山東梆子又名「高調梆子」，也叫「高梆」，以菏澤地區為中心。菏澤古稱曹州，所以也稱作「曹州梆子」，是秦腔或晉劇傳入山東以後所形成，約有 300 餘年歷史。山東梆子伴奏用的管絃樂曲牌有 100 多支，最早用八楞月琴、二弦、三弦，後改用板胡、二胡。傳統劇碼有《打金枝》、《罵金殿》、《萬家香》等。

五音戲 —— 獨樹一幟。它是形成並流行於章丘、歷城一帶的山東戲種，原名「肘鼓子」，別稱又叫「周姑子」，又名「秧歌腔」、「五人班」。在清乾隆年間，它已經分路演出了，至今已有 300 年的歷史。

茂腔、柳腔是在「肘鼓子腔」的基礎上發展而來，與五音戲同屬於以「娘娘腔」為主要腔調的戲曲。茂腔主要流行於諸城、高密、安丘、膠縣等地；柳腔主要流行於即墨、平度、萊陽、青島一帶。

山東有名的三大秧歌

　　山東的秧歌有著悠久的歷史，它起源於民間許多傳說，有「周朝的秧歌，唐朝的戲」的說法。「秧歌」在古時是農民在插秧時唱的歌，逐漸發展為群眾在年節裡自娛的一種歌舞形式，尤其是春節和元宵節是山東各地秧歌最活躍的時節。山東的秧歌形式豐富多彩，各地又有自己的特色秧歌，其中以魯北的「鼓子秧歌」，魯東的「膠州秧歌」，膠東半島的「膠東秧歌」、「海陽秧歌」最為有名。鼓子秧歌流行於商河、惠民一帶，其風格熱烈奔放，音樂以打擊樂為主，最常見的是在表演後續上邊歌邊舞的「哈爾虎」。它源於演唱者手持的伴奏樂器，至少有兩三百年的歷史了。「哈爾虎」的曲目常見的有〈大實話〉、〈饞老婆吃狗〉等。其內容以民間傳說故事為主，多帶有詼諧、諷刺的詞句，曲調富於敘述性，非常口語化，多表現人們樂觀的性格。

　　膠東秧歌流行於膠東半島一帶，它以〈跑四川〉小調為基調，形成了三句一加鑼鼓比較定型的民間歌舞形式。從演出現場可以將膠東秧歌音樂分為領唱秧歌、跑四川調和走戲調。領唱秧歌是「岳大夫」唱的，也叫「艄公」，每次耍秧歌都是由他開頭。〈跑四川〉調是膠東秧歌中應用最多的唱調，關於這個唱調流行著幾句話——「富跑四川，窮上北京，死通梁山下關東」。走戲調指秧歌中穿插的各種小曲，一般作為獨立民歌演唱，如〈賣油郎〉、〈小二姐做夢〉等。

　　膠州秧歌僅流行於靠近青島的膠州縣城周圍 50 里的地方，特別是大沽河一帶更為盛行，當地也稱之為「大秧歌」，已有 200 多年的歷史。它的演出形式分為兩部分：舞蹈和演唱。人物有「棒槌」、「扇女」、「鼓子」、「梨花女」、「小嫚」等五種角色。每種皆為 2 人，共 10 人。

常演的小秧歌劇有《梁祝》、《鬧學》、《雙推磨》等。膠州秧歌所含腔調有「南鑼」、「扣腔」、「男戲調」、「女戲調」、「老腔」、「小腔」、「東坡」七種。其中「扣腔」善於表現生氣、說理或哭訴的情緒;「男戲腔」和「女戲腔」都是抒情帶有感傷的曲調;「小腔」為表現男女愛情生活的曲調。

山東雜技蟬聯「金小丑」獎

山東雜技歷史悠久,源頭可追溯至秦漢時期。在濟南無影山出土的西漢雜技陶俑將雜技表演塑造得栩栩如生。山東現代雜技具有鮮明的地方特色,它以勇敢、豪放、剛健中不乏柔美的風格而著稱。其中重蹬技和集體車技節目享譽世界,技驚四座。山東雜技曾在摩洛哥蒙特卡洛國際馬戲雜技比賽中兩次榮獲「金小丑」獎。分別是 1984 年由盧立新、沈凝表演的《蹬板凳》和 1997 年的《車技》。

《蹬板凳》屬重蹬技。演員蹬起疊架的 11 條板凳,高 8 公尺,重 100 多公斤;板凳上再站演員表演各種造型。山東雜技團盧立新、沈凝表演的蹬板凳以濃郁的民族風格、高超穩健的技巧贏得了觀眾。底座演員沈凝穩健地把握住板凳的平衡,並將腳上高高的「凳塔」輕鬆地蹬轉兩圈,雙腳蹬完換成單腳蹬。頂端演員盧立新隨著板凳疊架層次的增加,在板凳上完成各種倒立動作,層層有新意,一層比一層難度大。當板凳疊架到第 11 條時,他在 8 公尺高的空中向後倒立咬花,雙臂伸展,花隨人轉,表演達到高潮。

濟南雜技團表演的《蹬板凳》又有新意。底座演員創造了蹬中加轉,蹬中加擺,蹬中加晃等一系列既險又新的技巧,使板凳「活」了起

來。而頂端演員在層層疊起的板凳上依託不同部位，利用多個角度，展示彎腰、攀腿、翻跟頭、拿倒立等各種技巧。

19世紀末腳踏車從西方傳入中國，首先成為宮廷貴族們的玩具，後來很快被雜技家看中，以它為道具練出獨特技藝。發展至今，歸納起來有「獨輪車技」、「高車技藝」、「花式行車」、「定車」和「集體車技」5種類型。

「孔雀開屏」是集體車技中最有代表性的一組技巧動作，是把新興的車技與傳統的疊羅漢結合起來進行表演。令人驚奇的是，這組技巧動作最初是由上海郵電業餘飛車隊的郵差創造出來的，很快得到專業雜技界的回應。目前，「孔雀開屏」已經從最初的7人發展到24人，一輛小小的腳踏車上能夠容納這麼多人，實在令人目瞪口呆。

山東省雜技團表演《車技》已有近40年的歷史了。這個節目全部由青年女演員表演，所以也被稱作《女子集體車技》，它把女性的美與高難度技巧融合在一起。1997年，該團代表中國參加第21屆蒙特卡羅國際雜技比賽，勇奪「金小丑」獎。

泰山國際登山節

1987年9月21～27日，由中華全國體育總會、中國登山協會、泰安市政府聯合舉辦了第一屆泰山國際登山節，來自英國、美國、加拿大等國家的15個代表隊和中國的35個代表隊參加了登山邀請賽。泰山國際登山節的舉辦時間一般為9月上旬。登山節由最初的單一群眾體育活動發展到集政治、經濟、文化、體育為一體的大型綜合活動。它向世界

展示了齊魯文化的深厚、悠久和深沉，不僅加強了中西文化的交流和融合，又為山東的對外開放和經濟振興，注入了活力。

泰山國際登山節發展為國家級旅遊節慶活動經歷了 3 個發展階段。1987 年第一屆到 1991 年第五屆為第一階段，1991 年正式定名為泰山國際登山節，明確「以山為題，借題發揮，文體搭臺，經貿唱戲」，「廣交四海朋友，振興泰安經濟」等內容的指導思想，活動內容以文化、體育為主，同時舉辦一些經貿活動。1992 年第六屆到 1998 年第十二屆為第二階段，舉辦文化、體育活動的同時，突出了經貿活動，並自辦經貿展，還吸引了許多國家、國內區域性的經貿和社會政治類會議來泰安舉辦。1999 年第十三屆到現在為第三階段。這個階段突出了發展旅遊的主題，強調發揮登山節的載體作用，以提高泰山、泰安的知名度，宣傳旅遊，發展旅遊，擴大開放，招商引資為主題。

登山節的主要活動是開幕式、體育比賽、文化活動等。

開幕式除進行運動員入場式外，前幾屆主要舉行了大型團體操表演、仿封建帝王封禪泰山表演、泰山民間藝術表演等。第十一、第十二屆舉辦過兩次足球邀請賽。近來以邀請中國文藝團體舉行文藝演出為主。

體育比賽以登山比賽為主，在開幕式的次日舉行。數千名運動員從泰山腳下的岱宗坊出發徒步爬山，這一過程磨練了登山隊員的堅強意志，也挑戰了自身的身體極限。

文化活動形式多樣，豐富多彩。邀請著名歌唱家舉辦的文藝晚會、秧歌表演、書畫展、盆景展等，主要是為了豐富民眾的文化生活，活躍節日氣氛並藉以開展文化旅遊。

泰山山轎子

　　泰山山轎子是舊時載遊客上山的一種交通工具，僅泰山獨有。如今上山仍可見這一傳統、簡便的山轎，成了山道上一道獨有而又別具風格的風景線。

　　《老殘遊記》續集中對此描寫得詳細盡至：「泰安的轎子像個圈椅一樣，就是沒有四條腿。底下一塊板子，用四根繩子吊著，當個腳踏子。短短的兩根轎槓，槓頭上拴一根挺厚挺寬的皮條，比那轎車上駕騾子的皮條稍為軟和些。轎夫前後兩名，後頭的一名先鑽到皮條底下，將轎子抬起一頭來，人好坐上去。然後前頭的一個轎夫再鑽進皮條去，這轎子就抬起來了。」

　　轎夫抬轎登山是件辛苦而又具有挑戰性的差事。彎曲漫長的石階真正檢驗了轎夫們的技術與配合度。二轎夫抬之要整體橫向前進，也就是說兩人要在同一水平線上，否則坐轎人就要仰翻下來了，然而轎夫要側身前行，才能保持轎子平衡，使坐轎的人覺得舒適。即使走到素有「緊十八，慢十八」之稱的陡十八盤，也可以遊刃有餘地通過上到南天門。行進中轎夫可以根據轎子轉動的角度利用臂膊的力量自由換肩，而讓坐轎人察覺不到晃動。

　　隨著科技的發展，泰山修建了舒適快捷的索道，但對於遊客們來說，乘坐山轎卻別有一番韻味在。你可以走走停停，隨時都能欣賞到山道兩側的風景及摩崖石刻，同時還能與轎夫們攀談，聽他們講講泰安城的歷史掌故、民間傳說等。

濰坊的「打鞦韆」習俗

濰坊至今仍保留有打鞦韆的習俗，它與楊家埠的風箏同樣很顯眼，近年這項活動在逐步恢復並發展起來。

打鞦韆活動大都在清明、寒食兩時節開展，不僅有運動和娛樂的功能，還兼有信仰上的緣由。俗諺曰「悠一悠，不長秋」，意思是說春天打了鞦韆，到了秋天便不會招瘟疫。為此，男女老少都踴躍前來「悠一悠」。鞦韆，俗稱「悠千」或「驅鞦韆」。盪鞦韆時有兩種動作，一種叫「驅」，即盪鞦韆者自己透過弓身、屈腿、下蹲、直起、挺身、擴胸一系列連續動作後將鞦韆悠起；一種叫「送」，指盪鞦韆者自己「驅」不起來，要靠別人執繩才可盪起。鞦韆盪起後，兩拘會隨著鞦韆的來回擺盪慢慢向橫梁中間靠攏，此舉名為「並拘」。按傳統，「並拘」後就要停下來讓給別人。

以往的鞦韆有兩種形式，一種叫「轉鞦韆」，一種叫「月鞦韆」。「轉鞦韆」是指吊在城中白浪河沙灘上玩轉，民國《濰縣志稿》中對當時的盛況有這樣的細述：「白浪河邊沙灘上，坎地豎以木柱，上綴橫梁，四面繩繫畫板，謂之『轉鞦韆』。小家女子，多著新衣，圍坐畫板上。柱下圍一木柵，內有人推柱使轉，節之以鑼。當鑼聲急時，推走如飛，畫板可篩出丈餘，看似危險，而小女子則得意自若也。又於鞦韆柱頂上懸一小旗，並繫以錢，則有多數勇健少年猱升而上，作『猴兒坐殿』、『鴨鴨浮水』、『童子拜觀音』種種把戲，謂之『打故事』。捷足者得拔旗攜錢以歸，觀者乃誇讚喝好不絕。」

「月鞦韆」一般是在人家院裡架的鞦韆。舊時若清明落在農曆二月間，那麼就要從正月十六日起吊鞦韆；若清明落在農曆三月間，就從二

月二日起吊了，不管怎樣都要跨一個月頭，所以稱之為「月鞦韆」。其搭架上有穿套在梁上的「拘」。這種可以移動的「拘」又名「撇拘」、「活拘」，人在悠鞦韆時，可以抓住兩隻拘向外摔開。新立起的鞦韆，有在立柱上貼對聯的風俗，如「花板潤沾紅杏雨，彩繩斜掛綠楊煙」，橫批「上梁大吉」。還有燒紙、焚紙紮的「姑姑」，相傳如此做可避免摔傷以保平安。打鞦韆的花樣百出，技術嫻熟的可以變化出如「單人跪驅」、「撈魚摸蝦」、「拾物件」、「驅雙站」、「逛花園」、「串花心」等。驅者在半空中享受著陽春四月的暖風，而觀者則歡呼雀躍地感受小小鞦韆帶來的視覺與心理上的震撼。

購物山東

蛋殼陶的工藝特色是何時形成的

蛋殼陶是龍山文化黑陶中的精品。它器壁極薄，器型有序，器物光亮漆黑，造型多樣，是古陶中的瑰寶。

山東臨沂市是龍山文化重要的發源地之一。1973 年，在臨沂市河東區大范莊發掘的龍山文化遺址，得到數百件工藝精良、光亮漆黑的黑陶，其中蛋殼陶製品達 40 多件。從而證明，臨沂市在龍山文化時期，黑陶的製造技藝已達到相當高的水準。燒製時，用刃口鋒利的刮刀，邊旋轉邊刮修坯泥，當器壁達到極薄時，再用磨光石反覆壓磨，從而獲得器型有序、表面光亮、器壁極薄、有纖細花紋和鏤孔的蛋殼陶精品。這種成型技藝費工費時，且要耐心細緻，稍有疏忽，將前功盡棄。因此，精美華貴的蛋殼陶，是經難度極高的成型階段，精工細雕而成的。

山旺化石是如何形成的

山旺化石產地位於臨朐縣城東北 22 公里處的山旺村東，是中國國家重點自然保護區；因地下蘊藏著大量形成於 1,800 萬年以前的稀世珍寶古生物化石而馳名中外，被稱為「古生物化石的寶庫」。

山旺化石的發現年代，據《臨朐續志》卷二十一至二十三載：「堯山東麓有巨澗，澗邊露出礦物，其質非石非土，平整潔白，層層成片，揭視之，內有黑色花紋，蟲者、魚者、鳥者、獸者……花卉者不一其狀，俗稱萬卷書，唯乾則碎裂，不能久存。」這非土非石的礦物，即矽藻葉巖（亦稱矽藻土、矽藻土）。矽藻葉巖質地細膩，顏色灰白，裡層極為發

達和豐富，分層很薄，1公分厚的矽藻土竟達四五十層之多，大量的古生物化石就蘊藏在這岩層之中。

山旺化石是如何形成的呢？自太古以來，這裡地層一直比較穩定，處於自然剝蝕狀態，至中生代後期，地層開始活動，火山噴發，地表變形，出現了一個盆形地貌。大約到1,800萬年前的新生代第三紀中新世，由於河水的流入和雨水的蓄存，形成了一個淡水湖，周圍火山噴發物玄武巖等經風化分解，形成矽質膠溶體，而盆地水域中有足夠的二氧化矽，給矽藻的生存提供了物質條件。從出土的化石來看，除溫帶動物外，還有許多亞熱帶常綠闊葉樹種、落葉闊葉樹種及亞熱帶地區的動物。這說明周圍曾森林茂密，林中藤本植物盤繞，生息著各種飛禽、走獸和昆蟲。山旺湖中生長著大量的矽藻，以水的深淺分別出現浮游型和底棲沿岸型的矽藻群，還有近處的黑三稜、金魚藻等，為大量著生和附生矽藻的生長創造了條件。隨著歲月的流逝，湖中沉積物日漸增多，又遇火山噴發，地殼變動，許多動植物不能適應改變了的自然環境，死亡後陷入湖中，被矽藻及其他沉積物埋葬。又因矽藻土具有吸附、隔音、保溫等性能，所以，山旺湖中的動植物屍體能與空氣隔絕，再經大自然的物理、化學等多種因素的變化，便形成了化石。

萊蕪燕子石

燕子石雖帶「石」字，但可不是一般的石頭，而是一種稀有的化石。之所以稱之為燕子石，是因為石體上蟲體宛如浮雕，形似飛燕，所以稱為燕子石，又名蝙蝠石。燕子石富有天趣，耐人玩味，特別是經過加工磨製，依物造型後更具觀賞價值。燕子石儲量豐富之地要屬萊蕪顏

莊鎮埠東村南的九龍山泉水峪了。萊蕪的燕子石石質優良，色澤典雅，姿質溫潤，紋彩特異。

據相關專家鑑定，燕子石學名三葉蟲化石，形成於古生代的寒武紀後期，距今約有 5 億年，是中國稀有的古生物化石之一。三葉蟲，是當時生長在海水中的一種節肢動物，由於地殼的變動，形成化石。埠東村南泉水峪中三葉蟲化石的發現，為科學家研究萊蕪地區古生物進化發展提供了科學的實物依據，也更加有力地證實了古生代寒武紀的中前期，萊蕪地區乃至周圍更大的地區是海洋的研究結論。所以，古生物三葉蟲化石具有一定的科學研究價值。

億萬年前的古生物遺體遺跡成為化石的機會是極為罕見的。據科學家猜想，一萬個生物死亡以後，大概只有一個有可能成為化石，而這些化石絕大多數埋藏在地層深處，只有極少數近於地表的化石岩層，才能被人們偶然發現。在發現的化石中，絕大多數又是生物的殘缺碎塊，很難辨認其形態或特徵的全貌，因此要找到能確定其名稱和生成年代的化石是難乎其難的。埠東村南泉水峪三葉蟲化石，既埋藏不深，易於開採，形體又完整活現，不愧為難得的中華瑰寶，具有極高的收藏價值。

燕子石可精工製作成硯臺、鎮紙、筆架、印泥盒等文房諸寶，以及屏風、花瓶、扇面等工藝裝飾品，造型古樸大方，格調清新高雅，隨形而就，形藝結合，確有獨特風韻，人們稱其為「難得的天然藝術珍品」，深受一些書法、藝術、知識界人士所賞識，成為人們餽贈親友的佳品。著名畫家、書法家范曾為燕子石工藝品曾題詩一首，詩曰：「化石崢嶸億年沈，紛紛燕子入殘痕。轟然地裂無邊火，鑄就渾沌萬古魂。」

招遠金礦石

　　招遠，因古語「招懷攜遠」而得名，古屬萊子國。《禹貢》記其為青州之城。春秋時屬齊。招遠位於山東半島東北部，大自然的鬼斧神工在這裡留下了逾千條黃金礦脈，使招遠成為中國黃金第一市。曾有人打趣將招遠比做「財神的小倉庫」，可見招遠的金礦資源之豐富，令人嘆為觀止。

　　招遠有這樣一個美麗的傳說，女媧娘娘補天的七彩石不慎掉落人間，在渤海之濱的土地上像種子一樣成長發芽，不斷孕育形成金石。一天女媧娘娘發現七彩石掉落人間，她本想收回，但是勤勞善良的招遠人民感動了她，於是便將金石留給了那些虔誠、質樸的人們。於是就有了今天的「中國金都」。

　　在招遠群山起伏、礦藏豐富的玲瓏山脈，有一種穿越從未被歷史擱淺的歲月，穿越自然和思想的隔閡，穿越了億萬年的季節及滄海桑田的變化；用生命更迭出遠古墨香的「黃金之母」金石。

　　金石是石中珍品，集天地之靈氣，晶瑩璀璨，既可以像玉一樣趨吉避凶，鎮宅闢邪，美化生活，陶冶性情，以至延年益壽，又具有玉一樣的高貴品質。古書云：「精誠所至，金石為開」，金石自古就寓意著「恆久、堅實」，是誠心的象徵。金石移天縮地，小中見大，詩情畫意，妙似神功，實乃「一石一大川，拳石納百川」。古人云「黃金有價，石無價」，金石的價值更是可想而知了。

長清木魚石

　　木魚石是寒武紀中期地質時代，淺海中經化學沈積形成的一種珍貴的礦產資源，距今約 5.5 億年。《本草綱目·石部》記載，木魚石有「益脾、安髒氣、定六腑、鎮五臟」之功效，「久服耐寒暑不饑，輕身飛千里，神仙」。因它特有的粉晶細晶結構和紋理清晰流暢酷似木紋，也稱之為木紋玉，僅產於山東濟南市長清縣境內。

　　經中國國家地質實驗測試中心、中國預防醫學科學院等單位鑑定顯示，木魚石中含有多種人體必需的微量元素和礦物質，如鍶、硒、鋅、偏矽酸、銅、鈷、鍺等，保健功效良好。經大量的木魚石浸水實驗證明，水在木魚石器具中浸泡兩小時，水中溶解的微量元素和礦物質的含量即能達到國家礦泉水限量指標。因木魚石中鈾及稀土元素含量適中，故此茶具的防腐和通透性好，用其泡茶即便是在酷暑季節，五天內茶水仍可飲用不會變質。長期使用木魚石茶具，具有調節人體的新陳代謝，軟化血管，防止動脈硬化之功能。

　　木魚石對酒有奇效，經山東省食品品質監督檢驗中心檢測顯示，用木魚石器具盛酒（指白酒）24 小時，甲醇含量可降 50%，雜醇油含量可降 65% 以上，酒精含量不變。任何白酒只要在木魚石酒具中放置 20 分鐘，即可變得綿軟甘甜可口，辣味苦味明顯減輕，與盛入其他酒具中的酒形成明顯的差別。由於木魚石這些奇特的功效，故被稱為「中華第一神石」。

山東煎餅有哪幾種風格

山東的煎餅主要以泰安煎餅和臨沂煎餅為主，它們各自又有不同的風格。

泰安煎餅創製年代無考，明代已成家常便飯。以玉米、高粱、穀子、地瓜乾等粗糧為原料，經過粉碎泡糝、磨細成糊、攤於鏊子上邊刮邊烙，烙熟即成。質地細薄，水分少，耐久儲，香酥可口。泰安煎餅分為 5 種：用木發酵糊子製作的為甜煎餅；用發酵糊子製作的為酸煎餅；冷卻的煎餅再烙酥為酥煎餅；煎餅加蔥或豆腐、白菜等餡烙製的為油煎餅；小米麵加白糖烙製的為糖酥煎餅。煎餅有刮、攤、滾三類，泰安煎餅屬於刮煎餅。

臨沂煎餅煎餅，是沂蒙山區一帶人們的主食，它養育了這方人民。戰爭年代這裡的人民用它擁軍之前，那時就有「煎餅捲大蔥，撐死老山東」的說法。確切地說，臨沂煎餅一種是「滾」，一種是攤。攤煎餅是各地比較常用的，「滾」的煎餅是質地較差的，大部分是用地瓜乾做的。先把地瓜乾拉成麵，放在大盆裡用水浸透，泡上一段時間，把地瓜面裡的黑水泡出來，再用澇布子製成的袋子把黑水過出來。澇布子常用的布料就是用布票時的一尺布票截三尺三的那種。把地瓜麵的黑水過出來之後，就可以「滾」煎餅了。把經過過濾的地瓜麵團成一個大團，放到燒熱的鏊子上，沿外圈把鏊子滾滿，再用竹子製成的劈子擋幾下，這時，煎餅就翹邊了，揭起來放到用秫秸莛串起的蓋墊上，一張煎餅就算攤完了，一般六七個煎餅合一斤重。

濰坊為什麼被稱為「世界風箏都」

濰坊，是一座具有悠久歷史和燦爛文化的古城，濰坊風箏是中國風箏的傑出代表，是濰坊民間文化藝術的一朵奇葩。

濰坊之所以被稱為「世界風箏都」是有歷史原因的。濰坊風箏起源時間最早可以追溯到 2,000 多年前的春秋戰國時期，並在明清時期成為中國風箏的主要產地。1988 年濰坊被推選為「世界風箏都」。1989 年國際風箏聯合會正式成立，並將總部設在濰坊，使濰坊成為世界風箏的中心。濰坊風箏在漫長的發展過程中，形成了鮮明的藝術特色，成為全國四大風箏產地之一。濰坊風箏無論從題材、造型、繪畫等方面，都帶有獨特的地方色彩。

濰坊風箏的題材和內容源於生活、反映生活，帶有濃厚的民俗特色。飛禽走獸、花鳥蟲魚、民間故事、神話傳說等都被移植到風箏的繪製，紮骨架，添繪內容上；還可依據內容改製骨架，如此反覆製成，不斷改進，日臻完善，使內容和形式達到完美統一。濰坊風箏的取材，以意為主，借物抒情。人們把對美好生活的嚮往，未來的理想追求，以及純樸的思想感情都透過風箏放飛了出來。

楊家埠的木版年畫

山東濰坊楊家埠木版年畫興起於明代，全以手工操作並用傳統方式製作，發展初期曾受到楊柳青年畫的影響，清代達到鼎盛期。楊家埠曾一度出現「畫店百家，畫種過千，畫版上萬」的盛景，產品流布全國各

地。其中最大的東大順畫店擁有畫版 300 多套，年製畫可達百萬餘張。

楊家埠木版年畫同天津楊柳青、蘇州桃花塢並稱中國民間三大木版年畫。楊家埠年畫想像豐富，重用原色，線條粗獷，風格純樸，多反映理想、風俗和日常生活，構圖完整勻稱，造型粗壯樸實，線條簡練流暢。根據農民點綴生活環境的實際需要，主要有大門畫、房門畫、福字燈、美人條、站童、爬童、月光等，具有濃厚的民間風味、鄉土氣息和節日氛圍。

楊家埠木版年畫題材廣泛，表現內容豐富多彩，有神像類、門神類、美人條、金童子、山水花鳥、戲劇人物、神話傳說等，同時也有反映民間生活、針砭時弊之作，但喜慶吉祥是楊家埠年畫的主題。諸如吉祥如意、歡樂新年、恭喜發財、富貴榮華、年年有餘、安樂昇平等，像親人的祝福，似好友的問候，構成了農民新春祥和歡樂，祈盼富貴平安的特點。總結起來主要內容包括 6 大類，即過新年、結婚、農忙等風俗類，年年發財、金玉滿堂等大吉大利類，門神、財神、壽星、竈王等招福避邪類，包公上任、三顧茅廬、八仙過海等傳說典故類，打拳賣藝、陞官圖財等娛樂諷刺類，三陽開泰、開市大吉、四季花鳥等瑞獸祥禽花卉風景類。用一句話來形容就是：「巧畫士農工商，描繪財神菩薩，盡收天下大事，兼圖里巷所聞，不分南北風情，也畫古今逸事。」

楊家埠年畫的製作工藝也別具特色。楊家埠年畫生產分繪畫、雕刻、印刷、裝裱等幾道工序，每一道工序都極為精細準確。藝人首先用柳枝木炭條、香灰作畫，名為「朽稿」，在朽稿基礎上再完成正稿，描出線稿，反貼在梨木版上供雕刻，分別雕出線版和色版。再經過調色、夾紙、兌版、處理跑色等，手工印刷。年畫印出來後，還要再手工補點上各種顏色進行簡單描繪，以使年畫顯得自然生動。

章丘大蔥與「世界蔥王」

大蔥營養豐富，既可生吃，也可熟吃，還能做藥用。據中國醫學科學院營養研究所分析，大蔥中含有較多的蛋白質、多種維他命、胺基酸和礦物質，特別是含有維他命 A、維他命 C 和具有強大的殺菌能力的蒜素。用它做藥用，可以預防治療十幾種病，如殺滅桿菌、治療心血管病等。蔥以章丘大蔥最為有名。章丘大蔥蔥白肥大，細嫩多汁，於淡辣味中略帶清甜，生吃、涼拌最佳，熟食、調味、和餡也好，且耐久藏，堪稱蔥中珍品，素有「蔥中之王」的美稱。

章丘種植大蔥已有幾百年的歷史，這裡大蔥的最大特點是「大」。它長勢強，不分蘗，植株直立高大，主要品種是「大梧桐」，一般株高150 ～ 170 公分，最高達到 2 公尺；蔥白直徑 6.7 公分，長度可達 70 公分，單株重可達 1,500 克。因此，被譽為「世界蔥王」。

棗莊石榴為什麼有名

石榴素有「天下奇樹，果中珍品」之稱，被稱為「吉祥如意果」、「百福和諧果」。棗莊嶧城石榴園素以歷史之久、面積之大、株數之多、品色之全、果質之優而聞名海內外，為目前中國面積最大的石榴園林，被上海大世界基尼斯總部認證為「基尼斯之最」，因而被譽為「冠世榴園」。1992 年被列為山東省「花之路」旅遊區，被農業部命名為「中國石榴之鄉」。

石榴原產於巴爾幹半島至伊朗及其附近區域，由漢代張騫通使西域

時引入中國，當時只在宮廷栽種。據傳棗莊嶧城石榴是漢相國匡衡告老還鄉時，從宮中帶回來的，距今已有 2,000 多年的歷史。

而萬畝石榴園的精華之處是園中園，園中園是石榴園的發祥地，是榴園原始風貌保存最完好的園區。這裡三面環山，古木濃蔭，曲徑通幽，古樸典雅。據記載，漢丞相匡衡當年從皇家禁苑中引來石榴種，先是在這裡建立品種園，然後以此為基點歷經數代不斷栽培、發展，逐漸形成今天遐邇聞名的萬畝園林。因為榴園依山傍水，榴樹造型奇特古樸，且苡木枝葉俱美，形成了四季觀賞皆宜的景觀。而石榴文化的精髓是石榴盆景藝術，堪稱盆景藝術的奇葩，它源於自然又高於自然，有「無聲的詩」、「立體的畫」之美譽。

園中園內的大部分石榴樹的樹齡都在 300 年左右，榴樹密布，千姿百態，蒼勁奇崛，錯落有致，依山石、溪流的地勢而生，形成了曲折蜿蜒之勢，是一處獨特典雅的組合園林。園內有聖水泉、恩賜泉、滾鍋泉，終年不涸，潺潺流泉，匯成青龍溪。傳說中的石榴仙子偷撒石榴籽於山川，賜福人間，她是榴園的守護神，如今在龍池的北面塑有美輪美奐的石榴仙子的雕像。

曲阜楷雕為什麼珍貴

曲阜楷木雕刻聞名天下，至今已有 2,000 多年的歷史。楷樹又叫文楷木，俗稱黃連木，屬漆樹科的當年生落葉喬木。樹皮呈鱗狀，形體粗大蒼勁，軀幹如龍似虯，雄樹質堅色暗，宜做建築材料；雌樹質地柔韌，紋理細密，呈金黃色，久藏不腐，可用於雕刻。相傳孔子去世後，他的弟子子貢感念師恩，守墓 6 年，並從外地移來奇木植於墓旁，日久

成林。後人視子貢為尊師敬長的楷模，於是將他栽植的樹木稱作楷樹。子貢守墓最後 3 年期間用楷木雕刻了孔子及其夫人亓官氏圓雕坐像，這就是楷木雕刻的最早發端。

相傳西漢漢高祖十二年（西元前 195 年），劉邦遊孔廟時，見孔子九世孫孔騰拄著一根天然彎曲、狀似龍蛇的手杖，怪而問之。孔騰答曰：此為祖林楷木，拄著它不忘祖德。高祖嘉許道：不忘祖德，可謂孝矣！人們於是紛紛效仿。那些雕製的楷杖，形體彎曲，用來抓背搔癢，搔到癢處，十分如意，於是名曰「如意」。後來楷木如意也越做越精美，通體雕花，頭部為靈芝祥雲狀，成為孔府象徵吉祥如意的擺件、禮品和進奉朝廷的貢品。再後來，曲阜楷雕作品種類逐漸發展到筆筒、筆架、匾、聯、古玩器座、建築裝飾、人物、神龕、冥皿器等。

楷雕產品在造型、紋飾、構圖、刀法等方面，既有傳統的民族風格，又有曲阜自身的特點。比如雕龍要講究「九隱、九現、九揆、九尾」，即每條龍在雲朵裡要九處隱藏、九處顯現，身為九道彎，尾上九個又等。刻人物一般是「七尺之軀」，至少也要「五短身材」，還有「行七蹲五盤腿三」，衣裳褶紋「稀三稠五」等。刻花鳥講求活潑、自然，有神韻，各種飛鳥或立或臥，或飛或鳴，都要自然逼真。

現在，楷雕原料直接選自孔林中已經死亡的楷樹，必須經省級文物部門批准才可採用。由於孔林地位的特殊，而且一般楷木要 50 年才能成材，100 多年以後才有可能自然死亡，而目前在孔林裡僅有楷木 400 多棵，所以曲阜藝人們往往把取自孔林的楷樹看得比黃金還要珍貴，楷雕製品也因此而成為稀世珍寶。

千年魯錦見證黃河文明

魯錦是魯西南民間織錦的簡稱，它是山東省獨有的一種民間純棉手工紡織品，具有濃郁的鄉土氣息和鮮明的民族特色。它在中國紡織史上占有重要的地位。魯錦文化作為黃河文化的重要代表，它的發展是黃河文化的重要見證。

據考古挖掘發現，遠在新石器時代，在菏澤各縣的文化遺址中就有「紡綸」出土，可見當時就有了原始的紡織工具被人們所利用。魯錦具有2,000多年的歷史，早在元明之際，隨著棉花在黃河流域的大量種植，魯西南人民將傳統的葛、麻、絲、織繡工藝糅於棉織工藝，形成魯西南棉錦。元明之際，隨著棉花在黃河流域大面積種植，魯西南人民將傳統的葛麻絲織繡工藝糅進棉紡工藝，形成了獨特的魯西南織錦。經過明清兩代織具的改進和織造工藝的發展，魯錦藝術已到了爐火純青的境界。在清代，鄄城織錦曾作為貢品晉獻朝廷，成為大內御用之物。至今中央美術學院研究所還收藏著清代鄄城魯錦數百個品種。

魯錦作為中國的傳統紡織品，在現代社會崇尚環保和回歸自然的消費潮流中，因其所具有的純棉質地、手工織造、民族圖案等三大特點而顯得尤為珍貴。在宣揚休閒舒適又不失品味生活的今天，魯錦產品因其自然本色而受到眾多消費者的青睞。魯錦產品集純天然的織造原料傳統的製作工藝和獨特的魯錦藝術於一身，使消費者在綠色消費中感受中國優秀傳統文化的人文底蘊。

魯繡

作為山東著名的傳統刺繡，魯繡是中國刺繡工藝史上記載最早的品種之一。據東漢王充《論衡》記載：「齊部世刺繡，恆女無不能。」可見刺繡至少已有近 2,000 年歷史，且在山東地區民間盛行。

魯繡手繡工藝品一般採用合股的「衣線」作為繡線，這是與諸名繡不同之處。衣線用於刺繡充分展現出北方渾厚古樸的地方風采，繡料大多用暗色花菱紋綢和綾絹；針法眾多，既有平針繡又有編、結、綴、針，還有補、貼、納錦、盤金等表現手法，色彩濃麗，對比強烈，具有濃厚的民間習俗。魯繡的風格以粗放為主，精細為輔，工藝性、裝飾性極強。

「髮繡」是 1966 年試製成功的魯繡新工藝。它以人的頭髮作繡線，繡出的中國水墨畫，風格秀雅，栩栩如生。到了現代，髮繡將人髮與絲線結合施繡，使其工藝從只能「白描」發展到「潤色」，大大豐富了表現力，使作品絲理光澤，質感逼真，粗獷中見精細。1988 年濟南刺繡廠的髮絲繡作品〈竹林七賢圖〉在中國藝術美術百花獎評比中，獲國家級珍品的榮譽稱號。

絹花，又名京花，創始於京津一帶。山東絹花最早產地是濟南，濟南花店街就是因該地多花店而得名。絹花以輕、薄、透、挺的絹，真絲綢，電力紡，縐紋緞，上塑漆布（作葉），低碳鋼絲（用於枝桿）等為原料，經漂白、上漿、下料、染色、成型、串花（黏合）等工序製成。其品種按用途大體可分為瓶插、盆景、花籃、胸花、帽花、領花、壁花、光榮花等，花式均模仿大自然中各種花卉的形態、色彩製造，具有色彩鮮豔、形態逼真等特點。

山東民間剪紙藝術

　　山東是中國剪紙非常繁榮的一個地方，各地都有濃郁的剪紙風俗。剪紙創作是農村婦女們一項重要的藝術活動，不論年輕女子，還是上了歲數的婆婆，都喜歡剪花樣。春冬兩閒，大家聚在一起，一邊談家常，一邊剪花樣、做針線，這是你在山東鄉間經常能看到的風俗一景。山東剪紙不限於一地，也不限於一種形式，有蓬萊、招遠等地的窗花，膠縣的單幅剪紙，煙臺的門籤，夏津的頂棚花，黃縣的紙盒花，諸城、臨沂的鞋花，牟平的牆花，掖縣的喜花……山東剪紙以裝飾意義為主，附帶了一些比喻象徵功能，歷史悠久，流傳廣泛，形成自己獨立的風格。從形式上看，山東剪紙是屬於北方型的，展現了北方農村的樸實、純厚的特色，但同時又不失纖細與秀麗。所以在山東剪紙中，既有粗獷豪放的大手筆，也有線面結合的精巧型剪紙。山東剪紙中的代表作是《老鼠娶親》。按山東民間風俗，舊曆正月初七是老鼠娶親的日子，這天晚上人們能聽到老鼠娶親的鼓樂聲。《老鼠娶親》中細膩地描寫了招搖過市的娶親場面，反映了山東農民豐富的想像能力和純樸的審美情趣。

　　山東民間剪紙，可分為傳統和現代兩大流派，在藝術風格、剪種、內容上各有不同。傳統派的藝術風格以健康的原始力為起點，其境界不乏漢魏前的博大粗獷、古樸渾厚。作品採取誇張、變形的表現手法，憑著主觀臆想巧妙創造，手法雖然拙樸簡潔，但卻達到一種返璞歸真、協調統一的裝飾美。

　　從造型風格上大致可分兩類：一類是渤海灣區域粗獷豪放的風格，與黃河流域其他省份的剪紙一脈相承。一類則是更有特點的山東膠東沿海地區以線為主，線面結合的精巧型剪紙，它似乎與山東漢代畫像石細

微繁縟的風格一脈相承，以其花樣密集的裝飾手段，使單純爽快的外形更飽滿豐富。

山東剪紙從古發展到今，越來越多地顯示出它獨具有審美功能，那若斷若連的線條和細如蚊足的毛刺，往往叫人感到一種凡人難以達到的絕妙。

青島貝雕

青島貝雕是在發掘和繼承中國古老的傳統藝術的基礎上發展起來的。據考證，西周時期，人們已將貝殼磨成各種裝飾品鑲嵌在器物之上，創造了最初的「螺鈿」鑲嵌工藝。1960 年代初，青島在此基礎上發展起了貝雕，並成立了青島貝雕廠，不斷總結經驗，使技術精益求精。

青島貝雕是以江、河、湖、海中的各種貝殼為原料，借用貝殼的天然色彩、紋理和形體等固有的特點，因材施藝，經過設計、選料、破形、粗磨、精雕、組合等工藝製作而成。貝雕藝人們以巧奪天工的技法，雕、貼、噴、畫並用，汲取傳統的國畫章法，借鑑牙、玉、石雕等多種技法，雕出規格繁多、花色多樣、雅俗共富的半立體或接近立體式的貝雕畫。產品主要包括以花鳥、人物、山水、靜物為題材的貝雕工藝掛畫、屏風等，規格齊全、形式多樣，適用於各大賓館客廳、會議廳及家庭的藝術裝飾，也是餽贈親友、喜慶致賀、表彰紀念的佳品。

高密撲灰年畫

撲灰年畫是中國民間年畫中的一個古老畫種，始見於明代成化年間（西元 1465 ～ 1487 年），盛行於清代。從現有的資料看，全國只有

高密一地存在這種年畫，主要產地在高密北鄉姜莊、夏莊一帶三十多個村莊。撲灰年畫是在寫意國畫的基礎上成長起來，後來經高密北鄉公婆廟村王姓人家發展創新，在文人畫和廟宇壁畫的基礎上形成一種撲灰起稿，繼以手繪，半印半畫的年畫。所謂撲灰，即用柳枝燒灰，描線作底版，一次影印多張。藝人繼而在印出的稿上粉臉、手，敷彩，描金，勾線，最後在重點部位塗上明油即成。撲灰年畫技法獨特，以色代墨，線條豪放流暢，寫意味濃，格調明快。撲灰年畫多以仕女、胖娃、戲曲人物、神話故事、山水花卉為題材，深受民眾喜愛，多次在海內外展出。

高密撲灰年畫的製作過程是：打好腹稿以後，藝人用柳木炭條起線稿，再用畫紙線上稿上撲抹影印，一稿可撲數張，因此才有「撲灰」之名。撲灰起稿之後，再加手繪，經「大涮狂塗」、「細心巧畫」、「描子勾拉」、「粉臉」、「涮手」、「賦彩」、「開眉眼」、「勾線」、「涮花」、「磕鹹菜花」、「描金」、「塗明油」一整套工序，才能製作出一張漂亮的畫來。

濰坊果核雕刻

清朝晚期，諸城有個藝人名叫張大眼，在北京向一位雕刻朝珠的老師傅學藝。藝成回鄉，又收濰縣人都渭南為徒，後來，都渭南又將此技藝傳給兒子都蘭桂。都蘭桂又收考功卿為徒弟，師徒二人切磋思索，使這一古老的藝術大放異彩。

濰坊果核雕刻有平淡中出新奇，立意新穎，主題突出，布局嚴謹，刀法剛勁等特點。

20 世紀初，都蘭桂的果核雕刻技術已揚名海外，他的名作曾榮獲巴拿馬國際博覽會一等獎。到 1950 年代，濰坊果核雕刻藝術又有新的發

展。藝人們為了提高核雕技術水準，不斷從書畫藝術中汲取營養。1979
年，核雕家考功卿雕刻的〈赤壁夜遊〉，再現了明代校雕藝人王叔遠所
雕的「核舟」形象，而且在某些方面還有新的發展。人物除了蘇東坡、
黃魯直、佛印和尚及書僮和艄公外，又增加書僮、茶童各一人；器物方
面，增加酒桌一張，酒壺兩把，左右蓬門上的門環兩個，可以轉動的門
板兩扇，風旗一面和一條細加髮絲的錨鏈。錨鏈由 37 個鏈環組成，環環
相扣，轉動自如。錨鏈上繫有錨頭，可拋可啟，充分顯示了作者的非凡
技藝。

風靡東南亞的肥城桃木雕刻

　　山東肥城是中外著名的肥桃之鄉，擁有世界上最大面積的桃園，已
有幾千年的栽培歷史。肥城桃又稱蜜桃，以其個大、味美、營養豐富而
被譽為「群桃之冠」。1985 年，肥城就被中國農業部列為優質桃基地。
1995 年肥城被中國政府命名為「中國佛桃之鄉」。桃木雕刻飾品，是肥
城近兩十年來迅速發展的一個行業。桃木又稱「降龍木」，質感細膩，木
體清香，自古就有闢邪之說，《山海經》、《封神榜》、《後漢書》均有刻
木劍置於室中或佩帶身邊，闢邪鎮災的記載。肥城居世上桃園之寶地，
集八方雕刻之英才，精選優質桃木，採用傳統工藝，研製開發出系列桃
木工藝品。其主導產品桃木劍設計精良，品質高雅，鬼斧神工，精美絕
倫，裝飾於室，可陶冶情操，安靜於心，舞劍於野，驅病祛災，可強身
健體吸劍之清香，可安神醒腦，聰耳明目，為居室珍藏，餽贈賓朋之禮
品。因此，用桃木雕刻的桃木劍、壽桃首飾盒等產品，在臺灣以及港
澳、日本、韓國和東南亞市場都非常受歡迎。

俗諺為什麼說「煙臺的蘋果，萊陽的梨，趕不上濰坊蘿蔔皮」

山東濰坊，有一句傳播了近百年的順口溜：「煙臺的蘋果，萊陽的梨，比不上濰坊蘿蔔皮。」說的就是濰坊大青蘿蔔，香脆清甜，營養價值極高。濰坊大青蘿蔔，以濰坊市郊區所產的「高腳青」為最佳。「高腳青」蘿蔔兩端粗細相近，長三十餘公分，因其大部分裸露在地面上，接受陽光充足，皮色深綠而得名。其特點是清脆、甘甜、微辣。儲存一段時間後，風味更美。「高腳青」吃法頗多，生食尤佳。因其落地即碎，有「蘿蔔賽梨」之說。

蘿蔔營養豐富，特別是維他命 C 的含量要高出蘋果、橘子、梨等 5～8 倍。藥用能清熱解毒，寬中和胃，止咳化痰，對消化不良、食積脹滿、胸悶氣喘、咳嗽多痰等症狀都有療效。近年中醫用蘿蔔榨汁加適量元明粉，防治大腸癌、肺癌，有一定療效。因此濰坊民間常用蘿蔔餽贈親友，或將蘿蔔豎切成長條，佐以香茶接待賓客。群眾中流傳有「常吃蘿蔔常喝茶，不把大夫請來家」的說法。

濟南黑陶

濟南黑陶全部採用手工製作，融傳統工藝與現代科技於一爐，燒製出的黑陶器形秀雅，質地堅固。黑陶有近 150 個品種，主要有罐、壺、杯、瓶、尊、爵高、籃、鐘、鼎、香薰、畫盤、地動儀、筆筒、蠟臺、臺壁燈以及壁飾、壁畫和人物、動物造型等。其形體製成高度最高達 2 公尺，製成難度最大的是龍山典型器皿 —— 蛋殼陶杯。其杯體高度與平

179

面大喇叭口的直徑均為 23 公分 ×23 公分，厚度最薄處為 1 公釐。特別是新開發的產品陶製編鐘，不僅技術難度大，比例要求嚴格，且外形美觀，音階排列有序，擊之音色集中，聲音悅耳。

黑陶造型與裝飾、整體構思與組合協調，或簡潔、剛健、粗獷，或繁麗、娟秀、精巧，均不失古樸典雅之風采；陶體色澤黑中透亮，有烏金墨玉之感；裝飾紋樣，既具有濃郁的民族和地方特色，也不乏現代藝術格調；構圖嚴謹，疏密結合，錯落有致，韻律感強，賞心悅目，充分展現出其獨特的美學價值。

淄博琉璃與陶瓷

淄博琉璃生產歷史悠久，中外聞名。主要產地是淄博市博山區。元代博山琉璃生產已形成一定規模，清雍正、乾隆年間琉璃產品已發展到數十種，其銷路北至北京，南至兩廣，東至朝鮮，西至河套地區，成為中國生產琉璃產品中心。主要產品有內畫鼻煙壺、煙袋嘴、珠簾等。現在產品由 1949 年前的花球、內畫壺等 300 多種增加至 16 大類、3,000 餘個花色品種。精美絕倫的鼻煙壺內畫被國際冠以「山東畫派」而轟動歐美；晶瑩剔透的琉璃花球，被譽為「開不敗的鮮花」。產品暢銷歐美、東南亞、澳洲、日本等 40 多個國家和地區。

淄博陶瓷歷史悠久，馳名中外。清代時期淄博博山已成為陶瓷的集中產地和銷售中心，以「瓷城」遐邇聞名。在中國十大陶瓷產區中居第四位，是中國五大瓷都之一。據史料記載和考古發掘證明，早在距今8,000 年前的「後李文化」時期，淄博地區就開始了陶瓷生產。西周初，齊國始專設「陶正」官，管理陶瓷生產，並在齊都城內設立製陶作坊，

從事陶器的專業化生產。魏晉南北朝前後，淄博地區的陶瓷生產完成了由陶器向瓷器的過渡。唐宋時期，陶瓷生產技藝日趨精湛，規模不斷擴大，窯址星羅棋布，逐步形成了淄博特色，出產了一批頗有影響的陶瓷名品，寨里窯的青瓷、磁村窯的黑釉瓷、博山窯的絞胎和彩瓷等都曾名噪一時。明清時期，淄博陶瓷產品器型厚重，裝飾獨特，產銷兩旺，形成了以博山為代表的陶瓷生產和銷售中心。近代以來，淄博陶瓷在繼承和發揚傳統技藝的基礎上，立足當地資源，開拓創新，開發出了滑石質瓷、高長石質瓷、高石英質瓷、骨質瓷等新瓷種，刻瓷藝術更是獨樹一幟，形成了淄博陶瓷的特色。其日用陶瓷、藝術陶瓷、工業陶瓷、建築陶瓷競相發展，產品遠銷世界 70 多個國家和地區，為中國陶瓷生產技術和陶瓷藝術的發展做出了應有的貢獻。

萊州玉雕

山東萊州的地質岩層結構中，夾雜著一些白色、黑色的滑石和一種呈綠色而透明的凍石，這些石頭是發展萊州玉雕的良好原料。據出土文物考證，萊州玉雕距今已有 500 年的歷史。近代以來，中國政府在萊州投資開礦，並建立了專業雕刻廠。

凍石因其質地堅韌，紋理自然多變，色彩綠中泛黃，晶瑩透明，有玉的質感，故又稱萊州玉。雕刻藝人以料取材，因材施藝，把原料本身的自然美和創造的藝術美有系統地結合在完整的藝術形象之中。所雕仕女，體態優美，婀娜多姿；所雕雲龍，翻轉騰挪，氣魄非凡；所雕群馬，豪邁奔放，勢若狂飆；所雕蝦蟹，剔透玲瓏，維妙維肖。萊州玉雕巧色花籃更是巧奪天工，高 60 公分，直徑 40 公分。籃內有名貴的牡丹，

含笑的月季，各色的秋菊，皎潔的玉蘭，帶露的荷花和各色山花。萊州玉雕〈雙馬〉、〈二龍戲珠〉、〈鹿鶴同春〉，曾轟動廣交會，均以高價出售。

濰坊布老虎

布老虎是濰坊民間玩具的傳統題材，民間藝人對它有一種特殊的感情，借助它的威力把自己製作的虎當做勇敢、強悍、吉祥之物，用虎的形象傳遞愛和祝福，借虎的形象反映希望和眷戀。在民間，從小孩誕生之日起，老人們就讓「虎子」伴隨著他們成長。布老虎既是舒適的兒童生活實用品，又是精美的兒童玩具，同時寄託著長輩們避邪、保佑兒童健康成長的美好願望。布老虎以布塊、綢緞為面，木粉、蕎麥皮為芯，再用彩畫或彩紙刺繡各種花紋圖案，經過民間藝人巧手裝扮一番，形成各種形態的玩具虎，因此，對於現代人來說，布老虎，更是值得珍藏、餽贈的精美民間手工藝品。

嘉祥的麒麟石雕

《左傳》記載，魯哀公在嘉祥狩獵，曾獲一麒麟，取其「嘉美祥瑞」之意，故取地名為嘉祥，所以嘉祥又名「麒麟之鄉」。從春秋時代至今已經有2,500多年，中國民間長久寄寓傳頌的麒麟，形態莊重，威而不猛，泰而不驕，貴而不俗，靈而不鈍，蘊涵著自強不息、厚德載福、嚮往盛世、平和可親的精神。

嘉祥縣是中國政府命名的「中國石雕之鄉」。嘉祥石雕，歷史悠久。早在東漢時期，雕畫大師衛改「選擇名石，南山之陽，抉取妙好，色無斑黃，前設壇坦，後建祠堂，雕刻文畫，羅列成行」，使「武氏墓群石刻」流芳千古，被稱為古代民族文化的藝術瑰寶。在這裡發掘收藏了上百塊畫像石刻，生動地再現了漢代社會生活，透現出先秦時期的歷史文化積澱。其題材內容廣泛，思想內涵深邃，雕刻技法精美，居全國漢畫像石之首，被中國國務院列為首批重點文物保護單位。千百年來，祖祖輩輩與石頭打交道的嘉祥人，住著石頭房，用著石頭桌，坐著石頭凳，擺著石頭像。石雕成了嘉祥人生活中不可缺少的東西，成為室內外的裝飾品。這門藝術走進了千家萬戶，豐富著百姓的精神文化生活。嘉祥人走親戚串朋友贈送石雕，閨女出嫁陪送一錘一鑿，已成為一種流行。嘉祥石雕不僅歷史悠久，精品眾多，而且雕刻技法獨特，是中國石獅和漫畫石刻的發祥地。

萊州毛筆

萊州毛筆始於清朝康熙年間，是清代當地的四大貢品之一，迄今已有近 300 年的生產歷史。在 1960 年代由民間製筆藝人組織成立了筆業聯社，萊州毛筆的生產才始具規模。1970 年代初建立了以生產毛筆為主的製筆廠和筆刷廠，其中以萊州市製筆廠和萊州市筆刷廠最為著名。中國畫研究院對泰山牌毛筆有高度評價：「作寫意、人物皆可。吸水適度有彈性，畫細緻或做大筆鋪張皆宜。隨竹筆舒，變化豐富，柔而不軟，剛而含蓄，既挺拔且潤秀，染、點、擦皆宜。」1984 年在電視臺新春文藝晚會上，著名書法家楊萱庭表演時使用的特大號龍門牌毛筆，重 7.5 公斤，

長 2.2 公尺，筆碗直徑 17 公分，筆頭外露 30 公分，可書寫幾公尺見方的大字，舉世罕見。

　　萊州毛筆分為高、中、低檔，共 290 多個品種，500 多個規格。高檔筆以黃狼尾毛作筆頭，筆桿用象牙、牛角雕刻旋製而成。低檔毛筆多為羊毫、兼毫等品種，主要供學生和初學書法者使用。萊州毛筆有大、中、小楷，狼毫、羊毫、雞毫、兼毫，還有大抓筆、烏鬃提筆、畫筆以及用於各種精密儀器的儀器刷和保養機器的點油筆等。

　　萊州毛筆的筆頭選用東北優質大黃狼尾毛為主料，配以適量香狸尾毛、兔鬚、獾針、貉子胸毛、羊毛、雞毛等細尾毛，經過選、配、墊、梳、圓、修等百餘道工序，手工精製而成。筆桿選用中國湖南特產的湘妃、福建鳳眼等名竹，鑲嵌有粵、桂產烏黑髮亮的水牛角和上好的玉石旋製的筆斗、筆頂。開峰尖細，書寫流利，柔而不軟，剛而含蓄，經久耐磨，圓、健、尖、齊四德兼備。

住宿山東

青島的「紅瓦綠樹，碧海藍天」

在中國的膠東半島，有一座掩映在「紅瓦綠樹，碧海藍天」中的美麗城市——青島。它三面環水，一面依山，歐陸式的城市風光、蔚藍色的大海和起伏疊嶂的山巒交織成獨具魅力的海濱城市。豐富的自然資源和人文資源、多彩的節慶活動、便捷的交通、完善的接待設施，又使其成為中國著名的旅遊度假勝地。

青島在 100 多年的建設歷程中，逐步形成了一個基本的風格——紅瓦綠樹，碧海藍天。這中間既有近代中國的歷史原因，又有現代人的建設理念。同時「紅瓦綠樹，碧海藍天」這個特定稱謂，還與康有為和梁啟超有著不解之緣。1917 年，康有為在給他朋友的一封信中說道：「青島這個地方是紅瓦綠樹，青山碧海，可舟可車，不寒不暑，為中國第一。」1958 年在全國建築協會組織的一次會議上，梁啟超的兒子梁思成說青島是「紅瓦綠樹，碧海藍天」，由此「紅瓦綠樹，碧海藍天」作為這座城市的特徵便流傳了下來。

其實，自然環境乃神韻天成，而其建築風格的多樣性，還要追溯到 19 世紀。西元 1897 年，德國強占了當時的小漁村膠州灣（青島舊稱），並進行了早期的開發。因此，青島西部老城區具有濃郁的歐陸情調。城市依山坡面海而建，以歐式單體建築為主，多採用繽紛的色彩，展現出東西文化交融的豐富內涵。尤其是那幾乎清一色的紅色屋頂，更成了青島市的一大特色。從小魚山公園往下望，蔚藍的大海，蔥綠的樹木，掩映著的一片片紅瓦，為這座城市帶來濃濃的暖意。八大關景區（老市區）不僅有 24 國風格不同的建築，而且每條道路都種植著不同品種的樹木，

可謂城市建設獨具匠心。穿行其中，彷彿置身古老的歐洲小鎮，住在這裡，不僅可以享受海水沙灘，還可領略別具一格的城市風貌。

膠東半島為什麼能成為著名的避暑勝地

膠東半島，位於山東省膠萊谷地以東，是中國最大的半島。半島上丘陵起伏，海拔多在 500 公尺以下，最高峰嶗山海拔 1,130 公尺。這裡四季氣溫變幅較小，冬無嚴寒，夏無酷暑，1 月平均溫度在 0℃以上，7 月平均溫度為 25℃左右，年平均溫度為 12℃左右。威海、青島、煙臺三市構成了膠東半島的主體部分。膠東地區是中國東夷文化的發祥地之一，與渤海灣共沐一水；膠東半島東、南、北三面環海，風景秀麗，環境獨特，氣候宜人。

青島是中國東部沿海重要的經濟中心城市和港口城市，國家級歷史文化名城和海濱旅遊勝地，第 29 屆奧運會帆船比賽舉辦城市。秀麗的山海風光，豐富的人文景觀，風格迥異的多國建築，歷史悠久的宗教文化和五彩繽紛的節慶活動（如一年一度的青島國際啤酒節、沙灘文化節等），共同構成了青島現代海濱都市新景觀。優越的地理位置，加之城市自身的良好運行，一直以來青島就是中國著名的海濱避暑勝地。

與青島近鄰的煙臺，地處半島東北部，藍煙鐵路橫貫東西，煙青一級路和煙威高速公路，大大提高了煙臺的可進入性。煙臺空港為國家一類開放口岸。煙臺歷史悠久，古稱「芝罘」，是中國古代早期文化發祥地之一。煙臺有著優秀的文化遺產，有被譽為中國四大名閣的蓬萊閣，有世界著名的古海軍基地 —— 蓬萊水城，有被稱為中國北方最大的地主莊園 —— 棲霞牟氏莊園，旅遊資源非常豐富。

威海與青島、煙臺共處中國的北溫帶，三面環海，氣候宜人。新鮮的空氣、美麗的海岸、秀麗的海景山色與紅瓦、綠樹、碧海、藍天相映成趣，被評為「最適宜人類居住的地方」。

每年，前往膠東半島的遊客絡繹不絕，這裡不愧為中外遊客的避暑勝地。

威海為什麼能成為「最適宜人類居住的城市」

威海市位於山東半島最東端，地處北緯 36° 41′～ 37° 35′、東經 121° 11′～ 122° 42′之間。北東南三面瀕臨黃海，北與遼東半島相對，西與煙臺市接壤，東及東南與朝鮮半島和日本列島隔海相望，是中國距韓國最近的城市。

提到威海，很多人都知道它是「最適宜人類居住的城市」。「威海」是怎麼來的呢？明洪武三十一年（西元 1398 年），為防倭寇侵擾，設威海衛，取「威震海疆」之意，派兵駐屯。當時威海衛的管轄範圍大體相當於今威海市環翠區。西元 1403 年，陶越調任威海衛指揮僉事，奉命徵集軍民建設衛城，威海衛逐步從有防無城而演變為海防重鎮。1898 年威海衛被英國強租。從 1900 年開始，設威海衛行政長官署，直接隸屬英國殖民部。1930 年中國收回威海衛，直屬國民政府行政院。1950 年成立文登專區，轄威海市（縣級），此後幾經更改，1987 年正式設立威海市。

歷史上的威海是專為海防而置，軍事功能要大於生活功能，根本算不上是什麼「最適宜人類居住的城市」。可是歷史發展到今天，威海已經成為一座生態化海濱旅遊城市。由於地處北溫帶，氣溫變幅較小，冬無嚴寒，夏無酷暑，年平均溫度為 12℃左右。2003 年，被聯合國確定

為「改善人居環境全球最佳範例」城市。悠久的歷史、便利的交通、秀美的自然環境，使威海人文薈萃，便於居住。威海是連接山東半島和遼東半島的交通樞紐，成為中國北方重要的海港。另外，威海市旅遊資源豐富，長達 1,000 公里的海岸線上羅布著眾多的海灣、島嶼、沙灘，著名的有劉公島、成山頭等。市區內有國際海水浴場和四處省級旅遊度假區，有凝聚中日韓三國人民友誼的赤山法華院，道教全真派發祥地聖經山、聖水觀、鐵槎山等旅遊景點。

新鮮的空氣、宜人的氣候、美麗的海岸、秀麗的海景山色與紅瓦、綠樹、碧海、藍天相映成趣，使威海當之無愧地成為「最適宜人類居住的城市」。

青島迎賓館有何特色

青島有「萬國建築博覽會」的美譽，而坐落於麗景如畫的信號山南麓的迎賓館，堪稱博覽會的「鎮寶」之作。迎賓館由德國建築師拉查魯維茨設計，建造於 1905 ～ 1908 年間，整個建築由表及裡無不充滿著舒展流暢、粗獷華貴的藝術氣質。將德國威廉時代的典型建築式樣、建築材料與青年風格派手法融合為一體，這部建築經典即使在今天的德國本土也難得一閱。

迎賓館的外部建築氣勢雄偉、造型典雅、線條優美、裝飾豪華，堪稱世上別墅建築經典。內部是宮廷式木質結構，外觀為古堡式，高度為30 公尺的外牆以黃色為基調，局部以花崗岩作裝飾。這座四層樓的官邸，一樓是大廳，地下層供隨從使用，二樓是門廳、中廳、交談廳、會客廳與跳舞廳，三樓是總督的臥室與辦公室，四樓為其他用房。現在開

放供遊人參觀的部分，其室內家具、物品等基本上保留了當年的陳設。該建築耗資巨大，以致建築總監施特拉塞爾不得不接受傳訊，到總會計署申辯理由。

　　竣工後的建築為德國駐膠澳總督官邸。德國總督相當於中國地方軍隊的最高武官 —— 提督，故此樓又俗稱「提督樓」。1914 年成為日本守備軍司令官邸。1922 年中國收回青島後，成為膠澳商埠督辦官邸。1934 年由當時市長沈鴻烈題名為「迎賓館」。1949 至 1992 年，迎賓館成為青島市人民政府接待各國賓客所在，胡志明（前任越南主席）、謝胡（前任阿爾巴尼亞首相）、施亞努（前任柬埔寨首相）、希思（前任英國首相）等都曾在此下榻。1999 年 5 月 1 日，迎賓館被闢為旅遊景點向海內外遊客開放，並因此有了個「別名」 —— 青島德國建築德式官邸舊址。

青島八大關與它的名人故居

　　「八大關景區」位於青島匯泉東部，是中國著名的風景療養區，面積 70 餘公頃，十條幽靜清涼的大路縱橫其間，其主要大路因以中國八大著名關隘命名，故統稱為「八大關」。八大關別墅群是在青島第一次被日本人占領時期開始建造的。起先是在太平角一帶建別墅，到 1930 年代，目前的八大關一帶被定為「特別規定建築地」，1930 年代末初具規模。「八大關」的特點是把公園與庭院融合在一起，到處是鬱鬱蔥蔥的樹木、四季盛開的鮮花，十條馬路的行道樹品種各異。這裡集中了 20 多個國家的各式建築風格，故有「萬國建築博覽會」之稱。

　　八大關的名人別墅尤其多，羅列起來知名的有以下幾個：

➤ 花石樓位於黃海路 18 號，建於 1930 年。原是德國膠澳總督狩獵休息的別墅，俗稱「歇腳樓」，在八大關別墅群中名氣最大。因樓外牆砌築花崗岩的同時還嵌砌了鵝卵石而得名「花石樓」。主樓既有希臘式和羅馬式風格，又有哥德式的風格特色。

➤ 元帥樓位於山海關路 17 號，是一座日本式建築。近代以來，彭德懷、劉伯承、賀龍、羅榮桓、徐向前等中國元帥曾在此休養，因而被稱為「元帥樓」。

➤ 公主樓位於居庸關路 10 號，建於 1932 年，是一座丹麥式建築。相傳 1932 年丹麥王子乘遊船訪問青島時，看到八大關一帶風景優美，是建築避暑別墅的好地方，即與時任丹麥駐青島總領事趙亨生（譯音）商定，在此處為丹麥公主建造一座別墅，故名「公主樓」。

➤ 朱德別墅位於太平角一路 1 號，是一座西班牙建築，是八大關別墅區最美的建築之一。因朱德先後兩次在此別墅下榻，由此被稱為「朱德別墅」。

➤ 宋家花園位於居庸關路 14 號，是一座美國式民居建築。電視劇《宋慶齡和她的姊妹們》選擇這裡進行外景拍攝，故被稱為「宋家花園」。

➤ 山海關路 1 號是一座鄉村別墅式建築。藝術大師劉海粟曾在此下榻。

➤ 山海關路 5 號建於 1934 年，是一座具有現代風格的日本式建築。

➤ 山海關路 9 號是一座美國式建築，曾是美國第七艦隊司令柯克上將的宅邸，後為美國西太平洋艦隊司令白吉爾居住。

➤ 居庸關路 11 號是一座日本現代仿歐式建築，曾作為紀實性影片《風流女諜》中日本間諜川島芳子在日本的家外景地。

「住在海景」為什麼能成為青島的服務品牌

「親情一家人」 —— 青島海景花園大酒店，於 2004 年列入第三批青島市服務名牌。到了青島，連計程車司機都會跟你介紹青島海景花園大酒店的特色。「住在海景」便成為來青島旅居人士的嚮往之處。

青島海景花園大酒店是一座花園別墅式五星級飯店，以海濱特色著稱，坐落於青島市區東部，依山傍水，交通便利。歐陸式建築，園林式格局，與青島著名的雕塑街和近在咫尺的「蔚藍色」組成一幅明淨和諧的畫面，被譽為「東方瑞士」一顆璀璨的明珠。

海景花園大酒店的前身是中國國家計委青島培訓中心，1995 年改建為涉外酒店。自轉型之始，海景酒店就以「創建國際一流水準的現代化酒店，打造中國的服務品牌」為追求目標，逐步形成了自己的文化管理模式，開創「住在海景」的服務品牌，贏得了海內外賓客的特別青睞和廣泛讚譽。在顧客心目中樹起了「海景管理好，服務好」的良好口碑，每年都有近百家業內外企事業單位到此參觀交流或進行短期管理培訓，其管理方式和經營理念已成為同行業學習的榜樣。

以文化為魂、追求親情、細微化服務成為青島海景花園大酒店的經營理念。尋顧客需求、追求顧客讚譽，是海景不斷追求的目標。如果有人問：住在海景最大的特色是什麼？僅僅是別緻、乾淨整潔的房間，細節周到的設計和熱情微笑的服務嗎？不，最讓人動情的是「只要來海景一次，相信下次海景人就會認識你」，這便是一種家的感覺。「住在海景」就是要根據客人來調整服務，只要是顧客需要的，海景人從不向顧客說「不」，做到什麼樣的客人提供什麼樣的服務，讓客人盡善盡美地感受溫馨。

1998 年以來酒店在各項評比競賽活動中屢獲殊榮。中國最大的酒店銷售網路攜程網展開的點評酒店活動，海景酒店綜合得分始終名列前三名，而「服務」一項顧客評價最高。中國《人民日報》、香港《信報》、日本《朝日新聞》及韓國媒體等，先後對酒店的管理和服務特色進行了多視角的宣傳報導。「客人是親人，客人是家人」的特色理念及由此昇華而成的一流親情服務，使「住在海景」成為青島的一個服務品牌。

天上的街市 —— 泰山「天街」

泰山位於山東省中部，拔起於山東丘陵之上，有如鶴立雞群，十分雄偉。泰山古稱岱宗，被尊為「五嶽之首」，以其雄偉壯麗、歷史悠久、文物眾多，聞名於世，被譽為「活著的世界自然遺產」。登臨泰山不僅可以觀賞泰山四大奇觀：旭日東昇、晚霞夕照、黃河金帶、雲海玉盤，還可以暢遊中國十大特色市場之一，號稱「天上的街市」 —— 天街。

泰山天街西始於南天門，東終至碧霞祠西神門，是一條建在泰山極頂南面地勢平坦處的石砌遊覽道路，全長 0.6 公里。沿路有南天門、天街坊、象鼻峰、白雲洞、青雲洞、孔子崖、北斗臺、斯岩碑、碧霞祠等景點。南天門將登山盤道與天街連接起來。街口原來有石坊，明人題額「升中」（古帝王祭天上告成功），清末廢。1986 年又重建，今人武中奇題額「天街」。天街坊東路北，為乾隆行宮及唐代文學家蘇源明讀書處遺址。

民國後山民在此築茅屋客店，大多經營茶水及香燭寶器等祭祀用品，同時供給遊人食宿。《泰山道里記》中記有「廬而市者數十家」，因山民多不解文字，各家店舖均以木雕「棒槌」、「金鐘」、「木碗」等實物

為招牌，招徠顧客，近代以來逐漸改建廢棄。至 1980 年代，陸續改造了天街路面，增設觀景臺、扶手牆。

如今原來的茅屋均已被流光溢彩的古典閣樓式建築所取代。建築基本形式沿襲了傳統「下鋪上居」式的住宅商業混合建築，也就是樓下為店舖，沿街敞開，為營業場所，樓上為辦公和住宿。店名仍然採用匾額的形式，招徠遊人的句語構成對聯，掛在柱間，為店舖增輝。低窪不平的道路也得到了整修。現在的大街，寬闊平坦，雲繚霧繞，仙氣瀰漫，遊人如織，富麗堂皇的古典閣樓與結棚而居的小商攤點相互映襯，十分繁華，頗有些商業街的味道。每當夜幕降臨，街燈閃爍，遠遠地在山下望去，「好像閃著無數的明星」，套用郭沫若〈天上的街市〉的描述，是再恰當不過的了。

天街上不僅風景優美，而且買賣興隆，獨特的地理位置使旅遊購物別有風趣，文化與商業相得益彰。走進天街，無論購物還是觀景，都十分愜意。

神憩賓館 —— 「水準」最高的星級飯店

古人云：「山不在高，有仙則靈；水不在深，有龍則靈。」泰山素以雄壯聞名於世，主峰玉皇頂海拔 1,545 公尺，為山東第一高峰，傲立於齊魯大地。自古以來，泰山就被認為是天地之分界，而成為帝王封禪祭天的神山。佛道兩家、文人名士也紛至沓來，給泰山留下了眾多名勝古蹟和頌岱詩文。隨著旅遊業的發展，泰山國家重點風景名勝區和世界自然與文化雙重遺產地位的確立，「五嶽獨尊」的形象更是吸引了無數海內外的遊客。為適應泰山旅遊業的發展，並與巍峨泰山顯要地位相稱，人

們在泰山之巔建起了這座「水準」最高的飯店。

神憩賓館，顧名思義，神仙休憩之處，即指此處得仙神祐。之所以稱之為「水準」最高，是因為大家不用登山也可「一目了然」。這是一座建在巍巍泰山之巔海拔近 1,000 公尺的三星級賓館，僅僅是從山下運送貨物上山就是何等困難，更不用說建造一座符合國際標準的賓館。而且，賓館的外形也是沿襲中國傳統建築風格和樣式，與周圍的景觀和諧地融為一體。其建築難度之大，所耗人力物力之大，在中國建築史上留下了精采的一筆。

泰山神憩賓館位於泰山極頂玉皇廟前，於 1991 年正式開業。賓館以其完善的設施，誠摯的服務接待了數以萬計的中外遊客，為泰山之行平添了幾分愜意。登臨泰山之巔，入住神憩賓館，不僅可以放鬆身心，還可以盡情欣賞「旭日東昇」、「雲海玉盤」、「晚霞夕照」、「黃河金帶」四大奇觀。因此，泰山神憩賓館被稱為「水準」最高的星級飯店。

煙臺的「國賓館」── 煙臺東山賓館

提起煙臺東山賓館，當地人都會引以為豪地說：「這是煙臺國賓館。」煙臺市是中國首批沿海開放城市，地處中國對外開放的前線，與韓國、日本等發展經貿位置優越，為中國重點開發的環渤海經濟圈內的重要城市。不僅如此，煙臺還是一個置山臨海、風光旖旎的旅遊佳地。據《史記》記載，秦始皇統一中國後，曾三次東巡，三次登臨芝罘島；漢武帝也曾駕臨芝罘行登基大典。得天獨厚自然條件和燦爛的古代文明，使煙臺每年吸引數以萬計的中外遊客。出遊煙臺，住在煙臺，煙臺的「國賓館」就不免一提了。

　　煙臺東山賓館位於煙臺市芝罘區東郊，北依巍峨秀麗的東炮臺山，東臨碧波浩渺的黃海，山清水秀，氣候宜人，風光獨特。1978 年 5 月開業，樓高 3 層，1999 年 3 月全部裝修完畢。現賓館占地近 30 公頃，建築面積 3 萬多平方公尺，滿院花松綠竹，翠柳花木，6 座玲瓏別緻的別墅式客樓錯落有致地掩映其間。秀麗的四孔棧橋像一條玉臂伸向蔚藍大海，橋上微風拂面，橋下碧波蕩漾，橋亭垂釣，情趣盎然。

　　建館以來，先後接待過 90 多位國賓。煙臺東山賓館作為「煙臺國賓館」，以其高規格的設備，完善的服務，承接各種大型會議和接待活動，成為煙臺城市形象展示的一個窗口。中外賓客遍布五湖四海，服務品質也備受好評。在此旅遊避暑，既可領略大自然的萬千風情，又可享受現代化生活氣息。

濟南館驛街的故事

　　「館」和「驛」兩字，在中國古代是郵驛之義在不同時期的稱呼。漢代叫「驛」，唐時又把「驛」叫做「館」，明代又把元朝的站統稱為「驛」，清時將「郵」、「驛」合而為一。現在習慣上把中國古代的郵政，簡稱為「郵驛」或「驛站」。

　　濟南的館驛街也正是古代中國交通發展變遷的見證。明朝初，因濟南獨特而重要的地理位置，政府在此設館驛總站，館驛街因此而得名。過去的館驛街東起迎賢橋，西至十王殿，不足 1 公里，很窄，但這樣一條不起眼的小路曾是濟南西部交通要地，被人稱為「古道朝京踏作河」的濟南唯一官道。這條官道就是從西門開始，經花店街、迎仙橋，過館驛街而通向北京的。就連通往長清、齊河及其他省也要過館驛街，因此

《續修歷城縣志》稱之「北走燕冀，東通齊魯，為濟南咽喉重地」。

清末鐵路暢通，航運興盛，商埠在建，驛夫、驛馬用得越來越少，1906 年，濟南設立山東郵政管理局，原館驛站徹底廢除。但館驛街又成為連接老城與商埠和濟南站的重要道路。館驛街在山東郵政史和濟南交通史上的輝煌，是濟南這座歷史文化名城重要的組成部分。

文史學家董俊菁在〈館驛街的往昔〉一文中說，20 世紀初這條街有三多：人多、廟多、會館多。人多是因為那時未開普利門，這裡是由西南鄉進出城裡的必經之路；廟多是由於連同毗鄰的居仁街、影壁後街，共有廟宇六七座；會館多，尤其是陰會館就有 3 座，一些外鄉人死後不能馬上運回原籍，就暫時安置在陰會館裡，天黑後從此路過感覺有些陰森。

到 1940 年代，這裡已經演變成一條商業街，滿街都是商業門頭和店舖，當時這裡商品種類繁多，有農具、炊具、日用百貨等。春節前大量農民來選購年貨，提籃子的、背搭子（指裝被褥、衣物等的布袋）的、推小車的、牽牲口的，擁擠不堪但非常有趣。現在拓寬後的館驛街兩旁高樓林立，路上車水馬龍，完全是一條現代化的道路了。時代在前進，濟南在發展，濟南館驛街也演繹了和正在演繹著一幕幕生動感人的故事。

周村大街為什麼稱為「大街」

諺云：「大街不大，日進斗金。」這裡的「大街」指的就是淄博周村古商業城中的大街。周村古商業城位於周村城區中部，占地 17 公頃，由大街、絲市街、銀子市街、綢市街等古商業街區組成。古商業城南有

山東討袁護國軍司令部舊址及魁星閣廟宇，北有明教寺、千佛閣、匯龍橋，是周村自然人文的彙集所在。

「大街」是周村最大、最古老的一條商業街。據史料記載，大街之形成始於明永樂年間（約西元1410年）。明崇禎九年（西元1636年）「四、九」大集設立後，生意人來此坐市列肆的越來越多，初步奠定了大街的雛形。雖說叫「大街」，其實它的長度和寬度都不能算大。大街南起絲市街、銀子市街交口，北至朔易門，全長400公尺，寬8～10公尺。北極閣攔腰橫跨中間，把大街分為南北兩段，現狀保留完好的基本為南段。那為什麼人們稱之為「大街」呢？這要從周村的近代歷史開始說起。

周村是封建社會後期經濟轉型中興起的手工業商業城鎮，明清時期發展成為中國北方的重要商鎮，號稱「天下第一村」。至清朝後期，章丘舊軍孟氏「八大祥號」先後來這裡營業經商，遠近富商巨賈競相雲集，大街逐漸成為布行、雜貨行聚集經營的商業貿易中心。大街商業鼎盛時期是在1904年（清光緒三十年）闢為商埠以後，至1916年之前。周村闢為商埠後，商業貿易範圍進一步擴大，近如青島、濟南，遠至北京、天津、上海、廣州的商號，都與這裡發生了頻繁的生意連繫。當時的周村大街就有著名商號30餘家，山西鉅資商人在此開設錢莊10餘家，當地商人興辦錢莊、銀號80餘家。因此才有了開篇的「大街不大，日進斗金」之稱。

周村大街是周村商業的發祥地，街上的每一幢房子都寫滿了商賈雲集、賓朋滿座的歷史。鴻祥茶莊、瑞林祥布店、福東百貨店、天寶銀樓等老字號都曾是周村各行業的佼佼者。街雖不大，可是其商業規模之大、商家數量之多、商品品質之高，以及繁榮程度和集中程度，在中國江北是少見的。因此，稱之為「大街」亦不足為奇。

如今，隨著現代經濟社會的發展，這裡雖不見當年的繁榮景象，卻依然發揮了商貿流通作用，不足 400 公尺的大街上仍然有近百家商號，即使不買什麼東西，到這裡走上一趟也別有一番滋味。

　　一方水土養一方人，每一地域都有自己特色的建築樣式和材料。膠東半島三面環海，氣候溼潤，四季分明。由於受海洋的影響，與同緯度的內陸相比，這裡潮溼溫和，夏無酷暑，冬無嚴寒。年平均溫度為 12℃ 左右，年平均降水量為 688.4 公釐。特殊的地理位置，決定了膠東沿海地帶的傳統民居不是瓦房，而是海草房，其中以威海榮成市最多、最典型。乍一聽說海草房，便會懷疑這樣的「草房」能抗得住猛烈的海風，能經久耐用嗎？歷史是最好的證明。

　　膠東海草房以石為牆，海草為頂，冬暖夏涼，百年不腐，是極富地域個性的特色民居、生態民居。海草房歷史悠久，上溯新石器時代，下至 1980 年代，環膠東沿海均有這種民居。海草房擁有原生於沿海的自然環境和生態條件，土生土長的建築工藝技術，本土原生化與繼承演變化的生活習俗等特點，使人與自然完美地融為一體。如今在高樓林立的城鄉結合部，海草房更顯其獨特魅力。

　　海草房堅固耐用，是因為海草的特性。海草房的「海草」特指海帶草，生鮮時顏色翠綠，晒乾後變為紫褐色，柔軟有韌性，且不易腐爛，海草苫到屋頂後至少可以經雨淋日晒六七十年甚至百年以上不壞。海草本身有好差之分，老的海草要比嫩的耐用，春冬的海草要比夏天的結實。

　　海草房的牆都是用或大或小的石頭，根據其形狀堆砌。蓋海草房最關鍵的步驟是往屋頂上苫海草，當地稱蓋房又叫「苫房」，就是用海草一層壓一層。苫屋頂的原料中不光有海草，還有麥稭，苫房的時候每苫一層海

草要加一層麥稭,再用較長的海草將麥稭掩蓋。海草房的屋頂大多有一排瓦,用以抵禦大風。海草房的屋頂很尖,這樣有利於雨水的滑落。

海草房苫房是一門手藝,一棟房子使用時間的長短主要取決於是否苫得好。苫海草也很講究,苫4間海草房要三四個人花上八九天的時間才能弄好。以前,蓋房子的海草是存夠的,像父親為兒子存錢蓋房子。建成後的海草房屋頂一般是灰色的,因為海草苫得很厚,屋脊顯得非常渾圓,這與牆上稜角分明的石頭對比鮮明,看上去很美。

小小的海草房,凝聚著膠東人民的勤勞和智慧;幾十年,上百年不倒的海草房,見證了膠東人民對這塊土地的深愛。因此,海草房在膠東廣受歡迎。

俗諺為什麼說「黃縣的房、棲霞的糧」

在富饒美麗的膠東半島,很早很早以前就流傳著這樣一首民謠:「黃縣房、棲霞糧、蓬萊淨出好姑娘。」其中的黃縣房指的就是威海丁氏故宅,它是清代乾隆年間丁氏家族遺留下來的宅居。丁氏故宅坐落在山東省龍口市黃城西大街21號,占地1.5萬平方公尺,建築面積4,800平方公尺,房屋55棟243間,由愛福堂、履素堂、保素堂、崇儉堂四路和清代私家園林漱芳園組成,距今已有200多年的歷史。其鼎盛時預售屋達到3,000多間,占據了舊時大半個黃城,僅從現存的243間來看,也相當豪華闊綽。可與京城的王府媲美,是膠東四合院式建築的典型代表,堪稱清代建築藝術的精華。

故宅建築風格具有濃厚的京城府第和膠東民居的神韻;每路中軸對稱布局,五進四合院落;木構架結構,硬山坡頂,屋面覆以仰合魚鱗青

瓦。主體建築做工精細，用料考究，飾五脊六獸；隔扇門窗，雕梁畫棟，塗色漆金，設前後廊，堪稱民居建築藝術的精華。現故宅內有 20 個展室，藏有文物 1.4 萬件，三級以上文物 160 餘件，1996 年中國國務院公布為全國重點文物保護單位，現為市博物館。2003 年被評為山東省優秀陳列展覽三等獎，並先後被授予山東省優秀博物館、山東省農村青少年教育基地、山東省歷史優秀建築、煙臺市文明單位等稱號。

「黃縣的房」在膠東固然是獨樹一幟，可是要論農業發達情況當數煙臺的棲霞。這裡農產品的品種多，總產量大，品質上乘，俗語「棲霞的糧」。發源於棲霞的白洋河，為棲霞帶來了豐饒的物產。河畔糧田成片，農作物品種齊全。這裡以耕作精細為名，光小麥生產中的施肥工序就有送冀、揚冀等步驟。河畔兩旁的水果更是響滿天下，有桃、杏、山楂、葡萄、李子、犁、蘋果、柿子、櫻桃，這裡還是家喻戶曉的「煙臺蘋果」重要產地和百年張裕葡萄酒的葡萄供應地，可謂是樣樣精采。

闕里街因何得名

闕里，這個在中國歷史上經久不衰的名字，如同世代生活在這裡的孔氏家族一樣，它的意義已不單單是一個地理名詞，而且成為中國歷史的一個座標。曲阜被譽為「東方聖城」，因為這裡是中國先賢孔子的故鄉，而闕里街正是孔子生活的地方。它的來歷還有一段至深感人的故事。

孔子的父親叔梁紇（叔梁乃字，紇是其名，稱「叔梁紇」是尊稱）先後娶了三位妻子，孔子的生母顏徵是叔梁紇的第三任妻子，娶她的時候，叔梁紇年事已高。然而，孔子誕生的喜悅剛剛開始，叔梁紇就在西元前 549 年溘然長逝。那一年孔子年僅 3 歲。年輕的顏氏帶著年幼的孔

子，離開了陬邑。母子倆移居到魯國都城西南的一條街巷 —— 闕里，並定居下來，相依為命。這就是後來「闕里世家」的開始。

在春秋時期，「里」指城市中人們居住的地方。若干家組成一里，裡也指街道。漢代時，曲阜城中孔子後裔居住的街上有一組石闕，闕里街因此而得名。酈道元《水經注》說：「孔廟東南五百步，有雙石闕。」元代時，因為修廟擴建街道，移走了石闕，在原來的位置上建起了一座木質結構的牌坊，上書「闕里」兩個金字。不知從什麼時候開始，尋常百姓都不能在闕里街居住，漸漸的街上只有孔姓一家人了。現在的闕里街，長約 200 公尺，寬約 9 公尺，位於孔廟東牆外，南接孔廟入口，北可達孔府。整個牌坊華麗挺拔，壯觀而滄桑，遊客和市民每天都從這裡穿梭。小街兩邊店舖林立，熱鬧非凡。到過曲阜的遊客，都會對闕里這個特別的名字印象深刻。

闕里因為孔家而具有極高的知名度，至今留有不少古蹟。孔子家的舊宅門，正對著闕里街，因此，孔子故宅又稱闕里故宅。在宅門的東側，是孔子的嫡系後裔世代居住的地方，稱為「衍聖公府」。

時光荏苒，闕里猶在，孔子昔日生活的景象已成煙雲。孔子故里也成了車水馬龍的鬧市，一撥一撥的遊客匆匆來了又去了，這裡也不過是他們行程中的一站，喧鬧之後復歸平靜。經歷 2,500 多年後，在清晨或黃昏之中，漫步闕里街，彷彿更能感受聖人故里的古樸文化氣息。

話說「衍聖公府」

孔子在中國歷史上被尊為「聖人」，他的嫡傳子孫亦被稱為「衍聖」，意即聖人的「衍續」。漢元帝封孔子十三代孫孔霸為「關內侯，食

邑八百戶，賜金二百斤，宅一區」，這是封建帝王賜孔子後裔府第的最早記載。唐玄宗封孔子三十五代孫孔璲之為文宣公，宋至和二年（西元1055年）封孔子四十六代孫孔宗願為「衍聖公」，並下令為其修府第。宋徽宗時封為世襲「衍聖公」。「衍聖公府」也就是孔府，是孔子嫡系長子世代居住的地方。

　　府是孔子嫡系長期居住的府第，也是中國封建社會官衙與內宅合一的典型建築。是一座典型的中國貴族門戶之家，有號稱「天下第一人家」的說法。孔子死後，其後代子孫世代曾居廟旁看管孔子遺物。歷代帝王對孔子後裔禮遇有加，到北宋末期，孔氏後裔住宅已擴大到數十間；到金代，孔子後裔一直住在孔廟東邊。隨著孔子後世官位的升遷和爵封的提高，孔府建築不斷擴大。到明代已將衍聖公由三品官晉陞為一品官。孔府的現有規模形成於明弘治十六年（西元1503年）。清光緒十一年（西元1885年）一場大火把孔府的內宅一燒而光，因此留下的明代原物主要是內宅以外的部分建築物，即大門、儀門、大堂、二堂、三堂、兩廂、前上房、內宅門及東路報本堂等，其餘均為清代重建或增建。

　　孔府現占地約 7.4 公頃，有古建築 480 間，分前後九進院落，中、東、西三路布局，中路有前廳、中居和後園之分。中路前廳為官衙，依次為大堂、二堂和三堂，是衍聖公處理公務的場所。衍聖公為正一品官階，列為文臣之首，享有較大的特權。前廳設知印、掌書、典籍、司樂、管勾和百戶廳六廳辦事機構，為孔府服務。中居和後園即內宅，是衍聖公及其眷屬活動的地方。內宅的前後樓是府上老爺、太太、少爺和小姐的住房，現陳列著當年的生活用品。最後是後花園，又名鐵山園。園內假山、魚池、花塢、竹林以及各種花卉盆景等一應俱全。東學是衍聖公讀書、會客、祭祖的地方；西學是家屬讀書、宴飲、待客的場所，

建築形式與庭院布置有較多生活氣息，庭中植竹樹花卉，配以奇石、盆景。

孔府現在還保存著不少歷代珍貴文物，如商周銅器、元明衣冠、古代書畫、名人墨蹟以及竹雕玉琢、瓷器琺瑯等藝術珍品。此外還有大批明清以來的文書檔案。整個孔府宛如一座珍藏無數的博物館。

末代「衍聖公」孔德成「其人其所」

「衍聖公」是封建王朝對孔子嫡系長子的封號，那最後一位「衍聖公」又是誰，他又居住在哪裡，以及在哪裡成婚，他在中國歷史上又扮演著什麼樣的角色？看完下文相信讀者會有一個大致的了解。

宋朝時宋仁宗下令第 46 代嫡孫孔宗願的封號由文宣公改為衍聖公，世襲罔替，並正式建造了衍聖公府（孔府）。衍聖公這一封號由 46 代孔宗願傳到 77 代孔德成，延續了 31 代，歷時近千年。末代衍聖公孔德成的父親，76 代衍聖公孔令貽幼年喪父，是獨子，5 歲襲封爵位，1919 年去世，享年 48 歲。

第 77 代衍聖公孔德成，生於 1920 年，是遺腹子。孔德成生下剛過百天便由總統徐世昌明令為「襲封衍聖公」，後又被蔣中正封為「大成至聖先師奉祀官」。1949 年後，孔德成隨中華民國政府遷往臺灣，後定居臺北，曾任臺北「國民政府考試院」院長。

1936 年 12 月 16 日，末代衍聖公孔德成與孫琪芳結婚，這年孔德成 17 歲，孫琪芳 18 歲。孫琪芳是清朝禮部尚書孫家鼐的孫女，孫家鼐曾是清光緒帝的老師。新房為孔府後堂樓院，清光緒十二年（西元 1886 年）重建，後堂樓為七間二層臺樓，東西兩側各有兩間二層配樓。當時許多

政界要人都參加了這場婚禮或送賀禮。結婚當時，蔣中正原定出席，不料發生了「西安事變」，不克親臨，改由國民政府主席林森前來賀喜。連美國公使也送了一套西式沙發，與古色古香的家具擺放在一起。後堂樓現在還是按當年孔德成結婚時陳設布置，並有孔德成胞姐孔德懋女士結婚時合影。

日軍侵華時期，國難當頭，孔德成不被敵人所用，離開了千年祖業和故土輾轉到後方，路經武漢時，即在報上發表了〈抗日宣言〉。抗戰勝利後，孔德成隨國民政府由重慶遷都南京，接胞姐孔德懋及其子女到南京官邸共同生活，後因時局變遷，又兩岸相隔數十年。後終於天遂人願，姐弟得以團聚。

為什麼說膠東溫泉天賜多

溫泉，古人視之為神水，並稱「清清沸液，四季翻滾，周而復始，沖湧不竭」。今人總結為三大特點：一是溫度高，熱效應好；二是礦化度高，浮力、壓力大，對人體作用力強；三是含藥物化學成分豐富，能治療多種疾病。因而，溫泉浴歷來為沐浴者和醫療者所推崇。

膠東半島是中國東部溫泉地熱資源最豐富的地區之一，其獨特的地質結構孕育了眾多的溫泉，現已查明的溫泉有 14 處。膠東地處歐亞板塊與菲律賓板塊俯衝邊緣的北西一側，半島溫泉地熱屬於瀕臨板緣高溫地熱系統的板內中低溫地熱系統。基岩地下水透過斷層破碎帶儲存徑流，遇到火山侵入體熱源加熱，水溫升高後，循環途中受到阻水構造阻隔上升，在有導水構造的低部位露成地熱溫泉，流量歷年穩定不變，不受旱澇的影響，熱水溫度也不隨季節氣候的變化而改變。目前，溫泉地熱水

已在洗浴、水療、淡水養殖、絲綢工業、花卉業、農業及旅遊業等非電利用方面得到廣泛的開發利用，已取得明顯的經濟效益和社會效益。膠東地區目前比較有代表性的溫泉主要有：

➤ 青島即墨市溫泉鎮溫泉，因其得天獨厚的地下礦熱水遐邇聞名。溫泉地熱礦泉水為構造型低溫熱水，蘊藏量極其豐富，分布面積達 7.2 平方公里，資源總量為 6.855×10.16 焦耳。湧泉中心水溫最高達 93℃，自湧地面達 60℃，礦化度高達 10.78 克／升，含有 30 餘種化學元素，其中有的化學元素含量已達醫療礦水指標，對治療多種疾病療效顯著。特別是地熱水沉澱形成的黑泥，含有多種礦物質，進行泥療具有極佳的治療效果。

➤ 煙臺的艾山溫泉，位於棲霞艾山湯村，距煙臺市 35 公里。據傳說，萬曆年間百姓立廟其上，使道士守之。至清末廟中道人募化建房八間，分官湯、民湯，男湯、女湯。從「艾山湯」往前走，轉一個彎，就是「浸蛋池」，之所以叫「浸蛋池」，是因為泉水 20 分鐘能煮熟雞蛋、15 分鐘能煮熟鴨蛋。有說：「膠東三縣有溫泉，溫暖皆可浴，然而可煮鴨蛋的獨此一處。」

➤ 招遠溫泉，泉水的出井溫度為 98℃，天然自沸，是山東省溫度最高、出水量最大的溫泉。文登也是膠東半島地熱、水資源的富有之地，聞名的溫泉有 5 處，日出水總量 12,000 立方公尺，水溫高達 60℃～ 80℃，是理想的療養勝地。

因此，可以毫不誇張地說：「膠東溫泉天賜多。」

臨沂九間棚因何出名

臨沂九間棚最早是一座石居，後來隨著人口的增加，發展成一個小村落。近代以來，經過九間棚人的不懈努力，不僅使生活水準發生了翻天覆地的變化，還創造了「九間棚精神」，這是一個怎樣的發展歷程？緣何由石居而創造出精神？

九間棚位於臨沂市平邑縣天寶山風景區內，有著久遠的歷史和很高的知名度。為天然形成的奇特巨大的石棚，長 30 公尺，深 10 公尺，高 3 公尺。棚內原有石龍、石虎、石牛等自然景觀。相傳在 280 多年前，一戶劉姓夫婦為逃避戰亂，要飯來到龍頂山上一個石棚裡，穴居石棚，刀耕火種，繁衍子孫，砌石為牆分為九室，故名九間棚。

九間棚村就是在九間棚基礎上發展起來的。它建在海拔 640 公尺高的龍頂山上，四面懸崖，山高澗陡，全村 70 來戶，200 多人，少地缺水，祖祖輩輩就生活在封閉和貧瘠的高山之上。直到 1964 年，才從石棚搬到低矮的草屋。1984 年，政府開始了架電、修路、整地、栽樹的五年規劃。架電自籌資金 1.5 萬元（人民幣），1,800 多斤重的水泥電線桿硬是被九間棚人用 20 天時間抬到山上；築路平常用 5 年的時間，九間棚人只用 5 個月就做完了；在治水上，實現高山水利化；有水後，九間棚人治理了 140 公頃山坡地，整治 30 公頃耕地；栽植水土保持林 5,300 餘公頃，人均果樹達到 120 餘棵。

如今，九間棚村所在的天寶山，被山東省林業廳命名為「天寶山森林公園」，九間棚已成為著名的旅遊勝地，九間棚的石居也已成為一個重要的旅遊景點。

山東農家樂有什麼特色

　　山東省開發農家樂旅遊是全中國最早的。其中以風箏文化著名，代表中國北方民俗特色的「國際風箏都」── 濰坊是中國最早和最有影響的民俗旅遊區之一，同時也是開展「農家樂」較早和在中國較有名氣的地區。山東農家樂具有典型的北方民俗特徵。

　　山東農家樂，最搶眼的就是具有濃郁中國北方特色的民俗景象。樹上掛著一串串沉甸甸的金黃玉米，牆上掛著一串串鮮紅的辣椒。隨便走進哪一家，都能領略到村民的純樸厚道。山東農家樂旅遊，重在參與，重在體驗，重在交流。遊客可以和家庭主婦一起包水餃，也可以在鏊子上攤一張薄如蟬翼的煎餅。春種秋收，可學做各種各樣的農家活，趕牛耕地，割麥子，摘蘋果，編筐簍，嘮家常，其樂融融。

　　濰坊是歷史上著名的手工業之鄉，泥塑、首飾、刺繡、楊家埠木版年畫和風箏全國有名，高密剪紙、泥塑、撲灰年畫，被稱為民間藝術「三絕」。1990 年代以來開闢的「濰坊千里民俗一條線」，以楊家埠木版年畫、山東民俗旅遊第一村 ── 安丘石家莊民俗旅遊等卓有特色。豐富多彩的民俗旅遊，可使來自異國他鄉的遊客盡情地領略濰坊風格獨特的鄉土文化，以此來管窺獨樹一幟的中國民俗文化。

　　農家樂能夠使遊客享受到真正的田園生活，在農家果園內，不僅可以親自動手採摘成熟的大櫻桃、山杏、桃子、蘋果、甜柿子等水果，而且可以免費品嘗；優美的自然環境，豐富的人文景觀，多彩的野外活動如爬山、垂釣等，可以讓遊客享受到大自然的無窮樂趣。遊客不僅吃在農家、住在農家、玩在農家，還可以同莊園內的農民一起下到田間勞作，在體會農村生活的同時，做一回真正的「農民」。

山東哪裡的漁家樂最有名

山東省長島縣創出的特色品牌「漁家樂」旅遊專案成為山東知名、中國聞名的旅遊專案。長島是煙臺下轄的一個海島縣，由 32 個大小島礁組成，其中較大的住人島只有 10 個。全縣陸域面積 56 平方公里，總人口 4.8 萬。長島又稱廟島群島，是山東省唯一的海島縣，島上山清水秀，氣候宜人，素有「海上仙山」的美譽。目前，長島擁有「中國海帶之鄉、中國鮑魚之鄉、中國扇貝之鄉、國家級風景名勝區、國家級自然保護區、國家森林公園、國家地質公園、國家首批農業旅遊示範點、中國最佳避暑勝地和中國十大最美海島」十張國家級金名片。

「吃住在漁家，遊樂在海上」這一具有濃郁地方特色的漁家樂旅遊專案始創於 1999 年。長島漁民將自己多餘的房間進行簡單的裝修改造，為遊客提供吃住的條件，把休漁期的漁船進行清理、裝飾，供遊客出海作業使用，讓遊客離開喧鬧的都市到漁村體驗一次「漁民」生活。遊客們吃漁家飯、睡漁家炕，跟漁民們出海布網、下籠、抓蟹、收獲鮮活的魚蝦，體會漁家民俗。這一專案滿足了旅遊者尋求回歸自然、親身經歷、新奇刺激的時尚旅遊心理。

經過不斷的完善和改進，漁家樂活動的內容越來越豐富：做一天漁民，親身體驗漁獵情趣，白天隨漁船出海，在漁民的指導下布網，下籠，捉螃蟹；環島海上觀光活動，一睹海天一色的美景；海上釣魚，享受自己動手的歡樂；萬鳥島海上觀光；五吃住在漁家，六樂在漁家，觀看民俗表演活動等。

隨著這些旅遊活動的深入開展，這裡的漁家樂也正如當初設計的一

樣，既樂了來漁家的遊客，也樂了當地的漁家，同時也使體驗式旅遊走出了小島，紅遍全國，走向世界。

濟南的四合院有哪些特色

提起四合院，人們的第一反應是在北京。北京的四合院，已經作為一種文化，而不是一種建築，融入北京這個城市的血液之中。其實濟南的四合院也有它獨特的色彩。

濟南是過去的府城，也匯集了大大小小的四合院。大的三四進的四合院多集中在舊城東關大街、鞭指巷等幾條著名街道，而二進的四合院多分布在舊城各處。濟南的四合院類型之多，透過沿街門樓的形式就能表現出來，什麼六柱大門、四柱大門等，每種門樓的變化又不一樣。

由於山東境內受封建傳統思想影響至深，濟南古城具有強烈的封閉性，又由於濟南依山靠水且受城內泉水眾多等特殊自然環境的影響，濟南古城的建築布局與建築形式兼收內陸與沿海地區的特點，既有北國建築的厚重純樸，又具江南水鄉輕巧靈秀的特色。它集南北之大成，既有北京四合院的剛毅，也有江南四合院的柔和。同時，濟南四合院的柔和與泉水有著密切的連繫，而它的剛毅又和石頭是分不開的。濟南有聞名天下的七十二泉，其中不少名泉就散落在這些四合院中。大一點的院子還修有賞泉的亭子，亭子底下就是四季不斷的湧泉。江南的四合院也有水，但少有濟南這樣的敞亮開朗，院子裡哪有這樣火紅的石榴？濟南南部為山區，產青石和灰石，石質細膩堅固，所以濟南的四合院離不開石頭。別處的四合院大都是磚砌的，只有在邊角的地方才用石頭，而濟南的四合院牆基本都是石頭的，房子是石頭的，有的整個門樓、整個牆面

都用石砌。濟南的四合院都有特別的講究，也有非常明顯的建築特點，具體展現在：

➤ 門樓門樓是濟南四合院中的一大亮點，它的整體形象、造型尺度都達到了很高的成就。

➤ 影壁是濟南民居中最富裝飾的地方，四周多為精美的磚石雕刻。影壁即古代所謂的蕭牆，它使人們進門後不是長驅直入，而是先見影壁，有個心理準備和迂迴。

➤ 雕刻四合院中隨處可見的精美雕刻見證了濟南悠久的歷史傳統文化。雕刻集中了多種形式，以琴棋書畫、花草瑞獸為主要內容，「出泥荷花」的形像在濟南四合院中非常多見，使人們情不自禁地想起「四面荷花三面柳，一城山色半城湖」的名句。

➤ 石榴樹也是濟南民居中一大特色，幾乎每個院落中都有種植。古時候人們崇尚「多子多福」，石榴樹則寄託了他們對生活的願望。

朱家峪為什麼被稱為明清時代的活化石

濟南章丘市官莊鄉朱家峪村，位於明水城東南 5 公里處，胡山東北角下，原名「城角峪」，後改名「富山峪」。明洪武二年，朱氏進村，因是國姓，故名「朱家峪」。

自明代以來，雖經 600 年的風吹雨打，朱家峪仍較完整地保存了原來的祠廟、樓閣、石橋、故道和古泉。所以這些歷史遺存都是明清時代的產物，因其保存完好，故被譽為「明清時代的活化石」。朱家峪為梯形聚落，上下盤道，高低參差，村子三面環山，北依平原，南到胡山，東依長流泉，西連半井龍泉。村南文峰獨秀，村西有筆架山環抱，莊北文

昌閣高聳。古村大小古建築近 200 處，石橋 30 餘處，井泉 20 餘口，廟宇 10 餘座，康熙立交橋、魁星樓、關帝廟、朱氏家祠、雙軌故道、團山瀑布、碧塘倒影、獅子洞、雲霧洞、朝陽洞、仙人橋等景觀數不勝數，因此，朱家峪被專家譽為「齊魯第一古村，江北聚落標本」，其中比較有名的景點有：

> 圩門遠眺位於舊村之北，建於清代後期，為防盜匪而建。石牆西起落雁山頂部，東至東山極頂，長約 1 公里；中間築有西圩門和東圩門，這是兩處通往村裡要道的關口。站於西圩門頂部，舉目四望，可大飽眼福。

> 立交古橋位於舊村土地廟南，建於清康熙年間（橋下石刻記之），至今有 300 餘年。立交古橋分東西兩座，相距 10 餘公尺。橋身全用小型青石疊砌而成，歷盡風雨雪霜，未曾損壞，依然原貌。被專家譽為「現代立交橋的雛形」。

> 壇井七折又名壇井七孔橋，位於舊村東南，井口小、肚大，狀若壇。自明清時始，在壇井北東南三面，建有七座小橋，縱橫交織，一番別緻。壇井與七橋相依為伴，故名。

> 東山長流泉在村東泉子嶺東坡崖壁上，有一名泉「長流泉」，四季水流不斷。泉水注入南北兩方水池，緊緊相依。南池建於清光緒二十四年（西元 1898 年）仲春，北池建於民國十年（西元 1921 年）三月。在南池南北兩面石牆上，各有一石雕龍頭，相對而視。

地理位置的相對封閉性，加之當地人對這些古物的珍愛，才使得這「明清活化石」得以保留至今，不但成為考古的重要資料，而且還成為濟南東部重要的旅遊景點。

劉公島上為什麼會有 19 世紀的小型高爾夫球場

高爾夫（Golf）一個詞最早出現在西元 1457 年蘇格蘭議會檔中。世界上第一家高爾夫俱樂部誕生在蘇格蘭的愛丁堡，興起於 1457 年的蘇格蘭聖安德魯斯市（St. Andrews City）。16 世紀，高爾夫運動逐漸受到蘇格蘭上流社會的推崇，19 世紀傳入中國。現代意義的高爾夫為何出現在 19 世紀的劉公島呢？讓我們翻回歷史昨天的一頁去看一看。

作為聞一多筆下「七子」之一的威海衛，曾經被英國殖民主義者強行租占達 32 年（劉公島 42 年）之久。「英租文化」是劉公島著名的三大歷史文化之一。西元 1898 年 7 月 1 日，中英雙方代表在北京簽訂了《租威海衛專條》。東起大嵐頭、西至馬山嘴、南至草廟子這個範圍內，除了正中的威海衛城外，均為英方的租借地，總面積為 738.15 平方公里，人口約 12 萬。

在英租威海衛期間，英方先後派出了 7 任行政長官，其中任職時間最長的是駱克（James Stewart Lockhart），他於 1902 年出任威海衛首任文職行政長官。正是在駱克的主持下，殖民政府逐步實現了一套高度集權的殖民統治體制。英方租占威海衛後，確立了將它建成皇家海軍訓練和療養基地的方針。利用劉公島和大陸沿岸的軍事設施進行訓練，並利用威海衛適宜的氣候和優美的環境興建避暑療養場所。此時的威海衛，已經成為英國遠東艦隊的「後花園」，成為英國旗下集軍港要塞和娛樂休閒於一體的小島。

威海的旅遊業在英租時期也得到了迅速發展，旅遊配套設施也不斷完善，先後出現了 30 多家飯店旅館。英租時期殖民政府開發的旅遊專案還有划船、狩獵等。隨著西方旅遊業的發展，西方的一些體育活動也隨

即傳入威海衛，較為興盛的有足球、網球和高爾夫球。當時的高爾夫球是一種典型的貴族運動，在劉公島上，英軍建造了一所高爾夫球場，這是一個全封閉的多功能運動場所。因此，劉公島在 19 世紀就已經出現了高爾夫球場，這是英國殖民時代的產物。

微山湖「湖上人家」有哪些居住特色

煙波浩渺的微山湖，鍾靈毓秀，風光旖旎，素有「日出斗金」的美譽，是魚的淵藪，是鳥的天堂，千萬湖上漁民結船為居，以湖為家，人們稱之為「湖上人家」。那些像村落一樣相聚而泊的漁家「連家船」，人們統稱為「船幫」。船幫的組織形式有槍幫、罱幫、網幫、大船幫等。傳統「幫」的組合是以捕魚工具不同而區分的，如用拖網捕魚蝦組成的船幫就叫「網幫」，是湖上的富幫。

「大船無腳走天涯，風裡浪裡度年華」，湖上人家遍布沿京杭運河湖泊兩岸。「湖上人家」的漁民世代生活在船上，以船為家，「連家船」是他們生產和居住的兩用船，大船兩三丈，小船不足七尺長，一樣地載網等漁具，載柴、米、油、鹽，載妻兒老小，載雞、狗、鵝、鴨，春夏秋冬，湖上打魚，湖上狩獵。船到哪裡，就地安家，到夜間，各「連家船」便按傳統方式聯結組合成「幫」，相聚而泊，形成獨特的水上漁村。「幫」就是村，各個船幫大小不同，少者十幾條，幾十條，大的有上百條船，白天在一個區域捕魚，天黑就一起泊船晚炊，雖是游獵湖中，卻是每日必聚而成幫。他們一切日常生活如吃、喝、睡等都在船上進行。漁船與漁船相連成片，像村落一樣相聚而泊，船在水上漂，人在船上住，與陸地生活無異。當地人也已經習慣這種漂浮的生活，稱之為「湖上人家」

一點也不足為奇。

由於世代在船上生活，湖上人家的飲食也自成風格，即有江南飲食文化的精細與雅緻，又融北方飲食文化的厚重與務實，食物是道地的微山湖特產。因此，「湖上人家」不僅僅是居住文化的一個獨特代表，而且其飲食文化也是別具一格，薈萃著漁家的獨特風韻。

沂蒙民居有什麼特點

臨沂市位於山東省的中南部，素稱沂蒙山區。「一座座青山緊相連，一朵朵白雲繞山間，一片片梯田一層層綠，一陣陣歌聲隨風傳。」這首歌唱出了人們對沂蒙山的熱愛，唱出了人們開發建設沂蒙山的美好願望。如今，沂蒙山就像歌中唱得那樣，山青，水澈，天藍，白雲繞山，果樹滿山。

魯中南的沂蒙山區山頂巨石嶙峋，山石多為花崗岩和變質岩，其色彩極為豐富。當地人善於利用河溝裡的圓石頭，未經加工即用來壘牆，不僅造價低而且具有裝飾作用，最後再以板岩蓋頂，充滿原生氣息的石頭屋於巨石叢中若隱若現，流溢出粗獷質樸的風韻，與整個自然界渾然一體。房屋布局多依山形而變化，分布比較分散，院落占地面積較大，院牆不有序，甚至無院牆，院落中開闢有小菜園或者小花園，有些地區主房後建有後園，存放雜物和餵養牲畜。巷道上石砌路面現已磨得光滑圓潤，稜角全無，石臺石縫中萌生的古樹為這磚石結構的屋宇平添幾分滄桑。沂蒙山地建造的磚石房和以地炕燒煤取暖的做法別具一格，折射出沂蒙民居質樸實用的特色。

交通山東

山東的空港

山東省目前擁有 4 個國際航空口岸，即濟南遙牆機場、青島流亭機場、煙臺萊山機場和威海空港四大國際機場，有民用機場 8 處：濟南、青島、煙臺、威海、濰坊、臨沂、東營、濟寧，其中東營、濟寧為聯航機場。

➤ 青島空港口岸 —— 山東航運龍頭，是中國政府批准的對外開放的一類口岸。2005 年，青島國際機場旅客輸送量達到 555 萬人次，貨郵輸送量達到 12.34 萬噸，在民航發達的華東地區名列第五，在山東名列第一。目前基本形成了由青島向全國輻射、向亞洲延伸的空中交通網絡。

➤ 濟南遙牆機場 —— 位於市區東北部 40 公里，與鐵路、公路構成了濟南四通八達的立體交通網絡。濟南遙牆國際機場空港口岸設有中國政府授權的濟南市公安局口岸簽證辦事處，凡符合規定條件的外國個人，從境外乘坐國際航班或國際包機可直接在濟南國際空港口岸申請辦理口岸簽證入境。

➤ 煙臺萊山機場 —— 位於城南 15 公里處的萊山鎮。每天有飛往北京、上海浦東、哈爾濱、濟南、瀋陽、武漢的航線。每週另有定期航班發往長春、成都、重慶、廣州、昆明、南京、汕頭、深圳、烏魯木齊、溫州、廈門、徐州和延吉。

青島、煙臺、濟南三地空港口岸實行新的「空中報關，貨到放行」通關模式，使企業能夠在貨物運抵後 1 小時內完成海關通關手續，從而大大提高了各空港口岸的效率。據了解，省邊防總隊要求為入境旅客辦

理手續時間每人不得超過 45 秒。隨著山東外經貿的迅速發展，空港成為企業進出口貨物的重要管道。「空中報關，貨到放行」這種新通關模式等於為山東空港插上了騰飛的翅膀，要釋放空港經濟功能，帶動輻射周邊區域經濟發展。

2005 年 2 月 2 日，威海空港對外開放，成為山東省第四個對外開放的空港。民航總局同意開通中國威海至韓國首爾航線，由中國國際航空公司與韓國有關航空公司實行對飛。目前威海市已成為韓國企業海外投資和從事商貿活動的首選地區之一，韓國也成為威海市最大的經貿合作夥伴。

山東的海港

地處中國東部沿海和黃河下游的山東省，是環渤海灣經濟圈的重要組成部分，經濟總量位列中國三甲。自古以來，山東省航運就十分發達，歷史上享有「海王之國」之美譽。全省海岸線長 3,000 多公里，占中國海岸線總長度的 1/6。快速發展的港口和道路運輸業，帶動了相關產業的發展，增加了就業機會，促進了全省經濟和社會的全面進步。

山東最大的海港 —— 青島港。青島港建於西元 1892 年，地理位置和自然條件都非常優越，是中國沿黃河流域和環太平洋西岸重要的國際貿易口岸和海上運輸樞紐。由青島老港區、黃島油港區和前灣新港區組成。交通運輸條件十分便利，集疏運方便，經濟腹地寬闊，輻射山東全省，貫通河南、河北、山西、陝西等省份，遠達甘肅、內蒙古、新疆、四川等廣大地區，已與世界上 150 多個國家和地區的 450 多個港口有貿易往來。具有集裝箱、煤炭、礦石、原油裝卸的四大優勢。

日照港 —— 與中國北方最大的液化品輸入港嵐山港兩個國家一類開放口岸重組為日照港（集團）有限公司，生產泊位達到 27 個，年通過能力達到 3,025 萬噸，總資產 33 億元人民幣，在職員工近 7,500 人。

煙臺港口 —— 已開闢 20 餘條國際國內航線，月航班數達到 100 餘班。2020 年港口總輸送量達到 1.6 億噸，黃渤海濱形成以煙臺港為主，龍口港為輔，蓬萊、萊州、海陽、長島、牟平等各具特色的中小型港口為補充的港口總體發展格局。政府對煙臺市港口的性質做出鮮明定位，確定煙臺市港口群目標是成為山東省北部沿海、環渤海地區及其腹地省份發展外向型經濟的窗口和橋梁，是煙臺市促進產業升級、實現經濟跨越式發展的重要依託和保障。

山東已經建成幾條跨省的高速公路

「山東的路，廣東的橋」眼下已成為共識。山東高速公路總里程居中國第一。不僅有濟青高速公路、濰煙高速公路、青煙高速公路、煙威高速公路、青威高速公路等貫穿省內，而且還已經建成幾條跨省的高速公路。

京福高速公路（北京至福州）和京滬高速公路（北京至上海）是連接中國南北公路交通的大動脈。京福、京滬高速公路穿越山東境內，形成了貫穿山東南北的兩條高速公路骨幹。其中，德州經濟南至泰安段是京福、京滬兩條高速公路的重合路段，中間有跨越黃河的濟南黃河第二公路大橋，至泰安金牛山相交分叉後分別經棗莊和臨沂進入江蘇路段。

京福高速公路山東段：北起冀魯交界的德州市梁莊，南止魯蘇交界的棗莊市張山子鎮，全長約 369.3 公里，途經德州、濟南、泰安、濟寧及棗莊市的縣、市、區。其中德州—齊河段全長 91.3 公里，雙向 4 車道，設計

時速 120 公里，於 1997 年 11 月 2 日全線通車。濟南－齊河段全長 27.8 公里（其中濟南黃河大橋二河長 5,100 公尺），全立交、全封閉，設計時速 120 公里。濟南－泰安段全長 57.8 公里，設計時速 120 公里，全封閉、全立交，雙向 6 車道，於 1999 年底建成通車。泰安－曲阜段全長 46.6 公里，雙線 4 車道，設計時速 120 公里，全立交、全封閉，於 2001 年 6 月 16 日竣工通車。曲阜－張山子段全長 145.8 公里，雙向 4 車道，全立交、全封閉，並與棗莊－木石公路連接，於 2000 年底建成通車。

京滬高速公路山東段：北起冀魯交界的德州市梁莊，南至魯蘇交界的臨沂市紅花埠，全長 431.82 公里，全線於 2002 年底建成通車。途經德州、濟南、泰安、臨沂 4 市的 17 縣市區。其中德州－泰安段與京福高速公路為重合路段外，泰安－化馬灣段全長 35 公里，設計時速為 120 公里，泰化魯與泰萊路連接線 7.2 公里，設計時速為 100 公里，於 1996 年 11 月建成通車。化馬灣至臨沂段起與泰安新泰交界處新店東南與泰化高速相接，至於臨沂義堂鎮接 327 國道，全長 137.2 公里，全封閉、全立交，雙向 4 車道，設計時速 120 公里，於 1999 年 9 月竣工通車。臨沂至紅花埠全長 83.7 公里，全立交、全封閉，雙向 4 車道，設計時速 120 公里，工程於 2000 年 11 月竣工通車。

日東高速公路：東起山東新興的現代化港口城市日照，與京滬、京福兩條高速公路穿越相交，至菏澤市的東明進入河南省。全長約 413.3 公里，全封閉、全立交，雙向 4 車道，設計行車速度 100 公里／小時，全線於 2000 年 10 月建成通車。

濟聊館高速公路：東接京福、京滬高速公路，西經齊河、聊城，至河北館陶。全長 151.9 公里，全封閉、全立交，雙向 4 車道，設計行車速度 100 公里／小時，全線於 2000 年 10 月建成通車。

中華第一站 —— 濟南長途汽車總站

　　濟南長途汽車總站是中國最大的公路客運站和客運主樞紐之一，屬國家一級汽車客運站。目前，已連續 6 年以客票收入、旅客發送量、發車班次三個指標創下中國同行業最高紀錄，並榮獲過「全國百家使用者滿意服務」稱號和「全國五一勞動獎章」，順利通過 ISO9001：2000 國際品質認證，因此被社會各界譽為「中華第一站」。

　　濟南長途汽車總站位於濟南城西北，占地 7 公頃多，共有 4 個發車場，46 個微機售票窗口，168 個發車位，發車方向輻射全省各地、市、縣及鄰省 96 個地區，日發班次 3,200 個，中高檔班車占營運車輛的 75%以上，日均旅客發送量 4.6 萬人次，高峰時日發量高達 9.2 萬人次，客票收入達到 6 億元。

　　總站不斷提高自身高科技含量，先後投資數百萬元實現了微機聯網售票、檢票、調度、結算。並設置了電子顯示系統、電腦查詢系統、語音自動播報系統、電子監控系統等現代化設施，實現了現代化服務和現代化管理。經過 2003 年 9 月 29 日改造竣工，總站新增候車面積 2,300平方公尺，車站客車發送能力提高近 20%。改造後的總站整體造型為一巨大飛碟狀，候車廳更加寬敞舒適，兩側通透式的售票窗口，拉近了工作人員與旅客的距離。設立在大廳正中央的圓形服務臺，位置醒目，功能齊全，旅客在此可以獲得各類客運資訊，還可以辦理包車、接洽旅遊、聯繫住宿、訂購機票、船票以及影印和傳真等各類商務。斥資數百萬元購置的六臺等離子顯示幕和四臺電子觸控式螢幕，分別安放在東、西兩個候車廳和候車長廊內，旅客可透過它們詳細地了解到車站的概況、班次資訊以及泉城的旅遊、住宿等資訊。

「情滿旅途」為什麼深受歡迎

青島交運集團於 1994 年 12 月 18 日由原青島市公路運輸總公司轉體組建而成，是集交通綜合運輸、海陸空運代理、綜合進出口貿易、國際國內物流、商貿購銷運存等多元經營於一體的大型企業集團。從原來的行政性公司轉體為面對市場的經營實體。近 30 年交運對「情滿旅途」這個品牌一直苦心經營，使之不斷發展壯大。

「情滿旅途」是中國第一家以精神文明建設品牌註冊的服務商標。「讓外出的人們懷念城市的溫馨，讓初到青島的人們感受城市的熱情」，這個最早在青島長途汽車站推出的品牌很快就贏得了旅客好評。

1995 年 7 月 11 日，青島交運集團所屬的公路客運公司在青島長途汽車站創意發起了「情滿旅途聯手大行動」。這一行動一提出，就迅速擴展到全國 50 餘家客運站點，成為全國公路客運行業的共同行動，並迅速成為社會關注的焦點。青島交運集團於 1998 年到國家商標局申請註冊了「情滿旅途」服務商標，「情滿旅途」由此正式走向品牌化發展之路。

「情滿旅途」的文化內涵是：「情」是核心，使員工對企業傾注深情，對顧客滿懷親情，對社會奉獻真情；「滿」是標準，以顧客和員工滿意度為評價標準，不斷提高員工對職位的忠誠度和顧客對企業的忠誠度；「旅途」是過程，做到全方位、全過程的優質服務。

如今「情滿旅途」成長起來了，先後被中國品質協會用戶委員會評為「全國使用者滿意服務」品牌，被《中國名牌時報》譽為中國交通第一品牌。文化力產生了巨大的生產力。「情滿旅途」品牌像一個火車頭，帶動著交運集團走上了發展的快車道。交運不僅順利實現了扭虧，還成長為山東最大的交通運輸企業集團，並躋身全國物流百強企業前 20 強。

　　「情滿旅途」的貢獻遠不止這些，它最卓越的貢獻在於帶動了青島一批服務品牌的萌生。青島通訊的「情傳萬家」、熱電的「暖到家」、電業的「亮出精采」、航務二公司的「澆注明天」、海景花園大酒店的「親情一家人」、市立醫院的「生命綠洲」等一大批服務品牌在隨後的幾年裡迅速生成並壯大起來，而「傳播真情」、「真情伴青春」等一個個機關服務品牌的湧現更是讓人耳目一新。這些閃亮的服務品牌與海爾、海信、青啤、澳柯瑪、雙星等一大批工業名牌相映成輝，大大提升了青島的城市競爭力。

中國最早的索道項目 —— 泰山索道

　　在五嶽之首泰山之上，舊時載遊客上山的交通工具是山轎子，但是隨著經濟、科技的發展，泰山修建了舒適快捷的索道。泰山索道是中國第一條大型三線往復式客運索道，全長 2,078 公尺，高差 603 公尺，單向每小時運量 240 人。於 1983 年建成，2000 年該索道改造成為單線循環脫掛式 8 人吊廂索道，單向每小時運量達到 1,630 人。

　　泰山索道包括泰山中天門索道、後石塢索道、桃花源索道。三條索道以岱頂為中心，構成了連接中天門景區、後石塢景區和桃花峪景區的泰山空中交通網。

　　中天門索道是中國第一條大型三線往復式客運索道，下起中天門西側的鳳凰嶺，上至南天門西側的月觀峰，1981 年 7 月 1 日起開始建設，1983 年 8 月 5 日建成通車。該索道為單承載雙牽引三線往復式，設備從日本引進，具有 1980 年代初國際先進水準。線路斜長 2,078.71 公尺，兩站高差 602.93 公尺，車廂容量為 30 人，運行速度每秒最大 7 公尺，單程執行時間 6 分 42 秒，單向小時運量為 240 人，是當時中國第一條，也是最大的

客運架空索道。1995 年，中天門索道更換車廂，車廂容量擴大至約 40 人，索道運量增至單向每小時 320 人。2000 年，中天門索道改造為單線循環自動脫掛吊廂式客運索道，全套設備由奧地利引進，是當時中國最先進的客運索道。索道運行全部實現電腦控制，液晶觸摸式顯示索道運行的各種參數，並實現了人機對話。索道運行速度為每秒 6 公尺，單程執行時間 5 分 48 秒，全線有 46 個 8 人吊廂，單向小時運量 1,630 人。

後石塢索道是單線循環雙人吊椅式索道，上起泰山岱頂北天門，下至後石塢景區。1993 年 8 月 28 日建成通車。該索道全長 518 公尺，相對高差 172 公尺，共有 25 個雙人吊椅車廂，運行速度 3.5 公尺／秒，單向小時運量 500 人，整套機電設備由奧地利引進，是 1990 年代世界一流的單線循環自動脫掛吊椅式客運索道，也是中國唯一的自動脫掛吊椅式客運索道。

桃花源索道是單獨循環吊車式客運索道，下起桃花源景區，上至岱頂天街北端。1993 年 11 月 8 日建成通車。該索道全長 2,196 公尺，相對高差 671 公尺，共有 49 個容量 6 人的吊廂，運行速度 5 公尺／秒，單向小時運量 1,000 人。整套機電設備由奧地利引進，為 1990 年代世界一流的單線循環自動脫掛吊廂式客運索道。乘坐桃花源索道，可以觀賞到桃園神界、三岔石、一線天、清風嶺、老虎窩、穆桂英溝、白龍潭、龜馱碑、透天洞、君子峰等景點，令人心曠神怡。

上、下索道站依山而建，既有古樸典雅的民族風格，又展現出 20 世紀末期的時代風貌，與泰山風景名勝相映生輝。泰山索道的建成通行確實成為旅客快捷的交通方式，為遊客提供了多種登山的路徑。從中天門乘索道到南天門，遊岱頂、瞻魯臺後石塢或者直接乘桃花源索道站承攬車至南天門遊岱頂，觀看泰山日出這一壯觀景象。

泰山挑夫

作為五嶽之首，泰山是中國最負盛名的旅遊勝地之一。每天，伴隨著數以萬計的遊客登山的，還有一支 200 多人的登山隊伍，他們每天在這裡從事著一項具有 2,000 多年歷史的工作，他們或單獨或結伴，用繩子和扁擔把貨物送到泰山沿途 30 多個廟宇、賓館、飯館和商店。3 小時一個來回，天氣好的時候，如果身體允許，他們一天能挑 3 個來回。

他們就是泰山的挑夫。不論酷暑嚴冬，他們弓著腰背的身影總是出現在泰山的石板路上。挑夫的工具很簡單，一條扁擔兩條繩。扁擔較長，兩頭微微翹起。絕大多數物品不用外包裝物，不論瓶裝、罐裝、大大小小怎樣雜亂的東西，他們都有辦法捆紮成一個方方的捆兒，把扁擔插進去，牢牢地，絕不會鬆散。貨捆上永遠不留繩扣繫帶，扁擔兩頭插入貨捆便結成了一個整體。

挑夫被認為是泰山文化的一部分，他們展現出的耐力和毅力帶給無數文人墨客靈感。然而，對於這些矮小而健壯的人來說，泰山不過是個令他們肌肉痠痛的地方。他們當中，最年長的已經年過六旬。三十幾年前，泰山增加了纜車，同時，也修建了運送貨物的通道，但挑夫的行業依然延續著。

挑夫行走起來，不像平地挑擔人那樣講步點、講彈性。他們一步步踏登石階，練的是落地生根、不緊不慢，有後勁。到絕陡處，擔子斜放在後頂肩，轉換肩式也穩穩當當、不慌不忙。他們不停不息地擔著擔子，有許多作家寫過泰山的挑夫，把他們當成了奮鬥不息的典型。

臨清「鈔關」

所謂「鈔關」就是收取關稅之所。中國古代曾有八大「鈔關」，分別是河西務、臨清、北新、滸墅、九江、揚州、淮安、崇文門八關，而山東境內的臨清運河鈔關曾居全國八大「鈔關」之首。它位於鼇頭磯南 300 公尺處大運河西岸。始建於明宣德四年（西元 1429 年），延存至今已有 570 餘年的歷史。現存有鈔關儀門，南、北穿廳，公堂，巡攔房，船料房，官屬舍房等 80 餘間古建築，院記憶體有明代和清代碑刻。

臨清「鈔關」是中國僅存的一處鈔關舊址。2001 年被中國國務院公布為第五批全國重點文物保護單位。它具有重要的歷史地位和現實意義：歷史上它在運河漕運史上占有極其重要的地位，是明清兩代中央政府派駐臨清督理漕運稅收的直屬機構；現在是一處重要的歷史文化遺存，是運河文化的重要載體，是研究中國明清兩代經濟生活、運河城市的形成與發展及中國稅務發展的寶貴實證資料。

明代之初，基於臨清成為漕運咽喉、商業都會以及諸王練兵、漕糧儲積、貢磚燒製、商市稅徵等原因，永樂二十一年（西元 1423 年），山東巡撫陳濟上疏：「淮安、濟寧、東昌、臨清、德州、直沽，商販所聚。今都北平，百貨倍往時，其商稅宜遣人監榷一年，以為定額。」要求在臨清設鈔關。永樂皇帝雖聽取了陳濟的意見，但一直未能實施。後因軍費及皇室費用的增加，終於宣德四年（西元 1429 年）在臨清等地設鈔關徵稅，鈔關之設自此始。宣德十年（西元 1435 年）朝廷在臨清又增設戶部榷稅分司，以督理關稅，至明代萬曆年間，臨清鈔關年徵收船料商稅銀八萬千餘兩，居全國八大鈔關之首，占全國課稅額的四分之一。而萬

曆年間山東全境一年的稅課銀只有八千八百餘兩，僅及臨清鈔關所收十分之一稍強，足見臨清鈔關地位之重。

臨淄中國古車館

臨淄原名營丘，姜太公受封於此並為之都。因瀕臨淄水，故姜齊的第七代國君獻公更名為臨淄。臨淄作為春秋戰國時期最強盛的諸侯國齊國的都城，歷時長達 638 年之久，是當時東方最大的城市之一。臨淄作為齊文化的發祥地，被今人喻為遍地是寶的自然博物館。

臨淄中國古車博物館，位於臨淄區東北部的後李文化遺址，是以 1990 年全國十大考古發現之一的後李春秋殉車馬為基礎而建的，展出內容分古車陳列館和地下春秋殉車馬展廳兩大部分。古車博物館於 1994 年 9 月 9 日建成，占地 13,000 平方公尺，建築面積 3,600 平方公尺，建築為覆斗形式，其內容集中國古車研究成果之大成，薈華夏歷代車乘之精粹。該館充分展示了中國車乘的悠久歷史和造車技術在世界車輛發展史上的領先地位，是中國首家內容最豐富、最系統，並以考古發掘現場與文物陳列融為一體的中國古車博物館。博物館的象徵標誌是一個高 13 公尺、頂端斜置一車輪造型的白色巨柱。

臨淄中國古車博物館一角

古車陳列館分三個展廳，以時代先後為序，透過大量的文物實物、模型、古車復原、照片、圖片和文字，展示了商代至明清時期車、轎、輦的產生、發展、技術改進的歷程及車馬在戰爭、交通、運輸、生產、生活中

所發揮的作用。陳列主體是不同時代、不同性能的古車復原 19 輛，模型近百件。還有各種車馬飾件、出土文物、壁畫等均為國家珍藏文物。

　　春秋車馬展廳為殉真車真馬。後李春秋殉車馬是在修建濟青高速公路時，發掘後李文化遺址時發現的。政府決定就地保護，文化部門和交通部門共同協商、研究、採取了保護措施，將車馬展廳建在了濟青高速公路淄河大橋東端引橋之下，展廳跨度 15 公尺。車馬坑南北並列兩排，1 號坑全長 30 公尺，寬 5 公尺，殉車 10 輛，馬 32 匹，其中 6 輛車每輛車 4 匹馬駕馭，4 輛車每車 2 匹馬駕馭。原車木已腐朽，只在黃土中留下了車的痕跡，車馬上的銅飾還在原來的位置保存完好。經過考古工作者認真細緻的工作，剝剔出了這完好的車型，使原車完整地裸露出地面。車分大小兩類，長度一般為 3 公尺，寬 2.5 公尺，都是獨舟。10 號車輪最大，直徑 1.4 公尺，車廂幾乎等於其他車廂的兩倍。馬骨架保存完好，特別是馬頭上的裝飾品，尤為精美，而且形式多樣，各具特色。從北端起 1 號車的馬飾是海貝，呈柿蒂狀排列；2 號車的馬飾是銅珠連成串飾；3 號車馬飾則銅泡與銅珠結合。2 號車馬坊，長 8 公尺多，寬 3 公尺，車 3 輛，馬 4 匹，葬式與 1 號不同，車馬分葬，車在下，馬在上，所以現在只看到馬。其時代之早、規模之大、配套之齊全、馬飾之精美、保存之完好，屬世界罕見。雖歷經滄桑，仍見其宏偉壯觀，不失當年齊國霸業之雄風。

山東境內的運河漕運

　　中國古代漕糧運輸既是封建帝王、皇室貴族、政府官僚的生活必需品的運輸，又是駐紮在每個封建王朝京城內外幾十萬衛戍部隊口糧供應

的運輸，所以它受到歷代統治者的重視。談到漕運，就要談到被稱為「運糧河」的大運河。大運河是中國歷史上的漕運幹線，它在中國漕糧運輸史上占據著重要地位。

京杭大運河北起北京，南至杭州。在隋煬帝大業年間（西元 605 ～ 617 年），運河經過了三次大規模開發，先後開通了通濟渠、邗溝、永濟渠、江南河。京杭大運河的開通使中國中部和東部的各大河系：海河、黃河、淮河、長江、錢塘江以及許許多多小河支流都縱橫連接，大大便利了中國的水上交通。

隋唐以後，經濟重心逐漸南移，江南富庶，為保證對京都糧食的供給和運輸，京杭大運河做出了很大的貢獻。到宋朝設主管漕運的官員，在中央政府設三司使，地方上各路（相當於後來的省）都設有轉運使掌管漕運，因此轉運使又稱漕司。

元朝建都大都（今北京），為了加強對南方地區的軍事控制，特別是為了從富庶的江南地區取得糧食，陸續對大都到杭州的這條大運河進行了多次開發和整治，其中重點地開鑿了北京到通縣的一段、通縣到直沽的一段以及山東境內的運河。這樣一來，由於連年內戰而長久淤塞不通的大運河，又恢復了全線通航，承擔起每年以百萬石計的漕糧運輸任務。在山東境內，至元二十六年（西元 1289 年）開會通河，從山東須城（今山東東平縣）安山到臨清，與運河相接。會通河全長 250 里，建閘 31 處。到至元二十八年（西元 1291 年）開通惠河，這時起，南北大運河從大都到浙江杭州，又恢復全線通航。

運河的通航，對於發展農業生產，對於物資交流和文化交流，對於促進沿河城市的經濟繁榮，有著重要意義。就漕糧運輸來說，通過水道，比旱路來得經濟，而且運輸量也大，可以節省很多人力、畜力。

到明代，由於海運險阻，漕運重點還是放在運河方面。永樂年間，動員了山東百姓 16.5 萬人，用了 200 天時間，對濟寧至臨清之間長達 385 里的一段運河進行了整治，使汶水、洸水注入運河以增加運河的水量，並以南旺口為最高點，使運河水南北分流。北段建閘 17 個，南段建閘 21 個。經過這次整治，大運河又能南北暢通了。永樂十三年（西元 1415 年），建造了 3,000 隻木船投入河運，使河運大大加強。此後海運停止，漕運全由運河承擔。漕運的發展，使濟寧在明代永樂年間成為「運河之都」。流經聖人故里濟寧，又使大運河將儒家文化向南北傳播。嘉靖年間（西元 1522 ～ 1566 年），鼓勵漕運，山東境內的沿河城市如德州、臨清、東昌、濟寧等，都成為當時中國有名的商業城市。

海上絲綢之路的重要起點 —— 膠東半島

海上絲綢之路的起點除了眾所周知的廣州、泉州之外，在中國東部還有一個重要起點 —— 膠東半島。

山東半島與日本、朝鮮半島隔海相望，具有悠久的海上交流歷史。山東半島在古代有三大通商口岸 —— 萊州港、登州港、密州港，一直是中國北方對朝鮮半島及日本海上交流的主要窗口。中國海上交通線，從山東半島的東部起航，經朝鮮半島沿海地區，再去日本或俄國；或是經山東半島南下寧波、上海、廈門、泉州、廣州，可以一直通達東南亞和非洲各國。

秦始皇建立了中央集權後，著力發展中國東部海域。西元前 210 年，他派徐福帶領規模宏大的遠航船隊東航海外，據研究，徐福就是借道朝鮮半島抵達日本的。漢武帝當政後，擴張活動四起。在對衛滿朝鮮

的用兵中，漢王朝出動海陸兩路大軍，一路由遼東陸路進攻，一路以樓船將軍楊僕率軍 5 萬人從今東萊（山東萊州）渡海直取王儉城（今平壤），滅衛滿朝鮮，置樂浪四郡。此後，凡與朝鮮半島及遼東的海上交通，基本上都是由今山東之萊州等港口起航。

東漢年間漢王朝與倭國（日本）的海上航線，也自今山東諸港起航，經遼東半島，沿朝鮮半島南下，穿越對馬海峽而至日本列島。可以說，大陸文化在東亞的傳播，是由海路傳至朝鮮半島，再由朝鮮半島傳入日本，而這條最早的海上絲綢之路的起點，即是山東諸港口。隋唐時期山東半島是中原地區通往遼東半島、朝鮮半島、日本列島的主要門戶，整個北方海域的海上交通航線都彙集在膠東沿海地區。中國北方商船隊集中停靠在山東半島的萊州海口，船隊從萊州直航遼寧大連，也可直航朝鮮平壤。

唐代地理學家賈耽（西元 730 ～ 850 年）記錄了唐朝七條陸海交通線，有一條北方「登州海行入高麗渤海道」，即指從膠東半島登州港北上遼東去朝鮮和日本。山東登、萊二州不僅是當時中國北方的海外交通重要門戶，而且還是重要的造船中心和貿易中心。朝鮮運來絲綢在登州貿易。新羅人在登州設新羅館，接納來華經商的新羅商人。西元 651 年，日本留學生 120 人回國，也是由萊州乘船到新羅的。

宋代對外貿易發達，對外交通貿易港口重心南移，南方轉而比北方發達。當時中國五大外貿港口有四個在南部，它們是廣州港、泉州港、明州港、杭州港。山東半島西南部沿海的密州板橋鎮，成了宋代中國北方新興的重要外貿大港。密州板橋鎮原隸屬膠縣（今膠州市）。西元 1088 年，北宋政府在密州設立市舶司（相當於今天的港務局）。密州起航至朝鮮仁川、木浦、釜山及日本列島的航線的開闢，使中原地區的糧

食、菸草、煤炭等物品從內河水陸集中在密州出口。朝鮮的土特產如水果、人參等由仁川、木浦輸入山東密州，由山東人購買銷售。密州港作為海上交通樞紐，成了北方航海南下，經江浙沿海，過福建泉州，抵廣州去南洋各國的起始點和集散地。南方向朝廷的上貢物品，就是走沿海航線北上去山東半島的密州，在此卸貨陸路運往京城的，不必再繞成山角去登、萊二州。外國的商船帶著歐洲國家和阿拉伯國家的商品，經朝鮮來山東密州登陸靠岸，由陸路運往中原地區的古城重鎮。宋代歷經300多年，就這樣形成了中國北方以密州為主，登、萊二州為輔的海上國際交通線，並與內地構成陸路交通網。中國內地的帛、絲、棉、綾、絹等貨物被運往木浦、仁川再去首爾、光州等地，供高麗上層貴族享用。每逢春夏之際，山東登、萊、密三州港口內便擠滿了從南浦、仁川、木浦來的高麗船隊、漁船隊，給中國帶來了高麗特產，如高麗人參等。

到了元代，對外門戶沒變，山東半島登州、萊州、密州是東亞各國海運航線上的中間站和供給基地，在遠東國際經濟活動中占有重要的地位。可以說，膠東半島是海上絲綢之路的重要起點之一，即在中西絲綢海上貿易中占有重要地位。

日照 —— 新歐亞大陸橋的橋頭堡

山東海岸線略似個不規則的 S 形，上自濱州漳衛新河入海口起筆，中間出伸到海洋裡去的是威海的成山角，S 的收筆之處就是日照。據《日照縣志》，日照之名始於宋代，取日出初光先照之意。膠萊河以東稱膠東，日照自古屬膠東，西周初年東夷之士姜太公直鉤釣魚待明君故事中的姜尚就出生在此。日照市海岸線長 100 公里，可供建港的岸線有 20 多

公里。日照、嵐山兩個深水大港是國家一類對外開放港口。日照港係國家重點建設的主樞紐港，是中國十大港口和世界十大煤炭輸出港之一。它位於山東半島和蘇北淺灘的凹部，東北距青島港 65 海里，南距連雲港 44 海里，隔海與日本、朝鮮遙望。

由於日照市港灣條件優越，戰略地位重要，1995 年 7 月，中國政府正式把它確定為新亞歐大陸橋「東方橋頭堡」，並將其納入新亞歐大陸橋本土沿線全國重點開發建設的五大經濟區之一。與日照、嵐山兩港相連的日照－西安鐵路大動脈，向西以新疆阿拉山口出境，可達荷蘭的鹿特丹和比利時的安特衛普港，構成了一條長達 1.1 萬公里的新亞歐大陸橋。日照有其特殊的發展優勢。從全國來看，日照位於國家重點開發的沿海主軸線與日照－西安沿橋經濟帶的交會處，同時又處於山東半島城市群與長江三角洲城市群的結合部，在國家生產力布局中占有重要位置，是中西部沿橋地區的主要出海口之一，這是其廣域的圖景。從山東來看，日照既是山東半島城市群的南翼，又是魯南經濟帶唯一的沿海港城和對外開放窗口，是區域經濟潛在的成長極。而且日照海岸有多處優良港灣，可供建港的海域達 20 多海里；日照、嵐山兩個深水港區，灣闊水深，不凍不淤，地質條件良好，是海內外專家公認的深水大港良址，這是其省域的發展優勢。

根據山東省提出的打造半島城市群的戰略思路，日照被納入了半島城市群的規劃範疇。日照未來的城市定位是：獨具魅力的海濱生態旅遊城市，以臨港工業為特色的深水港口城市。日照市正逐步向面向太平洋、聯結亞歐洲，融工業、商貿、交通、金融、旅遊為一體的現代化、多功能國際性港口城市邁進。

曲阜的「馬拉轎子」

曲阜不僅以孔孟桑梓之邦、鄒魯「聖地」著稱於世，而且以其悠久的歷史和燦爛的東方文化而蜚聲中外。1982 年，中國國務院將它列為首批公布的全國 24 個歷史文化名城之一。因「城中有阜，逶曲長七八里」，故名曲阜。因其在中國歷史和世界東方文化中的顯著地位，而被聯合國教科文組織列為世界文化遺產，被世人尊崇為世界三大聖城之一。

「轎子」這種交通工具在生活中出現並正式在典籍中留下記載，是晚唐五代的事；其原型「篼子」（肩輿）的流行，至早也是初唐時期。在此以前，無論官民結婚都是用馬拉車輦迎娶新娘。與此同時，唐宋兩朝政府都頒布過禁止士庶乘坐篼子或轎子的禁令，而只許皇帝和經他特許的高官老臣使用。所以在中國歷史上，舉凡是有錢有權有地位的達官貴人出行都是坐轎子。

曲阜城中有一種獨特的遊覽交通工具 —— 這就是馬拉轎子。小型馬拉轎子一般只有一匹馬兒拉車，可坐六人左右，稍大點的則是兩匹馬拉。馬拉轎子構造簡單，四個輪子撐著一個車板，車板上安裝有二至三排椅子，車身用鐵條或木板圍成車廂，車頂上支著五彩斑斕或素色的篷布，有的豪華，有的淡雅，非常漂亮。詼諧一點的稱謂是「馬的」。到曲阜旅遊，除了遊覽孔府、孔廟、孔林外，遊人一定要坐坐這種「馬拉車」，別有一番韻味。

造車鼻祖 —— 奚仲是在哪裡造車的

在今天這樣一個科技改變人們生活方式的時代,車輛已成為人類生活越來越重要的組成部分。那麼,回溯歷史,是誰創造和發明了這一重要的交通工具呢?成書於春秋戰國時的《管子》,以及《說文解字》、《世本·作篇》中都表明奚仲是人類造車鼻祖。奚仲即夏王朝的車正,為夏禹掌車服大夫。

奚仲的故鄉,就在今天的山東省棗莊市。奚仲造車之處奚公山,今又稱奚山,古時屬滕縣,今歸薛城區,在夏莊鄉北不遠層巒疊嶂處。奚公山在許多古代地理著作中都有記述。北魏酈道元《水經注》云:「郭水又西南經蕃縣(即今滕州)故城南,又西經薛縣故城北。」

奚仲造車且造車於奚山的記述,在眾多的古代典籍文獻中言之鑿鑿。這些記述使得原本在魯南群山峻巒中並不高聳、奇崛的奚山平添了許多悠遠、神聖的色彩。人們要想探尋人類「造車遺址」,便不能不將目光投向獨具秀色的奚山。它是一座狀似饅頭但並不高峻的石山。隔山遠眺,平地上忽然矗起一脈岡巒,迤邐起伏,自西向東延伸出百多里。在周圍平疇的原野上,峰巒連綿,松立柏昂,岡斷嶺連,自有一種靈動和超拔。山下古時建有車服祠,又稱奚公祠,是專門祭祀奚仲這位令人仰慕的大發明家的。歲月悠遠,滄海桑田,而今祠堂已杳然無存。遊人駐足奚山巖石下可見壁上有一條巨跡,傳說那是奚仲造車時留下的轍印。這件事顯然出於後人附會,但畢竟為奚山增添了些許傳奇色彩,當地人卻仍相信這些傳說都是「真的」。

濟南為什麼「家家泉水，戶戶垂柳」

濟南素有「泉城」美譽，泉水數量之多，在中國城市之中，可謂罕見。全市遍布著 700 多處天然湧泉，僅在濟南老城區 2.6 平方公里的範圍內就分布著趵突泉、黑虎泉、珍珠泉、五龍潭四大泉群、136 處泉水。金代曾有人立一方〈名泉碑〉，詳細列舉了濟南七十二名泉，此後濟南便有「七十二泉」之說。乾隆時期的文人盛百二在其《聽泉齋記》中有記載：「歷下之泉甲海內，著名者七十二泉，名而不著者五十九，其他無名者奚啻百數。」1983 年和 1997 年濟南市園林局編制人員在老城區範圍內排查出有正式名稱的泉池 139 處。截至 1997 年 10 月，除淹沒、填埋外，尚有 103 處泉池基本完好，其中屬金〈名泉碑〉所列七十二名泉者有 41 處。另外，在居民院落內還有 30 處無名稱的泉池。這些風采各異的泉水為「四面荷花三面柳，一城山色半城湖」的濟南城增添了無盡的靈氣：或如沸騰的急湍，噴突翻滾；或如傾瀉的瀑布，獅吼虎嘯；或如串串珍珠，燦爛晶瑩；或如古韻悠揚的琴瑟，鏗鏘有聲……歷代名人如歐陽脩、蘇轍、蒲松齡等，都留下了大量詠泉、讚泉的詩文。這些泉水，各具情趣，展現了大自然神奇的造化之功，也使濟南因七十二名泉而著稱於天下。

盛水時節，漫步在芙蓉街、曲水亭街、王府池子街等老街區，小酌香茗，間或有微風吹過，聆聽涓涓泉音，沁香入脾，心曠神怡，撥動幾絲垂柳，「家家泉水，戶戶垂楊」的綺麗風光便呈現在眼前，美麗得失了邊際。

濟南泉水是如何形成的

關於濟南泉水的形成原因，古時說法很多，眾說紛紜。宋代沈括在《夢溪筆談》中說：「濟水自王屋山東流，有時隱伏地下，至濟南冒出地面而成諸泉。」明代胡纘宗詩云：「王屋流來山下泉，清波聊酌思泠然。」古人也有關於濟南泉水來源的正確說法，如宋代曾鞏、金代元好問等人認為，濟南的泉水並非濟水之出露，而是來自濟南城南的山區。

現代地質工作者調查研究認為，濟南泉水來源於市區南部山區。大氣降水滲漏地下順岩層傾斜方向北流，至城區遇侵入岩體阻擋，承壓水出露地表，形成泉水。濟南南部山區為泰山餘脈，自南而北有中山、低山、丘陵，至市區變為山前傾斜平原和黃河沖積平原的交接帶，高差達 500 多公尺，這種南高北低的地勢，利於地表水和地下水向城區匯集。南部山區，在灰岩出露和裂隙巖溶發育的地方，吸收大量的大氣降水和地表徑流，滲入地下形成了豐富的裂隙巖溶水。這些裂隙巖溶水，受太古界變質岩的隔阻，沿岩層傾斜的方向，向北做水平運動，形成地下潛流，至城區遇到侵入岩體的阻擋和斷層堵截，地下潛流大量匯聚，並由水平運動變為垂直向上運動，促進了岩溶發育和水位抬高，在強大的靜水壓力下，地下水穿過岩溶裂隙，在灰岩和侵入岩體的接觸地帶及第四系沉積岩較薄弱處奪地而出，湧出地表，便形成了千姿百態的天然湧泉。

濟南歷下亭原在何處

現今的濟南歷下亭位於大明湖湖心小島之上。因歷下亭是遐邇聞名的海右古亭，所以人們也就習慣將整個小島及島上建築統稱為歷下亭。因其南臨歷山（千佛山），故名歷下亭，亦稱古歷亭。歷史上歷下亭建造年代久遠，位置也幾經變遷。

北魏至唐代，歷下亭建在五龍潭處，稱客亭，是官府為接迎賓客而建造的。唐初始稱歷下亭。早在開元年間就與杜甫在長安結為忘年交的李邕曾在歷下亭設宴款待杜甫及濟南名士。李杜宴飲賦詩歷下亭，使海右古亭從此聲名遠揚，而「海右此亭古，濟南名士多」一聯，千百年來更成了濟南的驕傲。到了唐朝末年，此歷下亭逐漸廢棄。

北宋重建歷下亭時，選址在今大明湖南岸州衙宅後。之後又幾經興廢變遷，至清初康熙三十二年（西元 1693 年），山東鹽運使李光祖在湖中島上現址重建歷下亭。亭在島中央，八柱矗立，斗拱承托，八角重檐，簷角飛翹，攢尖寶頂，亭脊飾有吻獸。亭下四周有木製坐欄，亭內有石雕蓮花桌凳，以供遊人休憩。二層簷下，懸掛清乾隆皇帝所書匾額「歷下亭」紅底金字。亭之西側，有廳堂三間，紅柱青瓦，四面出廈，名「蔚藍軒」。軒西為寬闊的湖面，若值晴空萬里，則天藍藍，水藍藍，湖天一色，瑩如碧玉，故名「蔚藍軒」。亭之北有大廳五間，硬山出廈，花彫扇扉，曰「名士軒」，是歷代文人雅士宴集之地。「名士軒」三字匾額為清末書法家朱慶元書，楹聯「楊柳春風萬方極樂，芙蕖秋月一片大明」，為郭沫若題寫。整個歷下亭島，亭臺軒廊，錯落有致，修竹芳卉，點綴其間。夏日翠柳籠煙，碧波輕舟；秋日金風送爽，荷花飄香，秀麗得讓人心醉，典雅得令人肅然。

風習山東

「老濟南」的俗語

「老濟南」不僅有很多外地人難以聽懂的方言，還有一些與眾不同的俗稱。細細思索這些俗稱，覺得挺有意思。

舊時的濟南人對某些物品名稱的叫法很特別，如：「雞蛋」叫「雞子兒」，「紅薯」叫「地瓜」，「花生」叫「長果」，「饅頭」叫「饃饃」，「油條」叫「餜子」，「玉米」叫「棒子」，「馬鈴薯」叫「地蛋」，「香菜」叫「芫荽」，「山楂」叫「酸楂」，「醬油螺螄」則俗稱為「蛤喇蚰子」。至於濟南人為什麼如此叫法，不外乎是為了好唸（如雞子兒），根據形狀（如長果）及生長特點（如地瓜）而約定俗成。雖然，如今此類叫法在中國公共場合已不多見，但在小巷深處和民間仍時有所聞。

在濟南，包子有大、小之分，水餃俗稱為小包子，蒸包俗稱大包子，平常大小包子的叫法根據場合而定，一般情況下並無「大、小」叫法之分。濟南人習慣於把「收音機」稱之為「戲匣子」，把「玻璃球」稱之為「溜溜蛋兒」，把「氣球」稱之為「洋茄子」，把「廁所」稱之為「茅房」，把「理髮」稱之為「剃頭」，把睡覺用的「枕頭」稱之為「豆枕」。

中國人特別是北方人普遍對「子」感興趣，什麼老子、兒子、孫子，什麼孔子、孟子等等。老濟南人對「子」的運用似乎更感興趣，更加廣泛。濟南人不僅習慣於在一些物品名稱之尾碼上「子」，如車子（腳踏車）、被子（棉被）、地板擦子（拖把）等，還習慣於把圓珠筆稱之為「圓子筆（ㄅㄟ）」，就連濟南人為之自豪的、天下聞名的趵突泉，老濟南人也把它俗稱之為「趵子泉」。這些俗語稱謂成為歷史文化名城濟南的一大特色。

清代巡撫衙門的舊址在哪裡

清代巡撫衙門現在在院前街山東省人大常委會大院內。宋朝曾鞏任知州時於此建別墅「名士軒」。金末元初，山東行尚書省兼兵馬都元帥張榮於此建府第，之後，其孫元大都督張宏建「白雲樓」。明天順元年（西元 1457 年）英宗朱祁鎮次子朱建潾被封為德王，於成化二年（西元 1466 年）在這裡建德王府，將珍珠泉、濯纓湖等劃歸府內。府第規模宏大，亭臺樓閣，富麗堂皇。至明末，歷代德王皆居於此，被後來世人稱為「德藩故宮」。清康熙五年（西元 1666 年），山東巡撫衙門遷於此地。民國後，這裡又成為山東省督軍、督辦公署和省政府駐所。1937 年 12 月，日軍逼近濟南，山東省主席韓復榘棄城而逃，致使官衙建築多被焚毀，僅存清朝的巡撫大堂。1951 年起，中國政府進行整修，先後在這裡建起隸屬於省級機關的人民會堂和珍珠泉招待所，成為山東各界代表經常聚會，進行政治活動的場所。

濟南府城究竟有多少條街巷，最短的是哪條

濟南原來究竟有多少條街巷？一種較為流行的說法是「九街十八巷七十二胡同」。實際上這不過是極言其街巷之多，並不是一個精確統計的結果。在清光緒二十八年（西元 1902 年）繪製的〈省城街巷全圖〉上，所標示的濟南城內街巷已有 160 餘條，當時城外的街巷也達到 150 餘條。這些街名多數一直延續到 1970 到 1989 年代，後來在街名合併及舊城改造中約有半數被淹沒了。

　　由濟南市東小王府街南首北行約三五十公尺，有一條兩公尺多寬的狹長胡同與一條東西走向的小巷相交，小巷長不過一二十公尺，東西巷頭相對各駐有一戶人家。因為它實在太短了，不仔細看，行人甚至察覺不出這是一條小巷。然而翻開百年前的清末濟南地圖，人們卻可以看到，這條位於東小王府的小巷還有一個「象形」的名字——「耳朵眼巷」。耳朵眼巷恐怕要算得上濟南街巷中最短的一條了。

「遊泰山，不遊靈巖不成遊也」

　　靈巖寺位於濟南市長清縣萬德鎮境內，距 104 國道 8 公里，總面積約 50 平方公里，以悠久的宗教歷史和深厚的文化內涵馳名於世，是國家級重點文物保護單位，也是國家級著名的風景名勝區和佛教聖地。靈巖寺地處泰山之陰，是世界文化遺產泰山的組成部分，素有「遊泰山，不遊靈巖不成遊也」之說。

　　靈巖寺初建於東晉，興於北魏，盛於唐、宋、金至明，與浙江天臺國清寺，南京棲霞寺、江陵玉泉寺並稱中國寺院四絕並居於首位。靈巖寺風景區層巒疊嶂，景色秀麗。區內有靈巖勝境、十里松、滴水崖、白雲洞、靈辟峰、可公床、良公石、一線天等自然勝景。靈巖寺寺院依山而建，共有殿宇 36 處，亭閣 18 座，含天王殿、鐘鼓樓、大雄寶殿和千佛殿等古建築，其中千佛殿內環列的 40 尊彩色泥塑羅漢，是宋代泥塑之珍品，具有極高的藝術價值。書畫大師劉海粟曾讚曰：「靈巖名塑，天下第一，有血有肉，活靈活現。」

泰山為何被稱為五嶽獨尊

泰山又稱岱山、岱宗、岱嶽、東嶽、泰嶽等，名稱之多，實為中國名山之冠。泰山之稱最早見於《詩經》，「泰」意為極大、通暢、安寧。泰山突兀地立於華北大平原邊上的齊魯古國，同衡山、恆山、華山、嵩山合稱五嶽，因地處東部，故稱東嶽，故有「五嶽之長」的稱號。泰山有著深厚的文化內涵，其古建築主要為明清的風格，將建築、繪畫、雕刻、山石、林木融為一體，是東方文明偉大而莊重的象徵。幾千年來，泰山成為歷代帝王封禪祭天的神山，隨著帝王封禪，泰山被神化，佛道兩家，歷史文化名人紛至沓來，給泰山與泰安留下了眾多的名勝古蹟。泰山自然景觀雄偉高大，有數千年精神文化的影響和渲染以及人文景觀的烘托，而被稱為「五嶽之首」。它是中華民族精神文化的縮影，而今又成為世界文化遺產。

以一座山來命名一個城，在華夏大地上可謂不多，泰安則獨領風騷。如果說泰山是個蔥鬱的巍峨巨人，通天拔地，氣勢恢弘，那麼山腳下的泰安城則是一個靈秀的嬌小女人，女人深愛著、依戀著雄奇壯麗的巨人，城以山榮，山使城興，城就是山，山即是城，泰山永遠是泰安城的靈魂，泰山那種主宰萬方的帝王威嚴讓泰安城平添了幾分沉穩，而且是那種「穩如泰山」之穩。

碧霞元君的化身

碧霞元君全稱天仙聖母碧霞元君，是泰山上最顯赫的神，俗稱為「泰山奶奶」、「泰山老母」、「老奶奶」，深為民間廣大群眾所信仰和崇拜。

泰山自宋真宗封禪時開始築廟，明洪武年間重修廟宇時，正式稱為碧霞元君。明萬曆年間，孝定皇太后親至泰山修煉，極力宣揚碧霞元君的靈驗，大約就從這時起，這位女神享受了數百年興盛不衰的香火。明萬曆二十一年（西元 1593 年）王錫爵撰寫的〈東嶽碧霞元君宮碑〉云：「自碧霞宮興，而世之香火東嶽者咸奔走元君。近數百里，遠即數千里，每歲瓣香嶽頂數十萬眾。」這從一個側面反映出古代民間對碧霞元君的崇拜。

關於碧霞元君的來歷，至今眾說紛紜，其中以碧霞元君為東嶽大帝之女的說法最為流行。其實，碧霞元君和東嶽大帝都是山神的人格化，他們都源於古人原始崇拜中的山嶽崇拜。泰山神是中國所有山神中最著名者，後來成為在中國影響最大的山嶽神。泰山神被人格化為東嶽大帝、天齊王以後，人們又為其安排了子女（卻沒有配備夫人）。父貴子榮，東嶽大帝的幾個兒子（如泰山三郎炳靈公）和女兒碧霞元君，自然也不同凡響。隨著對泰山神一家信仰的不斷提高，他們的社會功能也不斷擴大，遠遠超過了一般山神。

泰山的鎮山三寶

清朝乾隆時期禦封泰山的溫涼玉圭、沉香獅子和黃釉青花葫蘆瓶被視為泰山三寶。

➤ 溫涼玉圭。全長 92.2 公分，上寬 29.5 公分，下寬 21.7 公分，分上下兩段，重 27.75 公斤。上段浮雕日、月、星辰及海水江崖圖案；下段陰刻「乾隆年製」四字楷書款，字高 6.5 公分，寬 4.5 公分。據《泰山誌》載：「乾隆三十六年皇太后賜⋯⋯長三尺五寸，名溫涼玉，半暖半寒。」故俗稱溫涼玉，為「鎮山三寶」之一。

➤ 沉香獅子。乾隆二十七年（西元 1762 年）御賜岱廟。一件高 37.5 公分，長 36.5 公分，重 3.5 公斤；另一件高 36 公分，長 38 公分，重 3.75 公斤。兩隻獅子的基本造型為前腿直立，尾巴翹起，全身疙瘩形似蜷毛，雙目圓睜，微微啟口，生動可愛。均用沉香樹根雕刻而成，為「鎮山三寶」之一。

➤ 黃釉青花葫蘆瓶。通高 23 公分，口徑 3 公分，底徑 6.3 公分，下腹圍 35.5 公分。此瓶造型惇厚古樸，線條柔和渾圓，青花色澤藍中泛紫，色調濃重鮮明，是典型的嘉靖時期景德鎮御窯產品，乾隆五十二年（西元 1787 年）賜岱廟。原為一對，現僅一件完整的，另一件只存瓶蓋。為「鎮山三寶」之一。

乾隆的女兒為什麼改姓嫁到孔府，乾隆「飲水拜師」與什麼有關

于氏原是清乾隆皇帝的親生女兒，那麼她為什麼改姓于又嫁到孔府了呢？這裡還有段小故事。據說乾隆的女兒臉上有塊黑痣，相術說，這塊痣主災，破災的唯一辦法是將她嫁給一個有福的人。朝裡大臣們議論，天下只有孔聖人的後代最有福。但是當時是滿族統治，按規定滿漢不能通婚。於是有人給皇帝出主意，將女兒認漢族大臣、戶部尚書于敏忠為義父，這樣便以于家的名義嫁到孔府。于氏死後，孔府為其立了「鸞音褒德」牌坊。

乾隆皇帝把自己的女兒下嫁給孔子的七十二代孫孔憲陪，也提升了孔府的地位。乾隆一生到曲阜 8 次，一為看女兒，二為尊孔，一舉兩得。

據說乾隆皇帝祭孔時曾勺水拜師，在井西側建「飲水拜師」的涼亭，內立「故宅井贊」碑一塊。孔廟詩禮堂後的孔子故宅中，有一眼水

井，這眼水井已有 2,500 多年的歷史，是曲阜現存最古老的。相傳是孔子當年飲水的井。井深丈餘，水清且甘，被稱作「聖水」。這眼井因此被視為「聖物」，從而受到歷代的精心保護。明代時，有人在井旁立「孔子故宅井」石碑一幢，並在井臺四周修了雕花石欄。井西有座玲瓏小亭，內立乾隆皇帝「飲水拜師」的「故宅井贊」，上面刻有他 5 次來曲阜的題字，可見其對「聖水」的崇拜了。

孔府為什麼被稱為「天下第一家」

孔府是孔子嫡系長子長孫居住的府第。孔府與孔廟毗鄰，共有三路布局，九進院落，有各式建築 463 間，加上後花園，共占地 16 公頃。孔府，也稱「衍聖公府」。「衍聖」的意思是說「聖道」、「聖裔」，能繁衍接續，其子孫可世代相襲、輩輩相衍。隨著孔子諡號的追加，歷代帝王對孔子後裔也一再加封，到北宋至和二年（西元 1055 年）宋仁宗賜封孔子第四十六代孫孔宗願為世襲「衍聖公」，達到頂點。這一封號自宋一直沿用至民國初年長達 880 多年。

「衍聖公」是中國封建社會享有特權的大貴族。宋代相當於五品官，元代升為三品，明代上升為一品文官，清代不僅班列閣臣之上，還特許在紫禁城騎馬，在宮中御道上行走。當然歷代統治者對「衍聖公」的抬舉，主要還是利用「孔子」這塊招牌為自己的統治服務。洪武十年（西元 1377 年），朱元璋下詔令「衍聖公」有權設置官署，同時又特命在闕里故宅以東重建府第。清代在此基礎上又進行了大規模的修建。這就是今天人們所看到的中國封建社會中典型的官衙與內宅合一的建築 ——「天下第一家」 —— 孔府。

孔氏家族中為什麼會分為「內孔」與「外孔」

闕里孔氏有「內孔」、「外孔」之分。孔子的直系後裔被稱為「內孔」，又稱「內院孔」、「真孔」，同為孔姓但不同宗的孔末的子孫稱為「外孔」，又稱「外院孔」、「偽孔」。內孔、外孔之分，與五代時期的「孔末亂孔」有關。

相傳五代前唐時期，由於當時兵荒馬亂，孔府又遠離朝廷，斷了恩賞，孔氏第四十二代孫孔光嗣僅靠做泗水令支撐門面。孔府有個灑掃戶，原姓劉，叫劉末，進府當差後稱孔末。孔末早有篡位奪權之心，梁太祖乾化三年（西元 913 年），孔末在一天夜裡殺死孔光嗣，並想斬草除根，連同孔光嗣的獨生子孔仁玉一同殺死。恰巧，當時孔仁玉去乳母張媽媽家沒有回來，孔末追至張媽媽家。張媽媽有個兒子和孔仁玉年齡相仿，而且兩個孩子都是禿子。張媽媽給自己的兒子穿上孔仁玉的衣服冒充孔仁玉，結果被孔末殺死了。此後，孔末便以孔子後裔自居。當時正處於亂世年代，孔氏族人都敢怒不敢言。

孔仁玉在張媽媽家中，改名換姓，發憤讀書。後唐明宗長興元年（西元 930 年），孔仁玉赴京趕考，被朝廷授以太學生。這時，孔仁玉向明宗奏明孔末亂孔的真相，明宗派官員來曲阜查實，將孔末治罪。明宗恩准孔仁玉回孔府襲爵。斷了宗的孔子世家得以中興。孔氏後世尊稱孔仁玉為「中興祖」。

孔末的子孫分布在曲阜的小薛社、張陽社、西隅社、東忠社、西忠社，元初改編里甲，為民籍。發展到清代，孔末之後的外孔，曲阜、鄒縣等地都有，雖同為孔姓，並非一脈。歷來孔氏家族對內孔、外孔都有明確的劃分和嚴格的規定，除外孔不准按內孔頒發的行輩字樣取名外，

還規定，凡屬外孔都不能續聖裔孔氏家譜，如有冒宗續譜者，就要獲罪。孔末曾剪滅聖裔，冒宗冒爵，是僕隨主姓而姓孔，不與內孔同祖同宗，因此，內孔與孔末子孫的外孔永為世仇。內孔與外孔是孔氏家族史上多次發生糾紛的焦點。孔氏家族歷次修譜都毫無例外地對外孔口誅筆伐，說孔末是廟戶劉景的後代，入廟充役後隨主人改姓孔。孔末後人則不承認是外孔，這種鬥爭歷代都有。金代明昌年間（西元 1190 ～ 1196 年），孔末後人孔寅孫因孔氏家族不許其弟子入廟學讀書，訴訟至禮部，遭到黜斥。其後，孔庭族長孔玭不許孔之仙冒充聖裔，結果全家 14 口人遭殺害。

現在，曲阜孔姓眾多，內孔、外孔雜居相處。外孔多年前早已隨孔氏行輩，而許多年輕的孔氏後人反而不用統一行輩起名了。一些人知道有內孔、外孔的故事，但大部分已不講究誰是內孔，誰是外孔。今天的孔氏族人自豪地感到，作為偉大思想家、教育家孔子的後裔是十分榮耀的，不再那麼在意過去那種特有的宗法觀念了。

孔子墓是如何保留下來的

相傳孔子 3 歲時，他的父親就病故了，葬在了防山上，母親怕孔子前往祭拜，影響讀書，一直沒告訴他父親葬在何處。直到孔子 17 歲時母親病故，孔子才從鄰居那兒知道了父親的葬處。為了便於祭祀父母，孔子主張將父母合葬在一起，並築起墳丘，孔子成為第一個在父母墓上封土為墳的人。到了春秋晚期至戰國時代，隨著葬禮觀念的加強及高臺夯土技術的發展，在墓坑上堆築高大的陵體，已普及中原。奇怪的是孔子死後，據說仍是葬後而不起墳土。孔子的弟子們也許擔心天長日久找不

到老師的墓地，故而不約而同攜帶著樹種來到孔子葬地，圍繞著墓地種植樹木，以作為老師墓地的象徵。直到東漢桓帝時，朝廷才以官方名義修了孔子墓。此後歷代帝王多次賜給祭田、墓田，重修和擴建，才形成了現在的古木參天、遮天蔽日的孔林規模。孔子的墓地上也堆起了馬背形的封土，稱為「馮盟封」，是一種特殊尊貴的築墓形式。

真有宋江此人嗎

《水滸傳》中稱：宋江，表字公明，排行第三，祖居鄆城縣宋家村，為人孝順，仗義疏財，因為面黑身矮，人們都稱他為「孝義黑三郎」。上梁山前，宋江在鄆城縣做押司，他刀筆精通、吏道純熟，兼之愛習槍棒，學得武藝多般。宋江平生只好結識江湖上好漢，凡有人來投奔他，不管什麼身分，他都熱情接納、終日陪伴，並無一點厭倦；來人若要起身則盡力資助。平常濟人貧苦，救人之急，扶人之困，因此，大家把他比作能救萬物的「及時雨」，在山東、河北一帶很有名氣。

據史料記載，歷史上宋江實有其人。《宋史‧侯蒙傳》載：「宋江寇京東，蒙上書言：『江以三十六人橫行齊魏，官軍數萬，無敢抗者。其才必過人』。」汪應辰《文定集‧顯謨閣學士王公墓誌銘》謂：「河北劇賊宋江者，肆行莫之禦。」張守《毗陵集‧祕閣修撰蔣圓墓誌銘》謂：「宋江嘯聚亡命，剽掠山東一路，州縣大振，吏多避匿。」《宋史‧徽宗紀》：「宣和三年二月……方臘陷處州，淮南盜宋江等犯淮陽軍，遣將討捕；又犯京東、江北，入楚、海州界，命知州張叔夜招討之。」〈張叔夜傳〉所敘最詳：「宋江起河朔，轉略十郡，官軍莫敢攖其鋒。聲言將至，叔夜使間者所向。賊徑趨海瀕，劫巨舟十餘，載鹵獲。於是募死士得千人，設

伏近城，而出輕兵踞海誘之戰。先匿壯卒海旁，伺兵合，舉火焚其舟。
賊聞之，皆無鬥志。伏兵乘之，禽其副賊，江乃降。」

濰坊十笏園的園林特色

　　濰坊十笏園建於明代，原是明嘉靖年間刑部郎中胡邦佐的故宅，清
代陳兆鸞（清順治年間任彰德知府）、郭熊飛（清道光年間任直隸布政
吏）曾先後在此住過，後被濰縣首富丁善寶以重金購得，於清光緒十一
年（西元 1885 年）改建為私人花園。

　　「笏」為古時大臣上朝時拿著的狹長形手板，多用玉、象牙或竹片製
成。丁善寶在他的〈十笏園記〉中對十笏園的命名作了解釋：「以其小
而易就也，署其名曰十笏園，亦以其小而名之也。」「十笏」一詞，來自
唐人所著《法苑珠林》，在此書的〈感通篇〉中說，印度吠舍離國有維摩
居士故宅基，唐顯慶中王玄策出使西域，過其地，以笏量宅基，只有十
笏，故號方丈之室。後人即以「十笏」來形容小面積的建築物。此園面
積僅 2,000 餘平方公尺，確是小園，丁善寶即取此意。

　　十笏園面積雖小，但在有限的空間裡，能呈現自然山水之美，含蓄
曲折，引人入勝。園中假山池塘、曲橋迴廊、亭榭書房等建築共 34 處，
房間 67 間，緊湊而不擁擠，身臨其境，如在畫中，給人一種布局嚴謹、
一步一景的感覺，展現出北方建築的特色，是中國古典造園藝術中的奇
葩。十笏園平面呈長方形，由中、西、東三條古建築軸線組成，中軸線
建築及其院落為園之主體部分。遊覽十笏園，可以從中盡情品味中國傳
統園林建築的奧妙。

聊城為什麼又被譽為「中國的威尼斯」

聊城地處魯西平原，冀、魯、豫三省交界處，經濟繁榮，文化昌盛，因位於古聊河西岸而得名，曾為沿古運河九大商埠之一，被譽為「漕挽之咽喉，天都之肘液，江北一都會」，是座歷史悠久的城市。聊城始建於春秋時期，距今已有 2,500 多年的歷史，《史記》中「魯仲連射書喻燕將」的故事就發生在這裡。明清之際，漕運的興盛給聊城的經濟文化發展帶來了極大的影響。

聊城古運河畔山陝會館

聊城古稱東昌，是湖、河、城融為一體獨具特色的城市。馳名中外的京杭大運河像一條遊龍越境而過。江北最大的人造湖東昌湖，是北宋年間掘土築城而成，湖水面積 5 平方公里，將整個聊城古城區圍在湖水之中，猶如錦帶環抱古城。光嶽樓，衝漢凌空，氣勢雄偉，為魯西的一大奇觀。如今聊城新城區又依湖而建，形成了中國長江以北鮮見的城湖相依、城中有湖、湖中有城的水城特色。被譽為「一城碧水連翠柳，會館光嶽映古城」。

聊城有著深厚的歷史文化，中國古典名著《水滸傳》、《金瓶梅》、《老殘遊記》中許多故事也都取材於這個地區，其獨特的自然景觀和人文景觀，吸引著眾多的遊客。鳥瞰古城，環城湖水宛如一面明鏡，把古城鑲嵌在中央，因此，中外專家譽聊城為「中國的威尼斯」，東方的「諾亞方舟」。

煙臺「童叟奇觀」指的是什麼景觀

　　童叟奇觀是煙臺市區的主要景點之一。在玉皇廟的正殿院內，東面有一棵老石榴樹，據說有 600 多年的歷史了。這棵老石榴樹與西邊那棵小石榴樹不一樣。俗話說夏日石榴紅似火，而這棵石榴樹開的是白花，結的是白果。西邊那棵小石榴樹開的是紅花，結的是紅果。它們一老一少，是玉皇廟內的一景，有人稱它們是「童叟奇觀」。七八月分石榴花開，紅白相間，分外好看。到了 10 月，石榴果實纍纍掛滿枝頭，笑迎著遊客，別有一番景色。

　　芝罘島上的陽主廟，約始建於春秋時期。「陽主」為齊國祭祀的「八神將」之一，排行第五，為專管民間水、旱、瘟癥的神。據《史記》載，秦始皇於西元前 219 年、前 218 年、前 210 年東巡時，曾三次登上芝罘島，向陽主行禮封禪，刻石勒碑頌揚功德，並曾挽連弩射殺一條大魚。「泰始皇芝罘射大魚」是中國皇帝海上射魚的最早記載，遺留下「射魚臺」之名。漢武帝於太始三年（西元前 94 年）行東海，也曾駕臨芝罘島，行祭祀陽主大典。芝罘島因而名垂千古，目前在世界許多國家的航海圖上仍以「芝罘」之名代表煙臺。

八仙過海故事的起源是什麼

　　所謂八仙，就是指由道教的八位神仙組成的一個神仙群體，他們是鐵拐李（一稱李鐵拐）、鍾離權、張果老、何仙姑、藍采和、呂洞賓、韓湘子、曹國舅。關於他們的完整說法始於元朝，到明朝正式定型。八仙

過海的故事雖係虛構，但也並非空穴來風。它來源於宋初建隆年間（西元 960～963 年）一段悲慘而又真實的故事。

據史料記載，當時的沙門島（今山東長島縣廟島群島）是重要犯人流放地，自宋建隆三年（西元 962 年）開始，這裡只關押犯罪的軍人。後來島上的犯人越來越多，但朝廷只發給 300 人的口糧，監獄官多次申請加糧，刑部、戶部均置之不理。這樣，人多糧少的矛盾愈演愈烈，終於發生大規模的衝突，而且衝突的次數逐日增多。這使看守頭目李慶很傷腦筋，無奈之下想出了這樣的辦法：犯人一旦超過 300 人，即把多餘者扔進大海淹死，結果致使先後有 700 多人葬身魚腹。朝廷後來知道了這種做法，也未追究。於是李慶的膽子越來越大，由原先祕密處死，發展到半公開淹斃。這天，又有幾十名犯人聞知要遭毒手，他們便每人抱了根木頭，趁夜往 15 公里外的蓬萊山遊去。孰料途中遇大風，只有 8 人僥倖游到蓬萊城北的丹崖山下，在一個山洞中隱藏下來。不久，這 8 個人被當地漁民發現，他們害怕暴露真實身分，隨口編了自遠洋而來的假話，漁民們驚異其為神人。此事很快傳開，有人加以附會，編成了神話故事。於是，「八仙過海」之說不脛而走，一些漁民甚至為其祭祀，以祈求他們的庇祐。後來，這 8 位不知姓名的好漢被分別冠以八仙們的名字，一直流傳了幾百年，其中一人還被錯安了性別。現在，廟島群島的顯應宮內建有「八仙過海」的雕塑群像，為我們傳頌著這段感人至深的歷史故事。

牟氏莊園與「牟二黑子」

牟氏地主莊園坐落於棲霞城北古鎮都村，是清代大地主牟墨林及其後裔所建的住宅，是目前中國最大、保存最完整的地主莊園之一。它始

建於清雍正年間，後隨著家族繁衍和家業的不斷擴大，基本建成於民國二十四年（西元 1935 年）。莊園共有 6 個大院，房屋 480 餘間，總面積達 20 幾平方公里。院內主體建築多屬兩層樓房，連同屏門、東西廂房組成四合院。各院四至六進不等，房舍多是雕梁畫棟，明柱花窗。整個莊園結構嚴謹、堅固敦實、雄偉莊重，鱗次櫛比，渾然一體。

牟墨林是清代一個極有經濟頭腦的富商，他以販糧為手段，趁饑饉之年，以糧換田，暴發為擁有 2,600 多公頃土地的大地主。他的子孫恪守祖訓，繼承家風，在其家族的鼎盛時期，擁有土地達 4,000 公頃，山林 8,000 公頃，房屋 5,500 間，佃戶村 153 個。他一生兼併土地 2,600 多公頃，山林面積也不下此數，遠遠超過其先輩。可稱得上心黑手辣。其綽號「牟二黑子」猜想為稱其「心黑」的主要緣由。

長山列島為什麼又叫廟島群島

在煙波浩渺的大海上，鑲嵌著一群寶石般蒼翠如黛的島嶼，這就是被世人譽為「海上仙山」的美麗群島 —— 廟島群島，亦稱長島。長島扼踞遼東半島與山東半島之間的渤海海峽，與古城登州（蓬萊）隔海相望。據《史記》記載，秦皇漢武都曾不辭跋涉，停步歇馬於蓬萊丹崖山畔，望海中仙山，乞求長生。這裡的仙山指的便是長島，唐詩曾云：「忽聞海上有仙山，山在虛無縹緲間……」宋朝的大文學家蘇東坡當年曾眺望長山諸島不由讚嘆道：「真神仙所宅也！」《西遊記》、《鏡花緣》等神話小說更是把這裡描繪成一個虛幻縹緲、超脫凡塵的世外桃源。

來到長島面對諸多的島嶼，就像面對一幅綺麗的立體畫卷，一島有一島之奇，一景有一景之麗。這裡因海蝕地貌形成的各種奇礁異石，或

古樸清幽，或玲瓏剔透，神韻各具。有的突兀群聚，堪稱海上石林，有的孑然孤立，似少女凝神佇立，似少婦期盼歸人，似老僧打坐觀海，似寶劍入雲……如九丈崖的雄偉，寶塔礁的壯麗，姐妹峰的俊秀，望夫石的痴情，羅漢礁的渾厚……無不形神酷似，令人拍案叫絕。海灘之景，半月灣似一輪清麗明月靜臥在海灣之中，海灘上由珠磯球石堆積成一條長 2,000 多公尺、寬逾 50 公尺的彩色石帶，珠磯球石有的潔白如玉，有的紅似瑪瑙，有的碧若翡翠，有的亮似明珠，將遊人帶入一個珠光寶氣、五彩繽紛的世界。

大銀杏樹與「七摟八一媳婦」

地處山東莒縣的浮來山自古便以千年古剎定林寺、天下銀杏第一樹、世界之最檀根王等古蹟文明享譽中外。浮來山古銀杏樹，號稱「天下銀杏第一樹」，也有人管它叫「銀杏之祖」。它閱盡滄桑三千載，不僅當之無愧地成為歷史的見證，而且留下了許多逸聞趣話。

古銀杏樹參天而立，遠看形如山丘，龍盤虎踞，氣勢磅礴，冠似華蓋，繁蔭數畝。樹下古碑林立，詩詞萃集，留下了先人的許多題詠紀略。其中「大樹龍盤會魯侯」（《左傳》記載：「魯隱公八年，九月辛卯，公及莒人盟於浮來。」）是指春秋時期，莒國的國君莒子與魯國的國君魯侯，在銀杏樹下結盟修好一事。那時，此樹雖無確切年齡記載，卻已為「大樹」。又如清順治甲午年間，莒知州陳全國所立碑云：「此樹至今三千餘年。」可知此樹在 300 年前就已 3,000 餘歲了。因而古人留下「十畝蔭森更生寒，秦松漢柏莫論年」的佳句。

銀杏王現高 24.7 公尺，幹圍 15.7 公尺。關於形容大樹的腰圍之粗，

民間還有「七摟八拃一媳婦」之說。相傳在很久以前，有一女子在樹洞中暫避風雨。一群遊人想打趣一個過路的小和尚，便讓他實地測量銀杏樹的周粗，小和尚不知所以，欣然答應。等他上前測量時，才發現中了圈套。因為古人有「男女授受不親」的說法，小和尚當然不能接觸女身。但聰明的小和尚馬上就想出了應對辦法。只見他從避雨女子的一側量起，摟了七摟，眼看要觸及女子，便換摟為拃（大拇指和中指間的距離），在拃了八拃之後，正好量到那女子的身側。小和尚便不慌不忙地對大家說，大樹的周粗是「七摟八拃一媳婦」，一時為眾人稱奇。大銀杏樹的周粗還有一種說法，叫「大八摟、小八摟」。就是說大個子摟八摟，小個子也是摟八摟。因為此樹上粗下細，可以因人而異。

老幹結果，是這棵古銀杏樹的又一大奇觀。金秋季節，人們會驚奇地發現，在那數抱粗的主枝老幹上，結滿了無數豐碩的果實，烏黑的樹皮襯托一顆顆金燦燦的果實，令遊人交口稱奇。懷中生子，是銀杏王的又一趣聞。銀杏樹屬裸子科喬木，通常以果實萌發新苗，傳宗接代。早在 50 多年前，這裡的管理人員曾從古銀杏枝中拔出一銀杏樹條植於古樹西 20 公尺處，很快成活，並茁壯成長，目前已成幹圍數公尺的銀杏樹了。樹下曾立一石記載此事，石碑上書：此樹非是果仁胎，祖樹懷中移下來，從此古樹有後代，一九五九冬月。

鄉俗山東

山東人見面為何叫二哥

在山東，人們和素不相識的男子打招呼，開口要稱「二哥」，而不是像在別處那樣叫「大哥」。這種習俗的來源，並不像有根有據的學術問題那樣，可以確切作答，而只是有趣的傳說。說來也湊巧，與這個傳說有關的是兩個家喻戶曉的山東人，在自家兄弟中都排行老二，且這兩個人一文一武：文的是儒學創始人孔丘，武的是《水滸傳》小說中的人物武松。

說到孔丘是因為後來被歷代統治者尊稱為聖人，便沒有人再敢直呼其名了。所以儘管孔丘行二，但世上只知有孔子，除了個別年代稱他為「孔老二」，大多時候都是畢恭畢敬地尊稱他為「孔聖人」。而且，他的大哥是怎樣的人物，也沒有人知道。因此，山東人見人叫「二哥」和孔聖人幾乎沒有多少關係。

比較而言，武松雖是個文學作品中虛構出的人物，但他的言語行為卻處處符合山東大眾的口味，因此在山東人的心目中，他比活人更有生氣，稱名道姓還不足以表示和他的親近，便像稱呼自家兄弟那樣，叫他「老二」，喊他「二哥」。加上歷代人們在《水滸傳》的基礎上，編了許許多多說書的回目。敲兩片梨花板說起來，直令山東老鄉廢寢忘食；稱說書也不叫「說書」，叫做「說武老二」。人們是那樣崇拜武松，卻並沒有意識到，武松的高大形象，在不少方面是靠他的兄長武大郎的反襯而形成的。在武松成為英雄而深入人心的同時，武大郎作為一個其貌不揚、言行缺少英雄氣概的男子，也被人牢牢地記在了心中。日久天長，這兄弟二人強烈對照的形象，在山東男子漢中就成了一種約定俗成，叫「大哥」，心中浮起的是武大郎的影子，叫「二哥」精神上升起的是好漢武松的豪氣。

既然如此，外地朋友見了山東的朋友時，就可以響亮地喊他一聲：「二哥！」

為什麼岳父又被尊稱為泰山

中國各地歷來都有尊稱岳父為泰山的說法。岳父為什麼被尊稱為「泰山」？這還要從「封禪」說起。古代帝王常臨名山絕頂，設壇祭天地山川，晉封公侯百官，史稱「封禪」。一次唐玄宗李隆基「封禪」泰山，委派中書令張說為「封禪使」，帶領人馬到泰山築壇闢基，舉行祭祀天地的大典。張說奉旨前往，而自己卻另有打算，他認為封禪動用黃金萬兩，無據無數，吃喝玩樂，大有油水可撈，再說事後還可以因功受賞，便趁機把女婿鄭鎰也拉上一齊赴岱。唐明皇到泰山封禪，千軍萬馬，車如流水，舉行了轟轟烈烈的封禪儀式。事後按慣例，自太尉、司徒、司空以下，凡隨行官員都晉陞一級，並大赦天下，以示皇恩。鄭鎰本是九品小吏，由於他老丈人的作用，連升四級，驟遷五品，紅袍加身，威風凜凜，趾高氣揚，好不顯赫。其他人早就看在眼裡，氣在心上，一時宮廷上下議論紛紛。此事後來傳到了唐明皇的耳朵裡，皇帝馬上召張說進殿，問他是怎麼回事，張說默不作聲。這時，有個叫黃幡綽的人在旁一語雙關地答道：「此乃泰山之力也。」玄宗才知張說徇私，很不高興，不久把鄭鎰降回原九品。此事在宮廷內外傳為笑話。以後，人們便把祭壇旁邊的那個高聳入雲的石峰取名叫「丈人峰」，遂把丈人稱作「泰山」，因為泰山又稱「東嶽（古為岳）」，所以把丈人又叫做「岳父」，同時把妻母稱為「岳母」，並一直沿襲至今。

魯西南的喝酒「風俗」

讀過古典小說《水滸傳》的人，無不為梁山好漢那「大碗喝酒，大塊吃肉」的豪飲之風所折服。時光雖已過去了900多年，但在當年梁山好漢活動的地方 —— 魯西南一帶，如今這種豪飲之風依然存在。當地至今流傳著這樣一句諺語：「有菜無酒不留客，有酒無菜是好席。」可見那裡人對於飲酒的態度。

魯西南人習慣用大碗飲酒的風俗，常見的有兩種做法：

一曰「喝亮盅」。全席只備一個酒盅 —— 那盅子其實是一個可盛二兩多酒的大碗。在席桌的中央倒扣著一個大碗，將那唯一的酒盅放在大碗的底上，高高地亮出來，十分顯眼。宴席開始時，主人將「亮盅」內斟滿酒，右手執盅，左手托著盅底（俗稱「端」、「端酒」），敬在客人面前。客人接過來一飲而盡，主人便特別高興。客人飲過，空盅放回桌子中央，所有陪客的人都不必再勸，依次自取酒盅，斟滿而飲。大家都喝過，主人再為客人「端」第二盅。如此循環，客人喝得越多越好。不然，最少也要連飲三杯，名為「桃園三結義」。

二曰「推磨」。先備下一個足可盛一兩斤酒的大碗，選烈性白酒一瓶瓶地倒入碗中，放在首席客人的面前。首席客人不推不讓，伏身牛飲。喝過一大口，再推碗給下一位。下一位也伏身飲過，依次向後推。這樣周而復始，一輪一輪地喝下去，不許有半點作假。誰若弄虛作假少喝了酒，則會被人瞧不起，從此名譽掃地。更有甚者，喝到極興奮時，領頭的人起身將魚湯倒入酒中。這是一個盡醉的信號，有誰清醒著離席，他就算不夠交情。現在這種風習有所改變，一般不再用大碗「推磨」，也不要求盡醉。但在有些場合，還是要先取一個碗來做一圈「推磨」的樣

子，表示遵循了古風，然後再換杯按新風氣飲酒。

魯西南婚宴飲酒時間很長，常常是從中午一直喝到晚上。隨著宴席排開，各個桌上的客人互敬對飲之外，有三輪敬酒是推託不掉的。第一輪，向各席客人敬酒的是新郎的兄弟。來敬酒的人必有一個人陪著，這相陪的人肩上搭著一條潔白的毛巾，一手拿著一瓶白酒，一手拿著一個可盛二兩酒的盅子。到了席間，作陪的人用毛巾揩過盅子，斟滿了酒遞給主人，由主人「端」向客人，每位客人都連飲三盅。第二輪，新郎本人前來敬酒，照樣是每人三盅。再過一陣，新郎的父親來敬第三輪酒，依舊是每人三盅。按當地風俗，確實酒量小的，前兩輪可以推辭不喝。但是第三輪，新郎父親的敬酒是非喝不可的。到最後，三輪都能痛快喝完的客人，最使主人高興。

拿魚、顫清與照蝦

錦秋湖中百姓捕魚，俗稱「拿魚」。拿魚的方法千般百樣，有下鉤、下線、下缸、捕罩、撒網、下箔、耍叉、燈照等。下鉤的方法很簡單，只用長 1 公尺的線拴一把鉤，繫在 70 ～ 80 公分的一段葦子上，拋在船道兩旁或池中，便可以定時來取魚了。拿魚的技術全在串魚餌。魚餌用小白魚和小齊魚，串掛時不要小魚跑掉，又不能串死，活著掛在鉤上，這才能騙得了慣吃小魚的大魚。

破冰叉魚，當地人叫「顫清」。初冬，湖中結冰二三指厚，人行冰上顫顫悠悠，但絕不會斷裂，湖民滑冰拿魚，冰下的情形看得一清二楚，發現有魚，以木榔頭敲擊冰面，魚驚逃跑，追蹤再敲冰，直鬧得魚兒筋疲力盡，也失去了警覺，伏在一處不再動彈。這時，漁人取出魚叉，從

容地叉魚上冰。

「照蝦」是在初春開凌之後，夜幕降臨，人們在湖邊選水流徐緩的地段，用雙腳踩出一方「碼頭」，將草簾作「U」形插入水中，開口朝下游，背端近岸，將馬燈掛在草簾內側下方。小蝦趨光，密密麻麻逆流而上，這時照蝦人手持面簾撈蝦不停，至夜半結束，一般情況下一盞燈可獲蝦二三十斤。

山東人與「煎餅捲大蔥」

煎餅捲大蔥是山東人喜食的傳統主食之一。煎餅是由玉米麵或小米麵經發酵後在鏊子（一種下面有三個腿的平面鐵鍋）攤成的薄薄的餅，捲上大蔥，再蘸上麵醬，味道特別鮮美。做煎餅的原料一般是連殼磨的，粗纖維含量高，易消化，利於保健。當然也不是所有的山東人都吃「煎餅捲大蔥」，尤其是現代，隨著人們生活水準不斷提高，日常飲食逐步以細糧為主，煎餅捲大蔥的習俗慢慢從家庭飯桌上被淘汰下來了。不過目前在膠濟路以南、津浦路以東的許多地方仍以煎餅為主食。隨著旅遊業發展和人們越來越崇尚綠色消費的新觀念，煎餅捲大蔥又成了招待遊客展現山東民俗風情的重要方式。

據了解，山東人做煎餅的習俗最初起源於泰山。從古流傳至今，已經有了非常多的品種，按用料和製作方法的不同，主要有：攤煎餅、刮煎餅、滾煎餅、翅子煎餅、三碰頭煎餅、囫圇穀子煎餅、滕州煎餅、泰安酸煎餅、柿子煎餅、棗煎餅、米對米煎餅、五香煎餅等。

說到煎餅的吃法，也有很多種不同的風格。可以空口吃煎餅，但一般情況下，都要用煎餅捲其他東西吃，比如捲豆腐、捲海帶絲（這是日

照、青島等沿海一帶的吃法）、捲肉絲、捲油條，以及捲其他各種各樣菜餚。只要你能想到的，大概都可以捲進去。相比之下，最為經典和普遍的吃法，還是當屬煎餅捲大蔥。經典吃法是：拿一大塊煎餅對折幾下，抹上辣辣的豆瓣醬或麵醬，再捲上幾根大蔥 —— 只要蔥白，不要綠葉子。山東的大蔥粗壯得誇張，鮮嫩、水靈、味道十足，不是外地大蔥可以比的。

在山東習俗中，煎餅除了可以吃以外，還有一些令外地人意想不到的用途：

➤ 幫女孩子找個好對象。從前山東各地的女孩子，如果能攤得一手好煎餅，則證明此女心靈手巧，說媒的就會踏破門檻。不過現在已經有煎餅機了，煎餅攤得好不好大概沒關係了。

➤ 做紙張之用。煎餅厚薄均勻，卻是可以用來寫字的，以前也聽說有朋友用煎餅寫情書給一個女孩子。不過煎餅雖然保存期限不短，但也不過是 3 個月左右，不可能會被永久珍藏，只能浪漫一時。

➤ 美容。外地人第一次吃煎餅，常覺得它過於堅韌，咀嚼費力，吃一塊煎餅常會累得腮幫子發痠。但正是這樣能使臉部肌肉得到鍛鍊，增加面部血液循環，才有利於美容。

山東人吃魚

一般山東人請客，酒桌上必定要有魚。魚在山東算「大菜」，酒桌上叫「大件」。別看什麼山珍海味，和魚相比也只能叫「小菜」。不是山東人稀罕魚，主要是圖個吉利，「年年有餘」嘛。當然這吃魚也有許多講究，且各地方的說法也不一樣。

海魚當中以吃「加吉魚」最為講究。在煙臺市區，加吉魚上桌，主人不動筷子，是誰都不能動魚的。吃的時候，主人要拿筷子把魚眼挑出來，遞到主客的小碗裡，稱為「高看一眼」，一般是主客之間是要喝 2 盅酒的；然後主人把魚頭上的肉剔出來，遞給另一個客人，稱為「給個面子」，一般也是 2 盅酒。等這些項目進行完了以後，眾人才能隨意取用。如果是在威海的文登、榮成等一些地方，魚眼是萬萬動不了的。如果客人摳魚眼，是宣示對主人不滿，名為「砸席」；如果主人摳魚眼，則是厭惡了客人，是一種無聲的逐客令。此外，各地通行的禮節是「客不翻魚」，客人動手翻魚，會被視為失禮。

河湖之魚，以鯉魚為上品。鯉魚上桌，也有規定。一律是魚頭朝東，叫做「魚歸大海」。也有「文腹武背」的講究，來客若是文人，將魚肚對他，暗讚他肚子裡有墨水，滿腹文章；來客倘是武將，便將魚脊對他，誇他剛武豪放，可為脊梁。

還有，使船的人祭船，可以殺雞宰羊，但萬萬不能用魚。因為按舊傳說，使船人祭的是龍王，而河中諸魚都是龍王的兵，是動不得的。

現在也有各地都通行的規矩。一般上魚的時候，魚頭朝客人，表示對客人尊重。這個時候，客人要喝魚頭酒，而坐在尾巴方向的人要喝魚尾酒，一般是「頭三尾四」，然後大家一起吃魚。有些地方剩下的魚骨頭不撤，等主人請人端走、再用剩下的魚骨頭做湯的時候，其實是在說：酒席進行的差不多了，該結束了。魚骨頭做的湯叫「砸魚湯」，就是把魚骨頭和碎魚肉加湯，加胡椒、醋再燉，味道很鮮美，沒喝過的朋友可以自己做來嘗嘗，既美味又不浪費。

菏澤為什麼盛產牡丹

　　牡丹在中國的名花中有著非常超然的地位，因為它寓意著富貴。很多人提起牡丹都會想起名滿天下的洛陽牡丹，但對菏澤牡丹卻缺乏了解。那麼菏澤牡丹有什麼來頭？為什麼菏澤會盛產牡丹呢？

　　菏澤古稱曹州，栽種牡丹的歷史一直可以追溯至宋朝，最盛期是在明清兩代。只是過去當地人一直把牡丹視為藥材及觀賞花卉，種植數量有限。菏澤牡丹能興盛不衰是有多方面原因的。從客觀上講，這裡的土壤及氣候等自然條件適宜牡丹生長；從主觀上講，菏澤人民熱愛牡丹。曹州牡丹的集中產區在古桂陵遺址的周圍地區，這一帶是沙質土壤，地勢高，透水性良好，特別適宜牡丹之類的內質根植物生長。因此，許多牡丹專家說這是菏澤得天獨厚的條件。

　　菏澤人民熱愛牡丹、善於種花是有傳統的，牡丹鄉趙樓村的趙氏家族很有代表性。這個家族自明代初期開始種植牡丹，至今已有 500 多年，從未間斷，種植技術得以世代相傳，名人輩出。地方史冊記載的有明代嘉靖年間從北京引進品種的趙邦瑞，兩次到秦嶺深山挖掘牡丹品種的趙瑞波，培育「邦寧紫」牡丹品種的趙邦寧等。據說清代道光年間的趙玉田愛牡丹如性命，十幾歲便住進牡丹園至 90 歲耕作不輟。菏澤人民熱愛牡丹還表現在生活習俗的各個方面。比如畫牡丹畫，寫牡丹詩，演牡丹戲，講牡丹故事，用牡丹命名道路、鄉村、飯店、餐廳以及種類眾多的工業產品等。

　　菏澤牡丹以花大、色豔、形美、香濃為特點，顏色有紅、白、粉、黃、紫、藍、黑、綠等色系，是觀賞類牡丹中的上品。4 月是牡丹花盛開的日子，每年 4 月 18 日開始，就是為期約兩週的牡丹節。自從 1990 年

代初開始舉辦牡丹花會後，眾多的中外來賓親眼目睹了花大盈尺的菏澤牡丹，購花訂單和經貿合作計畫立時如雪片般飛來，牡丹成了菏澤的最大產業，每年出口至世界各國的鮮花數目驚人，傲然躍居中國新一代的牡丹之鄉。

孩子為什麼認「乾親」

認乾親，就是認義父義母，俗稱認乾爹乾娘。這是一種流傳華人間的傳統習俗，並非山東獨有，但山東有許多獨特的講究說法。

在山東，認乾親通常有兩個原因。一是孩子嬌貴，不好養，或者以前出生的孩子夭亡了，要借認乾親來保住孩子。二是經算命先生推測，嬰兒命相不好，長大剋父母，認為認了乾親才能破解。由於認乾親的主要目的，是為了孩子好養活，因此認乾親要選擇好的姓氏，一般認為姓劉和姓常的好，取其諧音「留」、「長」，而且以孩子多的人家為好。

各地認乾親通常有一套特定的儀式。膠縣認乾親時，小孩的父母要買一條褲子給乾娘，還有一副腿帶。現在不興送腿帶了，改為送兩根腰帶。乾爹乾娘則要送給小孩一身衣服，放上針，表示真心真意，還要放上大蔥，祝願小孩聰明。認過乾親之後，小孩3年不能在家吃過年餃子，或者要到乾親家吃，或者由乾親將餃子送來。送時，要用一個新碗，一雙新筷子，路近的盛一碗熟餃子，路遠的就送幾個生餃子，以表示心意。不過有的地方習俗是小孩從1歲開始一直到12歲的生日都必須在乾親家過。臨朐認乾娘則必須要替乾娘做一條肥單褲，用紅布寫一張文書，在院裡燒上香，交上文書，將小孩從乾娘的褲襠裡漏下來，表示是自己親生的，然後隨乾娘的孩子排行。

除認乾親外，山東還有認物的習俗，比較常見的是認石為乾親。泰安有人會認麥場的石碌碡（ㄌㄨˋ ㄉㄨˊ）為乾親，把碌碡豎起來，栓上紅頭繩就算成了禮。魯南地區則普遍有二月二（有的地方是三月三、清明節）敬石婆婆、拜石婆婆為乾娘，並從石乾娘那裡取石鎖子的做法。以莒南為例，1950 到 1969 年代取石鎖子的過程是這樣的：孩子的母親備好一個紅線穗子、一個小銅錢，煮上幾顆雞蛋，買幾塊糖，帶另外一個小男孩直奔石婆婆處。去時不回頭，遇見人也不許說話。取鎖的婦女給石婆婆磕頭，並將紅線穗子從石婆婆的脖子上繞幾圈，然後線上的下端繫上小銅錢，是石鎖子的墜頭。取下來戴在同去的小男孩的脖子上，就直接走回家。到了家，再從小男孩脖子上取下來戴在自家孩子脖子上。棗莊一帶還有拜鎮宅的「泰山石敢當」為乾親的。有民謠道：「碑乾爹，石乾娘，小孩活到八十上。」這反映出民俗中對於石頭的崇拜和信仰，同時說明民間認石為乾親的初衷就是為了孩子的長壽和健康。

「顏神八景」是指哪裡

「顏神」是一個古鎮名，位於今天的山東淄博博山。顏神的得名，是與鳳凰山下的孝婦河直接相關。而孝婦河的名字，卻出自一個流傳久遠的神話傳說。說的是齊地孝婦顏文姜年輕守寡後，依然孝敬公婆，精心侍奉，遠道挑來甜水，不論三九嚴寒、盛夏酷暑而從不中斷。終於感動了上天，將靈泉生於顏文姜的室內。凶惡的婆婆見她不再挑水，卻天天有水，心生懷疑，找藉口將兒媳打發出門，進顏文姜房間揭去靈泉上的籠蓋，結果泉水噴湧而出，流成了孝婦河。這個故事多年流傳民間，情節越來越具體，連顏文姜的籍貫、翁姑的姓氏也都有了。早在唐朝天寶

年間（西元 742 ～ 755 年），就有人在靈泉上建起一座顏文姜祠，當地人稱為「顏奶奶廟」，是中國最完整的唐代建築之一。起初，顏神也只是個村，因地出石炭，土可甄陶，居住者日益增多。清雍正十二年（西元 1734 年），割淄川、萊蕪兩縣部分村莊改設新縣，名曰博山縣。博山說起來也是個風光秀麗的好地方，在《顏神鎮志・古蹟》中就記載了「顏神八景」，稱作：

> 黑山暮雨雁飛斜，峨眉晴嵐啼亂鴉。
> 孝水澄清遺婦澤，陽坡繞翠近人家。
> 禹山積雪陰無日，仙洞藏春地早花。
> 秋谷高風賢址在，珠泉印月煮新茶。

乾隆南巡與夏雨荷的傳說

可能不少人還對二十幾年前熱播的《還珠格格》記憶猶新，大家一定從中聽到過很多次夏雨荷的名字。這夏雨荷是何許人也？乾隆與其之間有什麼故事？這裡就跟大家講講《還珠格格前傳》──乾隆與夏雨荷的故事。

話說辛酉年夏末秋初，賞荷時節，乾隆皇帝遊大明湖，他喬裝打扮，微服私遊。見大明湖「接天蓮葉無窮碧，映日荷花別樣紅」，十分高興，遊興大發。行至大明湖東北角時，忽聞悠揚悅耳的古琴之聲。尋聲而至，見有一四面環水、荷蓮圍繞的大廳。廳內擺設古雅，一淡妝青年女子正在撫琴，琴臺旁，香煙裊裊。乾隆見這女子生得姿容秀麗，柳眉鳳眼，櫻口朱唇，勝過宮中佳麗三千，心中大悅。與之攀談，該女子談吐高雅，落落大方，知書識禮。兩人談眼前景緻，琴棋書畫，詩詞文

章，十分投機，相見恨晚。這女子即是夏雨荷，是世居湖畔的一書香門第的大家閨秀。乾隆皇帝在湖畔暫住，他們吟詩作畫，撫琴弈棋，蕩舟遊湖，賞荷觀雨，其樂融融，一來二往，便雙雙墜入愛河。一日，乾隆皇帝在隨身所帶摺扇上畫了一幅「煙雨圖」，並題詩一首：

雨後荷花承恩露，滿城春色映朝陽。

大明湖上風光好，泰嶽峰高聖澤長。

寫畢，鄭重贈予夏雨荷。夏雨荷是極端聰慧伶俐、善解人意的女子，她深知這段情緣恐難久長，為表明心意，也即在錦帕上寫了古樂府詩一首，回贈乾隆，詩曰：

君當如磐石，妾當如蒲草。

蒲草韌如絲，磐石無轉移。

乾隆走後，夏女日思夜盼，天天對湖撫琴。光陰似箭，一晃十多年過去了，不見心上人來，思念成疾，終於離開人世。夏家後人夏鳳啟出資在夏女原住處修建了「雨荷廳」，並在院內種了棵杜梨樹。為什麼種杜梨樹呢？一是這夏鳳啟對杜梨樹有種偏愛；二是認為它花白如玉似雪，暗含「獨麗」的意思，給予人高潔孤傲之感，和夏女的身世有幾分相似。這棵杜梨已有百年，但年年繁花似錦，一到秋天杜梨滿枝，引來無數喜鵲，想是乾隆皇帝接夏女回宮。

此處如今就在大明湖風景名勝區東北角，有一個名叫「南豐祠」的獨立院落，院裡有一個四面廳，就是「雨荷廳」，和「雨荷廳」相對的大樹就是杜梨樹，是濟南市的古樹名木之一。

濟南有哪些聞名全國的老字號

濟南自古地理位置優越，經濟繁榮，交通便利，商業也相對發達，其中一些老字號仍保留至今。

瑞蚨祥為章丘孟氏所創辦。孟氏世居章丘北部的舊軍鎮，世稱「舊軍孟家」。這個家族經商的歷史可追溯至清朝康熙年間。孟氏家族經營的商號，多以「祥」字命名，如瑞蚨祥、謙祥益、泉祥、隆祥、鴻祥、瑞生祥、慶祥等，人稱「祥」字號。瑞蚨祥主要經營布匹綢緞，西元1862年始建於濟南院西。1898年又分設於北京大柵欄。「瑞」是吉祥的意思，「蚨」據說是一種招財進寶之祥物。如今，瑞蚨祥的店舖還在濟南經二路、緯三路路北，門面依舊。在章丘的舊軍鎮也有孟氏家族的故宅。對商業習俗有興趣的遊客可在一日之內，逛罷瑞蚨祥再往舊軍鎮參觀。

萬和藥店原名「萬和堂」，在舊估衣市街上。原來街南有一處天德生藥店，開業多年，經營方式陳舊。到了1930年代，天津商人到濟南開設萬和堂藥店，店舖就設在天德生藥店的對面街北。此店一開張便大肆宣傳。營業時，門口張燈結綵，店內播放唱片，所銷藥物力求乾淨，每味中藥另包時，附上一小張紅紙石印的藥物圖片介紹，上面寫著藥名、形態、作用，外面再附上過濾湯藥的小圓扇。櫃桌後面鏡子兩旁貼一副短聯：「修合雖無人見，存心自有天知。」曲折地表明店中的藥如法炮製，貨真價實。開業不久即門庭若市。對面的天德生老店不得不處處效仿他們的做法，與萬和堂公開對抗。到後來，天德生終於敗下陣去歇業，萬和堂倒成了老字號，一直經營到今天。

醴泉居醬園即如今的「醴泉醬菜廠」，在江家池街路西，是濟南的老醬園之一。著名的醴泉就在它的鋪房後邊罩棚下的池子裡。最初這裡

是一道南北流向的小河，向北流入五龍潭。後來，小河用石磚蓋起，只留兩尺多的一個池子，裡面養了一條三尺長、碗口粗的大鯉魚，據說魚鰓上有一個鐵環，是當年養魚人留下的標記。醬園以「醴泉」為名，就是以這條大魚為商標。大魚在這裡生活了上百年。今天，魚池和大魚都已不見，醴泉和刻著「醴泉」兩個楷書大字的石碑卻都還在醴泉醬菜廠院內。

聚豐德飯店創辦於 1947 年 8 月。原址在經三路、緯四路東口，最初由數十家股東、多名各有專長的廚師合資創建，店名則由當時濟南三家最著名的飯店「聚賓園」、「太豐樓」、「全聚德」的字號中各取一字組成，意在取各家之長匯為一店，收各地風味於一樓。聚豐德果真出手不凡，保持北方風味，精製魯菜，兼製其他菜系品種，馳名泉城。

匯泉飯店於清光緒十二年（西元 1886 年）開業，原設於濟南市匯泉池畔，1965 年遷至瀠源橋東側，原名「錦盛樓」、「德盛樓」，後改現名。原以經營魯菜風味為特色，現經擴建後，以山東風味為主，兼有宮廷、閩南和川菜風味的特色，主要名菜有「糖醋黃河鯉魚」、「通天魚翅」、「活魚三吃」、「銀絲卷」等。

燕喜堂飯莊原址在古老的芙蓉街，店舖為兩個院落和一個小西院的中式格局，建成於 1932 年 3 月，正是燕子北返的季節，所以取名「燕喜堂」。這是正宗的魯菜歷下風味菜館，以花卉拼盤和吊製清湯、奶湯而著稱於世。1982 年重建於泉城路。山東籍著名詩人臧克家來店用餐後揮墨讚譽「魯味天下重，名師調梅鹽」，現店名為臧老親筆所題。

草包包子舖在普利街內。據說當年黃河岸邊的洛口鎮有一家餐廳僱用一個店員，表面看似愚笨無能，所以叫他「草包」，只讓他做包包子的粗活。其實這個人不但忠厚老實，而且精明能幹，他製作的包子很快成

了名點。後來他自己到濟南市區開店，專做包子，取店名就叫「草包包子鋪」。提起這草包包子，會勾起許多老濟南人濃濃的鄉情，因為草包包子鋪是濟南「土生土長」的，至今仍保留在原址的較完整的老字號，有著近百年的歷史。草包包子是灌湯包的一種，新出籠的包子，白白的薄皮透出粉粉的肉餡，不變形，不塌架，口感鬆軟，香而不膩。對於需要外帶者，用鮮綠荷葉包裹，使熱包子別有一種清香。

泰山石敢當為什麼能驅鬼鎮神

中國民間修建房屋時，多將刻有「泰山石敢當」的石碣建於後牆正中，此習俗一直沿用至今。「石敢當」，亦名「泰山石敢當」、「石將軍」、「石神」等，是普遍見於中國民間的一種建築風俗現象。其作用有三：一是避邪，二是鎮鬼，三是祛除不祥。特別是在山東一帶，舊時的人們認為這塊石碑有「能暮夜至人家醫病」的神通，所以又叫「石大夫」。

「石敢當」形態質樸粗獷，並不經精雕細琢。據說石敢當越大則法力越強，而師傅做的泰山「石敢當」越大則越容易「受傷」，因此一些地方只在石頭上刻上「石敢當」三個字；有的則在碑身加上其他的神祇或符號圖案以增強闢邪功效，如在上半部分畫一個虎頭；有的則將石頭雕刻成獅頭等造型；有的刻上八卦……為什麼「石敢當」有如此威力，歷史上有許多種說法。古人認為，泰山乃五嶽之首，東嶽泰山是管理妖魔鬼怪之神；同時，泰山是群山之尊，統轄眾山，又是古帝王封禪大典所在地，加上「泰山」二字就能夠神聖化。也有傳說「石敢當」是古代的大力神，專管抓鬼鎮邪、破邪驅魔，在門前立上「石敢當」，就能闢邪。

還有一個傳說，說它是泰山腳下的一位猛士，姓石名敢當，好打抱

不平，降妖除魔所向無敵，豪名遠播。一日，泰安南邊大汶口鎮張家，其年方二八的女兒因妖氣纏身，終日瘋瘋癲癲，多方醫治未見起色，特求石敢當退妖。當晚石敢當就嚇跑了妖怪。可是妖怪逃到福建後，一些農民被它纏上了，也來請石敢當；石敢當一到，妖怪又嚇跑到了東北，又有一位姑娘得了病。石敢當想：這妖怪我打牠一回就跑得老遠，可是天南地北這麼大地方，我也跑不過來。乾脆，泰山石頭多，我找個石匠打上我的家鄉和名字：「泰山石敢當」，誰家鬧妖氣就把它放在誰家的牆上，那妖怪就不敢作亂了。消息從此傳開，大家都知道妖怪怕泰山石敢當，於是紛紛找石頭或磚頭刻上「泰山石敢當」，用來嚇退妖怪。

孔府中的閣老凳為什麼不能坐

孔府二堂是衍聖公會見四品以上官員以及受皇帝委託，每年替朝廷考試禮學、樂學童生的地方。在由大堂進入二堂的穿廊裡，有兩條古樸的長板凳，相傳這就是有名的閣老凳。

傳說明朝權臣嚴嵩與孔府是兒女親家。嚴嵩失勢後專程到曲阜找衍聖公求助，沒想到孔府的人對他冷若冰霜，不許他進入室內，就讓他坐在過廊裡的長凳上候著。此時的嚴嵩，只是一介布衣，全無昔日炙手可熱的威風，也只好乖乖地等著。但他在此坐等了一天，衍聖公始終不予接見。嚴嵩無果而返，不久即被革職，世子充軍。有首詩曰：「敦實紅漆閣老凳，觀者嬉笑諷嚴嵩，權奸當道多顯貴，失勢難求衍聖公。」說的就是這件事。就這樣，原本兩條很普通的木板凳，經嚴嵩這麼一坐，身價倍增。幾百年過去了，依舊完好無損，直到現在還擺在原地，成為人們嘲笑嚴嵩的話題之一。

孔府中的起居有哪些特殊的規矩

在孔府起居都有很多特殊的規矩。比如孔府有個祖傳習慣，器物都是祖宗傳下來的，一件也不能少，一件也不能添。如忠恕堂內陳設有鍍金花盆、古銅罐、玉花籃、小銅鼎、琴桌、羅漢榻、御製詩文集、御批歷代通鑑輯覽、尚書精義、行宮圖、八大家字帖、唐寅畫山水等，共130多件，不論大小，一件也不能隨便移動。

孔府內用開水都在茶爐上燒。茶爐銅質，像個火鍋，比火鍋大，中間燒木炭，四周是水，衍聖公外出時由當差的挑茶爐跟隨，一頭挑茶爐，一頭挑木炭。

孔府內有傳統的刺繡，稱為「魯繡」。「魯繡」有單絲繡、雙絲繡、打子、百納、繡花等多樣繡法，有包、帶、盒、套、條、幅等形成的繡品，有山水、人物、花卉、禽鳥、草等圖案。府內設有專人養蠶織絲綢。

孔府的人穿衣有一種怪現象，一方面縫製大批的華貴衣物放置不穿，另一方面強調聖人後裔家風，平日裡男人只穿長袍馬褂，戴小帽；女人藍布大褂黑布鞋，小姐也只腦後梳辮子紮紅頭繩。床上只鋪與當地農家一樣的藍底白花土布床單，被子也均是普通的花布做面，門簾、幔帳之類用品都不繡花，大多為藍色。

孔府的兒童很少有玩具，孩子們的遊戲有捉迷藏、家家酒、鬼抓人等數種。

孔府的女性極少出門看戲，而在府內搭臺唱戲，戲臺總是搭在前上房大院。搭臺不許挖土埋柱子，怕挖壞風水，院中有四個大「墜石」，中間有眼，專用來插柱子。清末孔府裡有兩個戲班子，一個唱京劇，一個

唱山東梆子，唱戲時有些當差的也參加。因為明代時嚴嵩的孫女曾嫁到孔府，孔府裡唱戲不許唱《打嚴嵩》。

孔府的兒童男女都從 5 歲開始在家學讀。讀書的地方稱「學屋」。「學屋」屋外有一副木刻對聯：「東趨家庭，學詩學禮復就業；西瞻祖廟，肯堂肯構屬何人。」書房裡正中供著孔子神位。開學之日，先給孔子神位磕頭，然後再給老師磕頭。

曲阜有關雞的習俗

遠古的時候，雞是一種飛禽，牠的名字是「吉」而不是「雞」。牠和鳳凰同族，也是鳳冠、彩羽、金尾，其漂亮程度和鳳凰無二。「吉」很得上帝的青睞，專司負責降吉祥於人間之職，是上帝派往人間的「吉祥之鳥」。但牠的降落要遵奉上帝的旨意行事，不能擅自與凡人接近。

這一年，由於天庭諸事繁忙，上帝無暇顧及對「吉」的管束，「吉」在天庭裡悶得慌，便悄悄地向人間飛去。當牠飛到山東曲阜境內時，見當地居民在庭院裡撒滿了白米、金穀。「吉」當時又飢又渴，牠顧不得天條的約束，竟降落在農家大院裡尋米，並把吉祥帶給了古老的曲阜人民。

誰知這件事被上帝察覺了，命天兵天將把「吉」緝拿到天庭審問。「吉」聲淚俱下地陳述了降落的原委，上帝雖也有些同情，但「吉」觸犯了天條，不得不下令將牠罰下凡界。「吉」選擇在曲阜落了戶，厚道的曲阜人把「吉」看做是吉祥的象徵，並取「吉」的同音，稱牠為「雞」。這樣，雞在曲阜一帶繁衍生殖開了，成了家家戶戶飼養的家禽。

年代久遠，慢慢地還形成了一些關於雞的風俗。

◆無雞不成席

曲阜人待客是十分講究的，貴賓上門，宴席上總得有雞。可能是孔夫子重男輕女的影響，這待客所用的雞一定是公雞，絕不能是母雞。這公雞一定要求是紅的、白的或黑的，其他雜色的不能用。宴席上的第一道菜總要是雞，「萬事吉當頭」。上了雞這道菜後，其他菜方可依次上席。而這種雞的吃法又十分考究，不管是清蒸雞，還是紅燒雞等，絕對不能把雞頭分開或切碎，而必須完好無缺地擺在碗的正中央。開宴時，坐在首席的人將雞頭夾起後，別人才能吃雞，否則，誰也不能動筷。

這種上菜方法，慢慢延續下來，為了和前面的雞首尾呼應，增添了一味糖水梨，取諧音湊成「吉利」二字。但由於梨要受季節的限制，冬春間很難買到，聰明人為了使這種獨特習慣完美無缺，在缺梨之時，就要補上大紅鯉魚一尾，取「魚」的諧音，成為「吉慶有餘」了。

◆喜慶之事雞開路

雞既然是吉祥如意的象徵，那麼一些喜慶之事當然就離不開雞了，男婚女嫁之事尤其是如此。

迎娶新人，首先要下聘禮，下聘禮時必須要送一隻公雞，這公雞必須是紅的，預示著這樁婚姻的吉利。這隻雞被送到女方家後絕不能殺死，要麼賣掉，要麼養著。

青年人嫁娶臨近之時，男女雙方都要選取一隻上好的雞作為自己的象徵，表示是吉人。男方備紅公雞一隻，女方備肥母雞一隻。等到出嫁的那一天，女方所備的肥母雞由自己未成年的弟弟用籃子提著，用曲阜人的話說這就是「抱雞」。代表女方送親的人，要在公雞啼鳴之前趕到男方家，這樣公雞睡著，女方的母雞未睡，母雞從氣勢上就壓倒了公雞，

嫁過去的新娘就不會受男人的欺負了。

到了男方家後，男方迎客的把新娘迎進家門後，隨即將事先預備好的公雞交給女方換雞的弟弟，由他把公雞和母雞用繩子繫在一塊，拴到桌子腳上。聰明的弟弟往往趁人不注意的時候用手掌使勁打公雞的臉，一直把公雞打得有氣無力。這就是說，給姐夫來個下馬威，這樣姐夫就不敢欺負姐姐了。這種習俗，說穿了，是女方為了在那男尊女卑的社會裡求得一點心理上的安慰。當然男方也要採取類似的手段打母雞，可是抱雞的弟弟總是守著母雞，於是男方往往要千方百計地想法把抱雞的弟弟支開，以便偷偷打幾下母雞，也用來求得心理上的平衡。當然，不論是男方家的公雞還是女方家的母雞，都是絕對不能殺的。因為這一對雞叫做「長命雞」，只能任其老死。

「紙斗」

紙斗又稱紙笪籭，是盛物的容器。在過去，膠東幾乎家家都會做紙斗。膠東人家愛整潔美觀，糧食、衣服、針線和其他雜物都放在紙斗裡。新娘出嫁時，用紙斗盛陪嫁的衣物等，外面再用紅布包起來。婚後新娘第一次回娘家，娘家要烙一種小餅，當地稱巧餑餑或巧果，讓閨女帶回去給親友品嘗，餘下的讓女婿夜晚充饑。這種小餅要烙幾十斤裝在美觀的紙斗裡。現在，年輕人結婚用不著紙斗了，但有的老人留戀過去的習俗，做幾件當裝飾品，送給兒女。所以，有的新婚家庭也能看到新家具上擺著眾多的紙斗。這些紙斗大多用白色、檸檬黃、朱紅、粉紅紙襯底，上面貼滿各式各樣的剪紙圖案，使整個房間喜氣洋洋，鄉土情趣十分濃厚。

膠東做紙斗是婦女之事。紙斗的製作過程，是先把廢紙放在水裡浸泡，然後瀝水擰乾，加少許白黏土或海藻膠攪勻，放在石臼中搗成紙漿。在所需形狀的斗模上包上一層乾布（斗模常選用沙缸、陶罐、木盒），用手將紙漿拍打到斗模上後，放在陽光下，邊晒邊用擀麵棍反覆滾壓，直到紙斗光滑平整，待晒乾後取下斗模。斗蓋常用葦席製成，內外裱紙，再將自己喜愛的斗花、斗心、斗邊等各種剪紙圖案貼上，一件漂亮的紙斗就製成了。

臨清波斯貓

現在有很多人愛養波斯貓，人們一般認為波斯貓都是從中東引進的。其實中國波斯貓有著獨立的血統，牠確切的產地在現在山東省的臨清市。臨清出產的波斯貓有各種顏色，不過最出名的還是白色的，長毛白貓有藍眼、琥珀眼的。這種貓與波斯貓的最大分別在於臉形，臨清貓的面骨與一般家貓差不多，眼睛也沒有波斯貓那麼圓、那麼大，鼻子依然是高的，額骨也不明顯；耳朵的耳根高並且耳體大，換毛後多半絨毛很短，有點像半長毛貓；偶爾也有毛長得長的，但頭面還是很容易分辨。再有，牠們的頭、手和腳都長而高，身體也很長，但這個特點要等換毛以後才明顯。

追溯山東臨清獅貓的起源可知，牠是波斯貓與魯西狸貓雜交的後代。臨清獅貓至今已有兩三百年的飼養歷史。早在明朝嘉靖至萬曆年間，當時地處大運河和漳衛河交會處的臨清逐漸形成了魯西最大的手工業、商業城市，大批歐洲商人和傳教士紛至沓來。他們帶來的波斯貓有

了與魯西貓交配的機會，於是就出現了臨清獅貓。

　　由於臨清獅貓腮部與頭部毛長柔軟，善跳躍，行動敏捷，貌似囂獅，故稱為獅貓。據《臨清縣志》記載：「獅貓比尋常者較大，長毛拖地，色白如雪，以鴛鴦眼為貴，最佳者每對價值數百元，北街回民多畜，此居奇。」著名畫家曹克家曾讚許說：「世界動物沒有異眼的，只有山東臨清有異眼貓。」從毛色品類上，臨清獅貓可分為四種：白獅貓、黑獅貓、花獅貓和鞭打繡球貓。

魯西鬥雞

　　魯西鬥雞屬於玩賞型雞種，又稱「咬雞」、「打雞」或「軍雞」，是中國古老雞種之一。魯西鬥雞原產於山東西南部的古城曹州一帶，即今菏澤、鄄城、曹縣、成武等縣。牠外形美觀，身似鴕鳥；鷹嘴鶴頸，頭大而平；尾羽毛多為紅、黃、黑、白、花五色。鬥雞大而不笨，動作靈活，生性好鬥，撲、翻、騰、打皆能，是一種珍貴的觀賞型雞種。鬥雞，是鄄城民間一種獨具特色的娛樂活動。其歷史悠久，可以上溯到西元前 800 年。春秋戰國時期的《列傳》、《春秋左氏傳》中就有關於鬥雞的記載，至今成武縣還保留著春秋時期的鬥雞臺。

　　鬥雞的出擊方法有嘴叼、翅撲和爪擊。兩雞相遇，先是怒目相對，少頃便伸嘴強攻，騰空撲打，輾轉騰挪，攻防結合。鬥法有正面、裡拐斜、外拐斜，腦後腿四路拳腳齊下，有時致命一擊，可使對方休克。鬥雞剛勇好勝，不肯輕易認輸。牠們這種頑強奮鬥精神，是人們喜愛鬥雞活動的重要原因。

鬥雞是一項健康有益的活動，不過卻曾被中國政府視為有閒階級的消遣而一度中止。1978 年後，魯西鬥雞迅速發展，鬥雞活動空前興盛。1979 年和 1987 年，中國農業電影製片廠兩次專程來菏澤，分別拍攝了《鬥雞》和《魯西鬥雞》兩部紀錄影片，發行海內外，使觀眾對魯西鬥雞那剽悍矯健的雄姿和別具情趣的搏鬥場面有了進一步的了解。

無棣婚俗中為什麼要「抹婆婆」

山東濱州無棣的婚禮中有「抹婆婆」的習俗。婚禮過程中客人朝婆婆臉上抹鍋底灰，婆婆高興，抹得越多，說明越有人緣。在人生禮儀中尤其是在婚禮中為什麼要給男方家庭的成員而不是當事人臉上「抹黑」，這也是一個惹人思索的有趣的民俗景觀。除了一般性的熱鬧與祝福外，還另有隱義，那就是祈請一種家族的生殖力量，以求子孫繁衍。

在以家族為基礎的社會，婚姻不僅僅是新婚夫婦之間的私事，它還關乎家族的存續，所以公婆理所當然地成為抹黑對象。一則民族誌資料中也生動說明了這一點，在瑤族除夕夜「跳堂舞」中，男的打起長鼓到另一家族中去跳，這家族的女子就用鍋灰抹黑男人的臉，抹得越黑越吉利，象徵這個家族人丁的興旺，暗示著家族強盛。從眾多民間習俗中可以看到，人們所抹之黑均為黑之原色 —— 鍋底灰或稱鍋煙墨，它是竈火的「結晶」，而竈火在一般民眾心目中，尤其在少數民族那兒有著特殊地位，它的化身就是竈神，竈神為先秦五祀之一。「抹黑」這一具體習俗起於何時，殊難考證，但它源於黑色魔力應該說是沒有問題的，黑色在這裡代表的是喜慶的色彩。

青州北城村的風俗為什麼與眾不同

青州原有兩個城，府城之北，另有「青州駐防滿洲旗城」，始建於雍正八年（西元 1730 年），毀於 1947 年，俗稱北城或旗城。城毀之後，變為一村，村名「北城」。村中方言習俗都與周圍不同，宛若大海中獨立一島。

村民至今自稱八旗子弟，家家戶戶分別隸屬於正黃、正白、正藍、正紅、鑲黃、鑲白、鑲藍、鑲紅八旗，分得清清楚楚。

北城村民住屋起居一直沿襲著長白山滿族習俗。大窗，前後出簷，室內西方為首。通炕，鍋竈設在房外屋簷下。子女未成人時，全家睡在一起。兒女稍長，炕中間以木箱間隔，成一「北炕頭」。兒子娶妻，將東房隔出東間，名為「東里屋」。

飲食保留「吃官糧」習慣，講究多樣化。一般早餐為豬油酸菜、麵條，午飯與晚飯是牛肉粥。用餐時，炕上擺一個矮桌，長輩坐上首，兒女輪流端飯。入冬前家家醃酸白菜。

訂婚時，雙方母親將自己用的菸袋裝上好菸，送給對方，名為「換菸袋」。然後，女方的母親約 4 ～ 8 人走遍全村大街小巷，讓大家知道這件事，名為「走街筒」。迎親儀式在凌晨舉行。男家抬花轎，率樂隊至女家，新娘由長輩婦女抱入轎中，新娘的兩位兄弟，手提木製食品盒，內裝子孫餑餑、長壽麵，扶轎桿送至男家。花轎到了男家門口，男家大門緊閉。女方送親的人叫門，門內回答三種民間喜慶曲牌名：「得勝會」、「喜聲歌」、「長生樂」。三支曲子奏畢，大門洞開，樂聲中新娘「跳火盆」、「過馬鞍」，進得大門。庭院中央設八仙桌，桌上放一支裝滿糧食

的斗，斗上放一支滿盛穀糧的升，升裡插一支戟，名為「陟（斗）升三級」。新人拜過天地入洞房吃子孫餑餑，之後拜見父母、長輩。此時，新娘兄嫂率人來接新娘，待吃過午飯，便接新娘回家去，名為「當日回門」。對新娘有驗貞習俗，驗貞白布在新婚第二日由新娘親自交給婆母。現北城村建立了博物館，其中不少展品反映了村中的特殊風俗。

「掖縣的鬼子、黃縣的嘴子、蓬萊的腿子」

「掖縣的鬼子、黃縣的嘴子、蓬萊的腿子」，這是清末民初在山東半島流傳甚廣的一句有點帶罵人意味的民謠。其實這三縣的人本沒招誰惹誰，只因當時走南闖北做買賣的多，鄰縣的那些只知道「拉鋤鉤子」（種地）的人就醋溜溜地編造了這句民謠，以發洩吃不著葡萄的酸勁。但同為四處做買賣，蓬、黃、掖又各有特點：「腿子」是指能跑，形容全國乃至海外都能看到蓬萊籍的買賣人在奔波；「嘴子」是指會說，演小品的那個大個子魏積安一口一個「夥計」，就是道地的「黃縣模式」，談生意時搞不好能把對方說暈了；「鬼子」是指精於計算，掖縣人的算盤撥拉得劈里啪啦響，有些鬼點子 —— 與吳佩孚同時代的軍閥張宗昌即是掖縣人，他粗獷的外表迷惑了好多人。不過，「腿子」也罷，「嘴子」也罷，「鬼子」也罷，蓬、黃、掖乃至膠東半島甚至加上整個山東，哪個「腿子」能比得了吳佩孚走得遠，走得高，走得山搖地動？哪張「嘴子」能比吳佩孚說話管用竟致一言九鼎？哪個「鬼子」能像吳佩孚那樣精於運籌帷幄且割據一方稱雄？

「拉露水」

廟島群島的大欽、小欽、北隍城、南隍城諸島至今仍保留著海島端午節的古俗。每年端午節清晨，家家戶戶紛紛走出家門，但是按習俗大家互相不打招呼，不言不語，不回顧，直接向山岡走去。到了山野草木茂盛處，人們用手撫摸草葉尖梢，用手掌上沾得的晨露抹洗眉眼，說是這樣做了，終年不患眼疾，又能百事如意。有些人還把沾溼的手巾帶回家中，給不能出門的老人擦臉、擦手臂和脖子，說是擦了不生瘡癤。這一項活動，俗稱「拉露水」。有的人還要牽著牲口，到溝邊岕旁，一邊拉露水洗臉，一邊看牲口啃嫩草，據說牲口吃了端午帶露的嫩草，不得雜病。舊時，溝岕都歸私人所有，平時，任何人不得放牲口，但端午例外，不論牲口吃了誰家地堰岕邊，都不計較。

拉露水時，大人順便採些艾蒿，並拔一墩青小麥回來，和原先採來的菖蒲、柳枝、桃枝，繫上綴面塑虎頭或綢布製的仙桃、蒜頭一起懸掛在大門和屋門兩旁。據說這樣做，既能闢邪，又能驅鬼兵。艾蒿晾乾後收藏，夏日可用來點燃生煙熏蚊子。

掛菖蒲和柳枝，也有一個有趣的典故。榮成最廣泛的說法是當年黃巢起義，發現一位逃難的婦女，懷裡抱著 6 歲的孩子，手裡卻拖著 2 歲的孩子。黃巢覺得奇怪，便問這位婦女，婦女答道：「大孩子為前母所生，小孩乃自己所養。」黃巢很受感動，便告訴這位婦女：「妳回家去吧，五月五血洗妳村時，妳只要在門前掛上蒲、柳，即可免遭殺害。」婦女回村後，遍告村鄰，結果黃巢兵至，各戶均掛蒲、柳，因而得免於難。至於桃枝，早在初一就插在門窗上。上述說法是真是假，無以查考，但同時掛在門上的布猴兒，那可是神通廣大。試想，有齊天大聖看

門，別說盜賊，就是神鬼也不敢靠近呀，門上掛棵青蒜，「百病消散」。不過，艾蒿和青麥，節後萬萬不可丟掉，要妥善保管好，若本年度生了孩兒，過「三日」時，用它燒水替孩子洗澡，孩子百病不生。

榮成漁民穀雨節祭海

榮成市位於膠東半島最東端，與朝鮮半島隔海相望，與日本一衣帶水，三面臨海。榮成漁民歷史上有穀雨祭海的習俗。俗話說：「穀雨一到，百魚上岸。」原來，冬天游往深海和南方海域的對蝦、黃魚、白帶魚、青魚、鮐魚、鯧魚……穀雨一過，又先後游回黃海、渤海覓食和產卵。榮成一帶海域是魚群必經之地，這時魚群多、魚兒大，是捕魚的黃金季節。於是，漁民在痛痛快快地過了穀雨節後，便可連續出海一個多月了。早在春秋時期，這裡就大興漁鹽之利。漁民為了感謝「海神」賜給的豐厚魚蝦，祝願天天魚蝦滿倉，祈求神靈保佑，免災除難，便在穀雨節這天舉行祭海的儀式。

在這一天，漁村熱鬧的場面不亞於過春節。節前幾天，家家忙著殺雞宰鴨，買肉打酒，婦女們還要蒸製象徵吉慶的紅棗大饃。有趣的是，手巧的婦女還得用麵團做成白兔形狀，蒸熟。穀雨清晨，待出海捕魚歸來的丈夫提著大魚進家時，便出其不意地把白兔塞進他懷裡。「打個子腰別住」是本地的古老風俗，她們讓丈夫懷揣象徵吉祥的白兔，祝福親人出海平安、捕魚豐收。

穀雨這天，家家香煙繚繞，鞭炮連天。有的十家八家殺一頭肥豬，去毛烙皮，塗上朱紅色顏料，有的則買個豬頭。男人們抬著、挑著供品至海邊設供，祭海祈豐收，保平安。祭畢，他們或盤坐船長家的炕上，

或在漁港碼頭、海邊沙灘歡聚，大塊吃肉，大碗喝酒，划拳猜令，盡情痛飲，一醉方休。穀雨節要喝個痛快，這是漁村古俗，據說這樣才能一年百事如意。倘若把剩酒帶回家去，這一年便會觸霉頭的。

博山為什麼要深夜娶親

山東博山地方娶親，可不像別處那樣，白日迎娶，熱熱鬧鬧，而是選在深更半夜，悄悄將新娘抬回婆家。而且，按舊時風俗，良辰吉日，新婦絕不打扮，身著破衣爛裙，頭上胡亂挽個大髻角，臉上更不施脂粉。進了婆家門，就以這身裝束上炕盤腿「坐帳」，坐罷，才換新衣梳妝。相傳，明朝末年，博山西河鎮出了一個大惡霸，名叫翟三胡，自恃家傳皇帝賜予的「丹書鐵券」，不受王法約束。翟三胡好色成性，打聽到誰家娶親，他必趕去享受初夜權。因此，周圍百姓不敢白日娶親，都改為夜間偷偷迎娶，為防不測，又故意將新娘打扮得蓬頭垢面。

這種風俗現在有了許多變化。現在一般不會在深更半夜去接新娘了，只要在天亮前把新娘接到新郎家舉行完儀式就可以了。但在接新娘的時候，一定要注意不能走回頭路，即去接新娘的路和回來的路不能是同一條路，意思是不讓新娘有路回去，而且接新娘的最前面的和最後面的車必須是白色，意思是「白頭到老」。

「上馬餃子下馬麵」有什麼講究

山東人好走南闖北，外出、歸家、迎客、送客都有許多習俗。自己家裡有人外出，或者歡送客人，都要請將要上路的人吃餃子，這叫做

「上馬餃子」。說是餃子的樣子像古時的銀錠和元寶，希望他們出門發財。家人遠歸或者有客登門，接風的飯必定是麵條，俗稱「下馬麵」。傳說是麵條很像繩索，絆住來客的馬腿，要他多住幾天，表示親熱。曲阜則說：「起腳包子落腳麵。」「上馬餃子下馬麵」的順序可錯不得，如果「下馬」吃餃子，表示主人有逐客之意，而「上馬」吃了麵條，絆著了馬腿，則預示旅行不順利。現在，青年人對這些風俗已經不太在意，但對於那些當年闖關東，下南洋，少小離家白髮歸來的人，這許多當年的細事，件件銘刻在心，一頓「下馬麵」，足令他們感慨萬千，老淚縱橫。

晁氏族譜中晁蓋為什麼被寫作「晁盍」

在《水滸傳》中晁蓋不在一百單八將之列，但他是宋江之前的梁山寨主，無論在小說中，還是在後人的心目中，地位都不容忽視。今鄆城縣城以南有晁莊，祖上是由城東七里鋪遷來，據說七里鋪就是當年的東溪村。今晁莊有 200 戶人家姓晁，都說是晁蓋的後代。相傳，晁蓋心胸坦蕩，待人誠懇，人緣極好。可是在現今晁莊晁姓一族藏有的《晁氏宗譜》中卻找不到「蓋」的名字。這是為什麼呢？

詢問族中長老才明白其中原委。族譜中並不是沒有晁蓋，而是去掉「蓋」字上面的兩筆，將一個「盍」字入譜，稱之為「砍頭入譜」。晁蓋是老百姓擁護的豪傑英雄，為什麼要「砍頭」才能入譜呢？原來宋代的晁氏世祖晁迪在宋為工部侍郎，算是官宦人家，講究的是忠臣良將，名門望族，按祖規是不能容落草為寇的人的。一旦有了這樣的人，生時要逐出家門，死後也入不得宗譜，連生身父母也不得相認。但對於晁蓋這樣雖是「山賊」，又稱得上一代豪傑的人，不入譜又有些捨不得。最終採取了折中

的辦法，去掉「蓋」字上邊的兩筆，將一個「盍」字入譜，稱之為「砍頭入譜」，而且在譜書中上不連父母，旁不連兄弟，孤零零地單列在一邊。雖然在宗譜上被砍了頭，晁蓋在村子裡的名聲卻是完美高大，直到今天鄉人仍以純樸的民歌來讚揚他。村裡的小孩，都會唱這樣一首童謠：

> 聚義廳，淨英雄，
> 晁蓋他是第一名。
> 打貪官，反朝廷，
> 分衣分糧救貧窮。

「攜子抱孫」的孔子墓

孔子的墓穴位於孔林中部偏南地段。封土東西 30 公尺，南北 28 公尺，高 5 公尺。走進聖林門，過洙水橋，再經過享殿，就可以看到由紅色垣牆環繞的孔子墓。墓前有巨碑篆刻著「大成至聖文宣王墓」，是為明正統八年（西元 1443 年）黃養正書。後碑篆書「宣聖墓」三個字，碑前有石供案、下酒池和石砌拜臺以及磚砌花櫺圍牆等。墓前石臺初為漢代修建，唐時改為泰山運來的封禪石築砌，清乾隆時又予以擴大。此碑在「文革」初期，掘孔墓時被「粉碎」，幸好碎石未散失，「文革」後經修整恢復原貌，但裂痕仍歷歷可見。

夫子的墓看上去如一隆起馬背，稱「馬鬣封」，是一種特殊尊重的築墓形式。墓右為其子孔鯉的墓塚，南邊是孫子孔伋的墓，這種墓葬布局形式叫「攜子抱孫」。俗話說「懷子抱孫，世代出功勛」，「父在子懷，富貴永遠來」。此布局構成的風水對聖脈興旺是有作用的。

為什麼說壽丘是中華文化的發祥地

　　壽丘據記載為中華民族的始祖軒轅黃帝的誕生地，位於今曲阜舊縣村東。宋代皇帝曾「推本世系，遂祖軒轅」，遂以黃帝為趙姓始祖。宋真宗時為紀念軒轅黃帝生在壽丘，曾把曲阜縣改為仙源縣，將縣城遷往壽丘以西，於壽丘興建輝煌的景靈宮以奉祀黃帝，並在壽丘建立景靈宮。景靈宮多達 1,320 餘間，規模宏大，玉塑成像，富麗莊嚴，祭祀時用太廟禮儀，等級最高。富麗堂皇的景靈宮毀於歷代戰火，僅餘留巨碑兩塊；黃帝卻走過滾滾硝煙，成為中華民族的代表和象徵。1991 年挖掘出了當年的兩幢巨碑，碑高約 18 公尺，重約 300 噸。碑額浮雕 6 條盤龍。碑下贔屭（ㄅㄧˋ ㄒㄧˋ）昂首向天，實屬罕見。

　　出壽丘北門，直接少昊陵神道，這裡便是上古五帝之首、黃帝之子少昊之墓。少昊建都窮桑，號窮桑氏，以百鳥為官名。後自窮桑徙都曲阜，修太昊之法，「以金德王天下」。他在位八十四載，壽百歲而崩。宋徽宗政和元年（西元 1111 年），將陵墓四周用一萬塊石塊修砌，故少昊陵俗稱萬石山，因其外形似金字塔，近現代又有「東方金字塔」的美譽。少昊陵目前總占地面積約 2.5 萬平方公尺，有古建築 17 間，明清石碑 22 塊，古樹 400 餘棵。

　　在壽丘，黃帝、少昊帝繼承了五六千年前伏羲氏、女媧氏、炎帝的東夷文化，並將其發揚光大，龍、鳳圖騰的出現便是其燦爛的文化象徵，所以壽丘成為中國文化的發祥地也是當之無愧的。

名人山東

山東境內有哪些關於大舜的傳說

舜乃三皇五帝之一，是遠古時代有名的聖君。

據說舜生長在山東菏澤市南 25 公里，離水泊梁山 80 公里。媽媽「握登」當初看見一條大虹，意念一感應，就生下了他。與眾不同的是，大舜是一副「重瞳子」──每隻眼睛有兩個瞳孔。舜年幼的時候，媽媽握登就早死了，爸爸瞽叟另娶了一個後母。後母刁鑽凶狠，只喜歡自己的兒子象，還經常調唆瞽叟與自己共同虐待舜。舜多次從後母和父親的迫害中成功逃脫，事後舜毫不記恨，仍對父親恭順，對弟弟慈愛。舜登天子位後，去看望父親，仍然恭恭敬敬，並封象為諸侯。舜的孝心感天動地，因而被後人列為二十四孝之首。

舜年輕的時候就志在四方，17 歲就帶著行李離家出外（也是因為父母不想再養他了）。他離開山東菏澤，北上 200 多公里，到了今天濟南市以南的歷山，那時的濟南還是狐狸的居所。舜看到這塊土地肥美，就挖了個半地穴的窩棚，開始種地，別的遊民也紛紛跑來效法，據說舜的身子矮，拉犁使不上力，於是改撒種子。由於步伐小，舜撒的種子都比別人密，第一年就初有收穫。過了一年，人們開始為了田壟的界線而打架。舜給大家裁決，手段強硬，不服氣的搗亂分子混不下去便跑掉了，留下一片齊整的壟畝。舜在歷山腳下開荒種地，到雷澤去捕魚，還去潙水河邊做陶器。並把學到的捕魚、製陶的技術一一傳授給鄉親。

舜孝敬父母，辦事公正，又樂於助人，得到了堯的賞識。堯把自己兩個漂亮的女兒娥皇和女英嫁給了舜，並把領袖的位子傳給了他。舜當上首領後，更加勤勞地為大家做事，深受百姓愛戴。舜死後，濟南的人民為了紀念他，把他曾經飲用過的井叫做「舜井」，濟南舊城中的「舜井

街」就是由此得名；把他曾經耕種過的山稱為「舜耕山」，即是現在的千佛山，並且在山上為他建了舜祠，立了雕像，以示紀念。

徒駭河是因大禹治水而留名的嗎

　　山東北部德州和濱州境內有一條河名喚徒駭河。據說這條河是 4,000 多年前的禹疏之河。徒駭之名是由於禹治此河，用工極眾，沿河工難，眾徒驚駭，故名。但是事實並非如此，根據史書《禹貢》記載：大禹自積石山導河，曲折到山西，陝西的龍門，南到華山的北面，再向東到了三門峽砥柱山、孟津及洛水入河處，然後經河南省浚縣東，東北匯合降水（今漳河），向北流入河北省的古大陸澤（今寧晉、大陸二泊），就此開始分為九河。因河口段受到海潮頂托倒灌，使河海不分，共同歸入渤海。這就是史稱的「禹河故道」。《爾雅》記九河的名稱為徒駭、太史、馬頰、胡蘇、簡、鉤盤、鬲津等。西漢人認為此前九河已湮，不可考。東漢河堤都尉許商認為徒駭、胡蘇、鬲津在成平、東光、鬲縣境內，即今德州、滄州之間的 200 里內。可見，今濱州之徒駭位於禹疏九河之南，並非禹疏之河。還有人認為是漯水演變而成，據史書記載，其實也是訛傳。

　　那麼，究竟是何時河流演變成了徒駭河呢？據考證，是漢代開挖的商河和以後出現的土河演變成了今天的徒駭河。據史書記載，漢鴻嘉四年（西元前 17 年）黃河決口後，「灌縣邑二十一，敗官亭民舍四萬所」（《漢書‧溝洫志》），為宣洩黃河洪水，河堤都尉許商於當年開挖了一條商河，自今高唐起，經禹城、臨邑、商河、惠民、濱城，至沾化分為二支入海。此後，在黃河與商河之間又出現了一條土河。由於商河和土河

防洪排澇作用巨大，一直延續到明代。明代中葉，商河在惠民南與土河合流，從而形成了現代的徒駭河。徒駭河形成之初，名稱比較混亂，明嘉靖《武定州志》說：「州城南五十里，今稱土河，舊志遂謂即徒駭河故道」，「惠民溝南望徒駭河」。直到清代，有些地方志仍稱徒駭河為「土傷（商）河」。

今天的徒駭河已經成為集度假休閒、旅遊於一體的風景區，其因位於徒駭河、土馬沙河和付家河交會處，遂命名為三河湖。該湖處河寬263公尺，風景區（劉珍橋至石家村）內水域面積160～170公頃，煙波浩渺的三河湖，巍峨的大閘和兩岸的綠樹長廊，幽深、恬靜之情，使人心曠神怡，流連忘返。

姜太公封齊的傳說

姜太公名望，東海人，生於商朝末年。周文王時，官封太師，助武王滅商有功被封於齊地，成為周代齊國的始祖。據說姜太公封齊還有一段故事呢！

武王統一全國後，採取了「封郡建國」的制度，因為姜太公在東征滅夷的過程中，功績卓著，首得封賞，受封海岱之間（今天的山東東部）的廣大地區，定都營丘（今山東臨淄北），建立齊國。齊國疆域東抵海濱，西及黃河，南達穆陵（今山東沂水境內），北至無棣。疆土相當廣闊。

分封完畢後，武王悶悶不樂，建國之初，百廢待興，希望幾個心腹能夠留下來一起輔助政事。武王挽留姜太公時，出乎意料的是，姜太公拒絕了，堅持要走，原來他是在生武王的氣，想自己年事已高，不願意

遠離王都去偏遠荒涼的地方，覺得武王虧待了他。受封之後，就草草整點人馬，匆匆上路了。一路遊山玩水，竟然兩個月還沒有走到營丘。一天他去一奇峰觀景回來，正欲歇息，忽見一位高人走近身邊，說：「常言道，時難得而易失。貴客寢食甚安，恐怕不是就國之人。」說完飄然而逝。姜太公驟然領悟到：事關邦國命運，豈容片刻疏忽！於是叫上隨從，披星戴月，日夜驅趕奔赴齊地。

初到齊地，正好趕上萊侯興師犯境，與齊地爭奪營丘。姜太公立即組織力量迎敵。幾經交戰，終於擊退進犯的萊侯兵馬。局勢穩定後，姜太公連日巡看，根據時勢，制定了一些整治齊國的重大方針策略。簡化周禮，傳授耕作技術給當地人，發展漁鹽業，鼓勵工商。僅一年的時間，齊國便成為社會穩定、經濟繁榮的東方強國。第二年，姜太公進鎬京朝拜武王時，重新留在了京都輔佐武王。

姜太公雖然在齊地待了僅僅一年的時間，但是由於他的驚人膽略，遠見卓識，不拘形式和務求實際的精神在齊地發揚光大，為後來的齊國成為「春秋五霸」和「戰國七雄」奠定了基礎。

鮑叔牙和齊桓公的故事

世有伯樂才有千里馬。同樣，世有鮑叔牙才有管仲，因為管仲的濟世經邦，才有了齊桓公的曠世霸業。管鮑之交早已成為千古美談，但鮑叔牙與齊桓公交往的前後始末，知之者卻甚少。

據史料記載，鮑叔牙乃春秋時期齊國人氏，少與管仲友善。其時當政者齊僖公有三子，即長子公子諸兒，次子公子糾，三子公子小白。齊僖公讓管仲、召忽做公子糾的師傅，而讓鮑叔牙做公子小白的師傅。鮑

叔牙認為公子小白不能成就大事，讓自己做小白的老師是不受齊僖公重用的結果，因此堅決推辭，假裝有病躲在家中。管仲幫助鮑叔牙分析時勢，權衡利弊，認為從個人的素養和人心向背來看，得天下者非小白莫屬。鮑叔牙欣然接受管仲的建議，一心扶持小白，對小白忠義有加，榮辱與共。

後因齊亂，鮑叔牙隨公子小白出奔至莒國，管仲則隨公子糾出奔魯國。後來，齊襄公被殺，糾和小白爭奪君位，小白得勝即位，即齊桓公。齊桓公任命鮑叔牙為宰相，鮑叔牙辭而不受，一心推薦管仲。最終齊桓公盡釋前嫌，對管仲以禮相待，委以重任，封管仲為大夫，拜為相國。鮑叔牙甘心居於管仲之下，使管仲有了施展自己才華的機會，並幫助齊桓公成就霸業。鮑叔牙讓相後，一直未能復相，管仲死後，相位傳給了隰朋。而鮑叔牙始終以齊桓公顧問的身分積極地議政、參政。可以說，沒有鮑叔牙，就沒有齊國的輝煌。

鮑叔牙的墓在今日濟南王舍大鎮的濟鋼新村，所在高地稱為鮑山，其墓已成為市級文物保護單位，鮑山也已被闢為公園。鮑叔牙知人薦賢的美德也將世世代代為人們所稱頌，時有後人前來祭奠膜拜，崇敬之情溢於言表。

古代官妓的始祖 ── 管仲

有文獻可證，中國古代的娼妓發展史可以追溯到春秋戰國時期。《戰國策·東周策》記載說：「齊桓公宮中七市，女閭七百，國人非之。」鮑彪注釋說：「閭，里中門也。為門為市於宮中，使女子居之。」這些被「國人非之」的「女閭」究竟所指何物呢？

清代周亮工在《書影》卷四中說：「女閭七百，齊桓（公）徵夜合之資，以佐軍興，皆寡婦也。」所謂「徵夜合之資」，明白易懂，無須解釋；「以佐軍興」，則為的是斂財以富國強兵；設在宮中，服務的對象當然都是貴族成員。在宮中蓄養女樂以供統治階級內部淫亂，古已有之，但這個將娼妓作為一種「事業」進行商業性操作的怪點子卻是當時齊國的著名政治家、改革家管仲（管子）想出來的。明末清初的文士余懷在《板橋雜記‧後跋》中說：「管仲相（齊）桓公，置女閭七百，徵其夜合之資以富國。」果然，在管仲的全力襄助下，齊國的國力大振，齊桓公也成為春秋時期第一個諸侯霸主，其中似也有妓女的一份微薄貢獻。

在春秋霸主中，齊桓公是一個有名的好色之徒，他曾經爽快地對管仲說：「寡人有疾，寡人好色。」管仲說，不要緊，好色乃人之常情，「無害也」。但是，齊國設置「女閭」，遠遠不止是為了滿足貴族階級的淫亂和試圖斂財以富國強兵，有時還作為一種迷魂的武器應用於政治外交。據司馬遷《史記‧孔子世家》記載：西元前496年，孔子由大司寇攝魯國的相位，齊國人聽說後，非常憂懼，認為孔子主持國政後，魯國必定能夠成為霸主，而齊國地近魯國，將首先受到威脅，「於是選齊國中女子好者八十人，皆衣文衣而舞康樂」，加上120匹良馬，一道送給魯國國君。魯國國君和掌握實權的貴族季桓子「受齊女樂，三日不聽政」，「往觀終日，怠於政事」。儒家的這位祖師爺孔老夫子當然看不慣這種將「食色性也」發展到極致的荒淫誤政之舉，是可忍，孰不可忍！於是決定不再擔任司寇之職，「拜拜」走人。這就是《論語‧微子》中所記載的：「齊人歸女樂，季桓子受之，三日不朝，孔子行。」齊國人的目的終於達到了。

諸葛亮為什麼好為〈梁父吟〉

　　相傳諸葛亮躬耕南陽壟畝時，時常吟誦著故鄉的古老歌謠〈梁父吟〉。所謂〈梁父吟〉者，梁父，是地名；吟，即歌曲。〈梁父吟〉是產生並傳唱在泰山、梁父這一地域的歌曲（土風）。司馬遷《史記》稱諸葛亮「瑯琊陽都人」，據考證其故里在今山東省沂南縣磚埠黃疃，這裡離〈梁父吟〉的主要流傳地區（泰山）很近。而諸葛亮自出生到 13 歲隨叔父諸葛玄南遷前，一直生活在故里。他在家鄉期間，就喜愛上了〈梁父吟〉這種流行土風。

　　〈梁父吟〉的歌詞為：

　　步出齊城門，遙望蕩陰里；

　　里中有三墳，累累正相似；

　　問是誰家墓？田疆古冶子；

　　力能排南山，又能絕地紀；

　　一朝被讒言，二桃殺三士；

　　誰能為此謀？相國齊晏子。

　　大概意思為：走出城門，遙望南邊的蕩陰里；里中有三座墳，高高隆起，形狀相似；要問這是誰家的墳？那是齊國勇士田開疆、古冶子和公孫接的墳（由於五言句的限制，所以只舉前兩個豪傑的名字）；這三勇士有力拔南山、劍斷地紀的本領；有一天，三勇士被讒言所惑，為爭奪兩個桃子而相互殘殺至死；是誰策劃的這一陰謀？是齊國宰相晏子。這就是春秋時期著名的「二桃殺三士」典故。

　　大多數人都認為，諸葛亮好吟〈梁父吟〉，與歌謠內容本身無關，而

是因為他思念故鄉，因而也就特別喜歡吟詠故鄉的歌謠。不過也有可能是由於三豪傑的不幸遭遇，打動了諸葛亮的心。但除此之外，也許還另有緣故。司馬遷的《史記》認為，晏子是剛直厚義的國士。司馬遷甚至還說：「若晏子尚健在的話，我願替他執馬鞭。」司馬遷筆下記述人物無數，但很少有像晏子那樣獲得如此高的評價的。司馬遷的言論很能代表當時知識分子對晏子的看法。由此可見，諸葛亮喜愛〈梁父吟〉，不僅是因為這三位豪傑的不幸遭遇打動了其心（諸葛亮對晏子策劃「二桃殺三士」的高超智慧，肯定是深有感觸），也更切身體會到在亂世中求生的艱難。

當青年諸葛亮流寓隆中，目睹漢室衰微的動盪、軍閥混戰的黑暗，加之獨居異鄉、父母雙亡，心中難免激起不平之氣，因而時常想起幼年時曾隨父在泰山、梁父居住，借〈梁父吟〉以抒發內心的憂憤之情。

濟南出了個神醫 —— 扁鵲

「濟南名士多」，此話不假，「一代神醫」扁鵲便是其一。扁鵲姓秦，名越人，春秋戰國時期齊國渤海盧（今長清）人。少時曾拜師於民間老醫生長桑君，精通其診病的方法和治病的技術，最終成為一代名醫。他一生周遊列國，四處行醫。因其醫術高明，診斷準確，往往能藥到病除，妙手回春，猶如傳說中的軒轅黃帝時的神醫「扁鵲」，大家因為尊重他，稱呼他為「扁鵲」，漸漸地，秦越人這個本名反而被人們遺忘了。

扁鵲成名後，周遊各國，為人治病，常能因地域不同，隨俗而變。在邯鄲時，聽說當地婦女病多，即為「帶下醫」（婦科）；過洛陽，見該地敬重老人，便以治療「耳目」等老年人疾患為主；到了咸陽，知秦

人以小兒為重，則成為一名兒科醫生。他在診視疾病的實踐中，已經應用了中醫全面的診斷技術，即後來中醫總結的四診：望、聞、問、切。「望」就是看外形及舌苔，「聞」就是聽病人說話和呼吸的聲音，「問」就是詢問病情，「切」就是搭脈搏。當時扁鵲稱之為望色、聽聲、寫影和切脈。扁鵲的醫療方法多種多樣，如針刺、貼、手術、服藥等。扁鵲流傳下來的故事很多，如「切脈奇診趙簡子」、「起死回生虢太子」、「四勸蔡桓公」以及我們耳熟能詳的「扁鵲見齊桓侯」等。聲名大噪的扁鵲也為自己招來了殺身之禍，秦國的官僚李醯因忌妒扁鵲的才能，派人暗下毒手，殺害了扁鵲。

扁鵲所處的戰國時代，巫術風靡一時，諸侯國多設置「大祝」、「司巫」等官吏，專門從事所謂的「驅疫」、「驅疾」等迷信活動，醫術備受冷落，扁鵲以高超的醫術和顯著的療效對迷信施以重拳，為醫學擺脫巫術的羈絆做出了不可估量的貢獻。

千百年來，扁鵲深為人民愛戴和崇敬。在山東、河南以及河北等地，還保存有諸如「扁鵲故里」、「扁鵲村」、「扁鵲遺跡」、「扁鵲廟」、「鵲王山」等遺跡；若哪位醫生醫術高明，則被稱讚為「扁鵲再世」。

「左丘失明厥有國語」的左丘是誰

「左丘失明厥有國語」中的左丘，相傳是中國春秋末期著名的歷史學家和文學家，魯國人，約與孔子同代或者在其前。司馬遷曾在〈太史公自序〉和〈報任安書〉中認為，左丘明是《國語》的作者。左丘明，姓丘名明，因其世代為左史官，所以人們尊其為左丘明。又一說，左丘為複姓，雙目失明。春秋時有稱為瞽矇的盲史官，記誦、講述有關古代歷史

和傳說，口耳相傳，以補充和豐富文字的記載，左丘明即為瞽矇之一。還有其他說法，不一而足。

左丘明的家世遙遠而曲折，祖出齊地，乃姜齊開國君呂尚的後人。左丘明的祖父左史倚相是春秋時期楚國相當出名的史官，其父也是魯國著名的史官。左丘明受春秋時代史官文化的影響，同時又受史官世家家教氛圍的薰陶，逐漸培育了他的君子風範和高尚的情操，使他成長為一位忠誠耿直、品德高尚的文雅君子！堅持實事求是，秉筆直書的左丘明以其良好的治史風格為他贏得廣泛的讚揚和「君子」的美譽。孔子對左丘明的讚譽很高，曰：「巧言、令色、足恭，左丘明恥之，丘亦恥之；匿怨而友其人，左丘明恥之，丘亦恥之。」太史司馬遷亦稱其為「魯之君子」，尊稱其「左丘」。

左丘明蒐集了魯國以及其他封侯各國大量的史料，依據《春秋》著成了中國古代第一部記事詳細、議論精闢的編年史《左傳》和現存最早的一部國別史《國語》，成為史家的開山鼻祖。

如今肥城市的衡魚村是當年左丘明的食邑，現尚有左丘明所植銀杏樹一株，以及相傳為左丘明用過的石碾、石碓、左丘井。左丘明後裔為感謝唐太宗敕封左丘明為經師，從祀文廟所植的槐樹、左丘明六十八代孫丘行鍵的墓碑、左丘明六十九代孫丘漣的故居，到孔子七十代孫襲封衍聖公題寫的匾牌等古蹟和文物等，都得到了完好的保存。

孫子和孫臏是否一家人，他們的故里在哪裡

在中國軍事史上，孫臏和孫武並稱為「孫子」。史學家司馬遷曾在《史記‧孫子吳起列傳》中說：「孫武既死，後百餘歲有孫臏。臏生阿鄄

之間，臏亦孫武之後世子孫也。」據史載，孫武（約西元前 551 ～ ？），春秋時期吳國名將和偉大的軍事理論家，字長卿，齊國樂安（今山東惠民）人。其曾祖父、祖父都是齊國名將，在對內對外戰爭中立過赫赫戰功。家學的薰陶使孫武從小就喜愛兵法，渴望探求戰爭致勝之道，以備將來登壇拜將，沙場點兵，在戰爭舞臺上幹出一番驚天動地的事業。可惜當時齊國內亂不止，幾大家族爭權奪利紛爭不休。孫武無意捲入到無謂的家族鬥爭之中，舉家遷到南方的吳國，躬耕隱居，潛心著兵書，尋求新的機會。後來受到吳王闔閭的重用，策「疲楚誤楚」謀略，大破楚國後，歸隱山林。不久，吳為越所滅，孫武的子孫中部分返回了齊國，這其中就有孫臏的先人。孫臏即是兵聖孫武的後世子孫，出生於齊國的阿（今山東陽穀東北）鄄（今山東鄄城北）一帶，原名不可考。只因受過臏刑（剜掉膝蓋骨），所以史書稱之為孫臏。學者們認為，他的主要生活年代約在西元前 380 至前 320 年之間，大致在吳起之後，與商鞅、孟子同時代。鬼谷子也是因為其為孫武的後人，才收其為徒，傳授兵法。

因孫武誕生於濱州惠民，所以惠民素有「孫子故里」、「兵祖桑梓」之稱。為大力弘揚《孫子兵法》兵文化內涵，惠民縣投資 8,000 萬元，占地十幾公頃，建成了中國第一兵學園林景觀「武聖府」。這是繼北京故宮、曲阜孔廟之後，中國第三大庭院式旅遊景觀，堪稱「兵學殿堂之首，將帥府第之冠」。武聖府 15 大殿以《孫子兵法》13 篇為主體，其內部陳列採用聲、光、電等高科技手段，展示各類實物 1,000 餘件，各類戰例 200 餘例，各期文物 100 餘件，是開展孫子兵文化研究和旅遊休閒活動的理想去處。

孫臏的故里在素有「牡丹之鄉」之稱山東菏澤的鄄城。鄄城縣委、縣政府從 1992 年起整修了「孫氏祠堂」並新建了「孫臏紀念館」及「百

名將軍碑林」。孫氏祠堂建築形式古樸典雅，頗具民族傳統風格。祠堂內設有神龕，正中供奉孫臏雕像，神龕兩旁陳列孫臏後人牌位。祠堂前面有家祠碑一座，碑陽刻有「孫氏家祠序」，碑陰刻孫氏分支概況。此處為孫氏族人緬懷先輩的場所。今天已經成為後人瞻仰先賢的一大旅遊勝地。

孔子的知名弟子

孔子大約 30 歲的時候，最初的一些弟子來到他的身邊，之後孔子一直從事傳道、授業、解惑的教育事業，首倡有教無類和因材施教，成為當時學術下移、私人講學的先驅和代表，故後人尊為「萬世師表」及「至聖先師」。據《史記》記載，孔子有弟子三千，其中精通六藝者七十二人，稱「七十二賢人」。

在德行方面出眾的有：顏回、閔損、冉耕、冉雍。顏回，魯國人，字子淵，小孔子 30 歲，最為孔子鍾愛，並一再褒獎之。因為窮而好學，營養極度不良，導致嚴重早衰，29 歲頭髮白盡，31 歲就早逝了。回死，孔子哭之極慟。閔損，魯國人，字子騫，小孔子 15 歲。以德行著名，孔子稱其孝。閔子騫不仕大夫，不食汙君之祿，品格很高。

在政事方面出眾的有：仲由、冉求。仲由，國籍不詳，字子路，小孔子 9 歲。性鄙，好勇力，性伉直，曾陵暴孔子。孔子設禮稍誘之，子路於是儒服委質，因門人請為弟子。然後來仍多直言，頂撞孔子，孔子容而愛之。以政事聞名，後死於衛國之亂。孔子大慟，為之不食肉糜。

在言語方面出眾的有：宰予、端木賜。宰予，字子我，魯國人，口才極好。因為愛打瞌睡，被孔子罵作「朽木不可雕，糞土之牆不可圬」，

於是百代聞名。端木賜，字子貢，衛國人。口才同樣極好。齊相田常伐魯，子貢奉命出使，去齊國、吳國、越國和晉國求援，憑著三寸不爛之舌，存魯，亂齊，破吳，強晉而霸越，一使而動五國之政。子貢又精通經濟，善做生意，每次出使，車僕之盛，擬於王侯，又仗著孔門高徒的名分，與諸侯相抗禮。

在文學方面出眾的有：言偃、卜商、顓孫師、曾參、澹臺滅明、原憲、公冶長、樊須、有若、公西赤。

熟悉古代文獻的有子游、子夏。

孔子死後，「七十子之徒散遊諸侯，大者為師傅卿相，小者有教士大夫。」這樣就在政治上打破了貴族壟斷的世卿世祿制，為專制君主自由任免布衣卿相的官僚體制創造了條件。在孔子的弟子中，有不少人都闖出了一番成就，對於當時政治，尤其是對於孔子思想的傳播，對於後來儒家文化的形成和發展，形成了重要作用。

工匠祖師公輸般為什麼又叫魯班

魯班，並不姓魯，本姓公輸，名般，又稱公輸子、公輸盤、班輸、魯般等。生於魯定公三年（西元前 507 年），卒年不詳。魯班是中國春秋時期著名的能工巧匠和發明家，也是中國古代最早出現的有名有姓的科學家。魯班的名字在中國早就是家喻戶曉，可是關於他的生平事蹟，人們卻知之甚少。

公輸般既然不姓魯，為什麼人們又把他叫做魯班呢？一般認為，主要因為公輸班是魯國人，古代般與班同音，可通用。這種說法不無道理。

從早期的文獻記載來看，尤其從記載公輸般事蹟較詳盡的《墨子》和《禮記》中可以看出，他除了曾「自魯南遊楚」之外，的確長期生活在魯國。趙岐在《孟子》注中也明確地指出，公輸般是「魯之巧人也，或以為魯昭公之子」。薛綜在《文選·西都賦》注中還指出，他是「魯哀公時巧人」。反過來說，迄今為止，還沒有出現過公輸般不是魯國人的記載。

從地方志上也可以找到一些更為具體的線索。清代的《泗水縣志》和清人王子襄所著的《泗之鉤沉》都有記載說，在泗水城內，東北古卞邑境內，亦名石屋山，相傳魯公輸般曾經在這裡居住過。又有學者判斷：「公輸乃魯之官名，其言般者，般亦卞，以地為氏而相稱者也。」由此可以看出，叫公輸般的籍貫定義為魯國卞邑（今山東泗水）是合乎道理的。

相傳魯班當年發明雲梯攻城，但未派往戰場採用，而被墨子於模擬戰打敗。他也發明滑翔機，使人可以在空中掠過城牆。據說中國鋸子、鎖、墨斗和紙傘都是魯班發明的。有關他的傳說，在各族人民中廣泛流傳，被歷代木工尊為祖師。位於千佛山歷山院文昌閣下東側的魯班祠相傳建於宋元年間，祠內的魯班塑像，頭挽髮髻，面貌和善，衣著簡樸。兩側各有一童子侍立，一個捧書，一個捧墨斗。該祠名聞遠近，也有許多臺灣木瓦工人來這裡祭奠，拈香跪拜，儀式相當隆重。

墨子為什麼被稱為「科聖」

20 世紀初，辛亥革命時期的革命家們稱頌墨子為「世界第一平等博愛主義大家」，與黃帝、華盛頓、盧梭並列為四大偉人。墨子在哲學、政

治、倫理上的成就一直為後人稱頌。孫中山先生稱墨子的兼愛與耶穌的博愛相同。

但是墨子的科學成就一直為世人所忽略。直到 20 世紀初現代科學技術大規模傳入中國以後，人們再讀 2,300 多年前的《墨經》，才驚奇地發現其中包含了豐富的關於力學、光學、幾何學、工程技術知識和現代物理學、數學的基本要素。〈經上〉和〈經說上〉篇中有關於力、反力、合力、運動、時間和空間這些物理學的基本概念和定義，還有關於物質結構形態、運動形式的詳細分類。關於槓桿、滑輪、斜面的力學闡述與現代物理學教科書幾乎完全一致。〈經上〉篇中關於幾何學中的點、線、面、方、圓、垂直、相切等基本要素的定義和幾何邏輯推理體系，〈經下〉和〈大取〉篇中關於有窮、無窮的數學概念，都與現代數學相合。《墨子》中現存 53 篇著作中有 11 篇中講到工程技術。最使科學界震驚的是《墨子》中關於光學知識的研究紀錄。〈經下〉和〈經說下〉篇中有 8 處講到光學，準確闡述了光的直線傳播和反射，影子的生成，透鏡的正、虛像生成原理等。物理學家們原以為世界最早記錄光學知識的是古希臘的歐幾里得。知名物理學家錢臨照曾說：「事實上，《墨經》中關於光傳播直線性的紀錄早於和超過歐幾里得，在世界科學史上應有崇高的地位。」故近代人感嘆，墨學中斷使中國科學不再發達，如果墨學不絕，中國科學史必有更加輝煌的成就。

墨子不僅在物理、幾何等領域有很多的發現，同時他還善於發明創造，他因製造車轄（今之車閘）和車䡈（古代大車車轅和橫木銜接的活銷）而出名。墨子還運用槓桿平衡原理製造了一種類似於現在起重機的機械——桔槔。另外，墨子製造的「罌聽」被譽為最早的「監聽器」，他發明的過舟、連弩之車、飛鳶等都是當時世界上最先進的科學技術。

孟嘗君的雞鳴狗盜之徒

孟嘗君是《史記》記載的戰國四君子之一，薛國（今滕州市張汪鎮）人。姓田名文，田嬰之子。孟嘗君因五月五日生，其父田嬰欲棄之，被其母偷養。田文長大，其名聲在諸侯中傳開，在眾諸侯的推舉下，田嬰同意田文為太子。田嬰死後，田文襲封於薛，是為孟嘗君，亦稱薛公。孟嘗君繼位後，輕財下士，廣招八方仁人志士。不久，門下食客達三千人，境內百姓達六萬餘戶。

孟嘗君禮賢下士，有著寬則得眾的仁者之風。他的很多門客都不是正人君子，而是些雞鳴狗盜之徒。正是這些雞鳴狗盜之徒救了他的命。

西元前 298 年，秦昭王聞知孟嘗君賢能，聘為國相。後聽信讒言，將孟嘗君囚禁。孟嘗君只好派人請求秦王寵姬為他解脫。這位寵姬希望得到白色的狐裘，可是狐裘已獻給秦王，沒有辦法滿足她了。幸好孟嘗君門下食客有人善於偷盜，於是潛進秦王的府庫，將白裘偷出來，獻給秦王的寵姬，她才求秦王放了孟嘗君。剛釋放不久，秦王又後悔了，立即派人去追孟嘗君。按關防規定，須等晨雞叫了方可放人。這時天色尚早，孟嘗君門下食客有善模仿雞鳴者，學雞鳴叫數聲之後，附近的公雞都紛紛叫起來，於是孟嘗君順利通過關防，終於安全回國。

後孟嘗君又被齊緡王聘為齊相。在任期間，他主張聯合韓、魏，牽制楚、趙，發展合縱抗秦勢力，使齊國名聲大震。

東方朔為什麼被稱為「智聖」

東方朔（西元前 154 ～前 93 年），山東平原人（故里在今德州陵縣神頭鎮），西漢文學家。在政治、軍事、文學藝術等方面都有很多建樹。他性格詼諧，言辭敏捷，滑稽多智，愛好喝酒，常在武帝前談笑取樂。古代隱士，多避世於深山之中，而他卻自稱是避世於朝廷的隱士。

東方朔自幼聰慧過人。武帝即位初年，徵召賢才，各地有識之士紛紛上書應徵。東方朔也給漢武帝上書。上書用了 3,000 片竹簡，2 個人才扛得起，武帝讀了 2 個月才讀完。東方朔自薦於朝：「臣朔年二十有二，長九尺三寸，目若懸珠，齒若編貝，勇若孟賁，捷若慶忌，廉若鮑叔，若此可以作天子大臣矣。」武帝見其書而「大偉之，命待詔公車」，從此開始了 50 餘年偉帝智臣同興漢室之喜怒哀樂生涯。

東方朔入朝之初，俸祿不多，也得不到武帝的召見。過了一段時間，他不滿意目前的處境。一天出遊都中，見到一個侏儒，便恐嚇他道：「你的死期要到了！」那侏儒問他為何，他說：「像你這樣矮小的人，活在世上無益，你力不能耕作，也不能做官治理百姓，更不要說拿兵器到前方去作戰。只是活在世上糟蹋糧食，所以如今皇上一律要殺掉你們。」侏儒聽後大哭。東方朔對他說：「你暫時不要哭，皇上來了你就去叩頭謝罪。」一會兒，武帝乘輦經過，侏儒號泣叩首。武帝問：「為何哭！」侏儒說：「東方朔說皇上對我們這些矮小的人都要殺掉！」武帝問東方朔為什麼要如此說。東方朔回答道：「臣朔活著要說，死了也要說這些話。那矮子身長只有三尺多，一袋米的俸祿，錢二百四十。我身高九尺多，卻也只拿到一袋米的俸祿，錢二百四十。那矮子飽得要死，我餓得發慌。陛下廣求人才，您認為我講的話對的，是個人才，就重用我；

不是人才，就罷退我，不要讓我在這裡浪費糧食。」皇上聽了哈哈大笑，於是任命他為待詔金馬門，這樣見到皇帝的機會就多了些。

有關東方朔的傳說很多，最有趣的，莫過於他喝「君山不死酒」的故事。據說，君山上有美酒數斗，如能喝到，可以不死為神仙。武帝得知後，就齋居 7 天，派了欒巴帶童男童女數十人到山上求之，果然得到了仙酒，就帶回來給武帝喝。武帝未喝之前，東方朔就偷偷地喝光了。於是武帝大怒，下令推東方朔出去斬首。東方朔就說：「假如酒有靈驗，你殺我，我也不死；要是沒有靈驗，這酒有什麼用呢？」武帝想了一下，明白了其中的道理，才笑著把他放了。

東方朔曾言政治得失，陳農戰強國之計，但武帝始終把他當俳優看待，不得重用，於是便寫下了〈答客難〉、〈非有先生論〉，以陳志向和抒發自己的不滿。

匡衡「鑿壁引光」

匡衡（？～約前 32 年），字稚圭，東海承縣（故里在今山東棗莊市嶧城區榴園鎮匡談村）人。西漢著名經學大師，漢元帝丞相，封樂安侯。匡衡出身農家，幼年刻苦好學，勤奮努力。據《西京雜記》載：「匡衡勤學而無燭，鄰居有燭而不逮，衡乃穿引其光，以書映光而讀之。」歷史上流傳的「鑿壁偷光」的故事，即由此而來。

由於家裡很窮，所以他白天必須幹許多活，賺錢餬口。只有晚上，他才能坐下來安心讀書。不過，他又買不起蠟燭，天一黑，就無法看書了。匡衡心痛這浪費的時間，內心非常痛苦。他的鄰居家很富有，每天晚上好幾間屋子都點起蠟燭，把屋子照得很亮。匡衡一天鼓起勇氣對鄰

居說：「我晚上想讀書，可是買不起蠟燭，能否借用你們家的一寸之地呢？」鄰居一向瞧不起比他們家窮的人，於是就挖苦說：「既然窮得買不起蠟燭，還讀什麼書啊？」匡衡聽後，非常氣憤，回到家中，更加堅定了刻苦讀書的信念，悄悄地在牆上鑿了一個小洞，鄰居家的燭光就從這個小洞中透了過來，他藉著這些燭光，如飢似渴地讀起書來，漸漸的把家中的書全部讀完了。

匡衡深知自己知識的匱乏，於是一天來到附近的一個大戶人家，請求白天在他家工作，不拿報酬，晚上只要能讀他們家的書籍就可以，主人被匡衡刻苦讀書的精神所感動，答應了他的請求。匡衡就是靠著這種努力不懈的精神一步步走向了成功之路。他的「鑿壁引光」的故事也世代相傳，永垂不朽。

二十四孝中哪些是山東人

齊魯大地向以「禮儀之邦」著稱，孔子有云：「孝悌也者，其為仁之本為興？」他認為孝、悌是「仁」的根本基礎。「孝」是古代社會的基本道德規範，千古流傳了很多感天動地的孝道故事。時至今日，「孝」仍是被稱道的家庭倫理道德標準，為世人所遵循。元代郭居敬輯錄古代 24 個孝子的故事，編成《二十四孝》。在二十四孝中，山東歷史上又有哪些呢？

相傳舜的父親瞽叟及繼母、異母弟象，多次想害死他：讓舜修補穀倉倉頂時，從穀倉下縱火，舜手持兩個斗笠跳下逃脫；讓舜掘井時，瞽叟與象卻下土填井，舜掘道地逃脫。事後舜毫不記恨，仍對父親恭順，對弟弟慈愛。舜在歷山耕種，大象替他耕地，鳥代他鋤草。帝堯聽說舜非常孝順，有處理政事的才幹，把兩個女兒娥皇和女英嫁給他；經過多

年觀察和考驗，選定舜做他的繼承人。舜登天子位後，去看望父親，仍然恭恭敬敬，並且封象為諸侯。

曾參，春秋時魯國人。少年時家貧，常入山打柴。一天，家裡來了客人，母親不知所措，就用牙咬自己的手指。曾參忽然覺得胸口痛，知道母親在呼喚自己，便背著柴迅速返回家中，跪問緣故。母親說：「有客人忽然到來，我咬手指盼你回來。」曾參於是接見客人，以禮相待。曾參學識淵博，曾提出「吾日三省吾身」（《論語·學而》）的修養方法，相傳他著述有《大學》、《孝經》等儒家經典，後世儒家尊他為「宗聖」。

仲由，春秋時期魯國人，性格直率勇敢，十分孝順。早年家中貧窮，自己常常採野菜做飯食，卻從百里之外負米回家侍奉雙親。父母死後，他做了大官，奉命到楚國去，隨從的車馬有百乘之眾，所積的糧食有萬鐘之多。坐在疊疊的錦褥上，吃著豐盛的筵席，他常常懷念雙親，慨嘆說：「即使我想吃野菜，為父母親去負米，哪裡能夠再得呢？」孔子讚揚說：「你侍奉父母，可以說是生時盡力，死後思念哪！」（《孔子家語·致思》）

閔損，字子騫，春秋時期魯國人。孔子曾讚揚他說：「孝哉，閔子騫！」（《論語·先進》）他生母早死，父親娶了後妻，又生了兩個兒子。繼母經常虐待他，冬天，兩個弟弟穿著用棉花做的冬衣，卻給他穿用蘆花做的「棉衣」。一天，父親出門，閔損牽車時因寒冷打顫，將繩子掉落地上，遭到父親的斥責和鞭打，蘆花隨著打破的衣縫飛了出來，父親方知閔損受到虐待。父親返回家，要休逐後妻。閔損跪求父親饒恕繼母，說：「留下母親只是我一個人受冷，休了母親三個孩子都要受凍。」父親十分感動，就依了他。繼母聽說，悔恨知錯，從此對待他如親子。

董永，相傳為東漢時期千乘（今山東高青縣北）人，少年喪母，因

避兵亂遷居安陸（今屬湖北）。其後父親亡故，董永賣身至一富家為奴，換取喪葬費用。上工路上，於槐蔭下遇一女子，自言無家可歸，二人結為夫婦。女子以一月時間織成300匹錦緞，為董永抵債贖身，返家途中，行至槐蔭，女子告訴董永：自己是天帝之女，奉命幫助董永還債。言畢凌空而去。因此，槐蔭改名為孝感。

江革，東漢時齊國臨淄人，少年喪父，侍奉母親極為孝順。戰亂中，江革背著母親逃難，幾次遇到匪盜，賊人欲殺死他，江革哭告：老母年邁，無人奉養。賊人見他孝順，不忍殺他。後來，他遷居江蘇下邳，做雇工供養母親，自己貧窮赤腳，而母親所需甚豐。明帝時被推舉為孝廉，章帝時被推舉為賢良方正，任五官中郎將。

王裒，魏晉時期營陵（今山東昌樂東南）人，博學多能。父親王儀被司馬昭殺害，他隱居以教書為業，終身不面向西坐，表示永不做晉臣。其母在世時怕雷，死後埋葬在山林中。每當風雨天氣，聽到雷聲，他就跑到母親墳前，跪拜安慰母親說：「裒兒在這裡，母親不要害怕。」他教書時，每當讀到〈蓼莪〉篇，就常常淚流滿面，思念父母。

王祥，瑯琊（今山東臨沂）人，生母早喪。繼母朱氏多次在他父親面前說他的壞話，使他失去父愛。父母患病，他衣不解帶侍候，繼母想吃活鯉魚，適值天寒地凍，他解開衣服臥在冰上，冰忽然自行融化，躍出兩條鯉魚。繼母食後，果然病癒。王祥隱居20餘年，後從溫縣縣令做到大司農、司空、太尉。

郯子，春秋時期魯人。父母年老，患眼疾，需飲鹿乳療治。他便披鹿皮進入深山，鑽進鹿群中，擠取鹿乳，供奉雙親。一次取乳時，看見獵人正要射殺一隻麋鹿，郯子急忙掀起鹿皮現身走出，將擠取鹿乳為雙親醫病的實情告知獵人，獵人敬他孝順，以鹿乳相贈，護送他出山。

諸葛亮和王羲之都是山東人嗎

瑯琊（今作玡）為秦置郡名，西漢因之，東漢為「侯國」，轄今山東半島東南部，治所在今臨沂市蘭山北。陽都，漢代縣名，隸徐州瑯琊郡，漢滅即廢。其故城遺址在山東沂南縣磚埠鄉之東的黃疃村一帶。這裡曾是中國歷史上著名的政治家、軍事家諸葛亮的誕生地和生活、居住過的故里，也是素有「書聖」之稱的王羲之的原籍。

《三國志·蜀書·諸葛亮傳》載：「諸葛亮，字孔明，瑯琊陽都人也。」據《三國志·吳志·諸葛瑾傳》注引《吳書》云：諸葛亮的遠祖「其先葛氏，本瑯琊諸縣人，後徙陽都。陽都先有姓葛者，時人謂之諸葛，因此為氏焉」。由此而知，諸葛亮的遠祖本姓葛，原為諸縣（今山東諸城縣）人，後遷往陽都（縣），而陽都當時已有葛姓者，為區別於原居陽都的葛姓與來自諸縣的葛姓，在來自諸縣葛姓的姓氏之前取其縣名加一「諸」字，而被稱之為諸葛，遂成為複姓，諸葛複姓即由此而來。陽都故城，亦名諸葛城。東漢靈帝光和四年（西元 181 年）四月諸葛亮就誕生在這裡。據說其出生時，窗外即將放亮發明，其父便為之改名為「亮」，字孔明。之後，諸葛亮便與其兄諸葛瑾、其弟諸葛均和兩位姐姐在家鄉度過了童年時期。據《泰山志》、《泰山道里記》和《泰山述記》等方志資料記載：諸葛亮幼年時期，母親章氏病死，父親諸葛珪當時在泰山郡的「梁父」縣出任縣「尉」（負責治安、捕盜的官吏），繼而又升「遷為泰山郡函」（泰山郡郡守的助手），諸葛亮隨父到任所，直到父親死後，諸葛亮才又隨叔父「遷居南陽」郡。

王羲之，東晉時瑯琊臨沂（山東臨沂）人，字逸少，西元 303 年出生於瑯琊郡。臨沂瑯琊王氏是漢魏時期的名門望族，以孝文傳家，魏晉

時期成為地位顯赫的大族。王羲之幼年並無過人之處，沉默寡言，成年之後反而能言善辯，才華橫溢，其書法秉承其率真自然和超然脫俗的個性，自成一家。唐太宗稱讚他：「所以詳察古今，研精篆素，盡善盡美，其惟王逸少乎。」唐太宗在臨死留下遺言，將古今行書第一的〈蘭亭集序〉陪葬昭陵，留下了至今還爭論不休的一樁公案。晉永嘉元年（西元307年），王羲之隨家族南遷會稽山陰（今浙江省紹興市），舍故宅為佛寺，佛寺歷經興廢。劉豫時，易名普照寺，沿襲至今。為紀念中國歷史上這位書法大師，1990年以來，由當時的臨沂地區行署、臨沂市政府投資人民幣400餘萬元修復了王羲之故居。

曹植為何葬在東阿魚山

魚山，又名吾山，為泰山西來之餘脈，海拔82.1公尺，占地80餘公頃，東、南兩側有黃河和小清河環繞。魚山實在難讓人覺得它是座山，充其量算是個「丘」。之所以稱之為魚山，因形似甲魚靜臥故名。魏晉之際，魚山建有一座神女祠，供奉的是西晉文士張華〈神女賦〉中的神女智瓊，後人把智瓊與弦超的故事演繹成魚姑與曹植的故事，誤將該祠改稱為「魚姑廟」。清初進士衛既齊有〈吾山書院記〉，詳述其狀。古時魚山曾有八景名聞天下，因年代已久，說法不一，通俗說法是曹植墓、聞梵處、仙人足跡、羊茂臺、魚姑廟、浮雲洞、隋碑亭、仙人橋。如今魚山已失去昔日的風采。舉目眺望，南有黃河飄搖東去，近處黃沙碎石，衰草寥寥，甚是淒涼。

曹植選擇死後靜臥魚山西麓，自有其深意。曹植乃建安時期傑出的詩人，曹操的兒子，曹丕的弟弟。據《三國志》記載：曹植自幼聰慧過

人，十幾歲的時候就能夠背誦詩、論及辭賦數十萬言，尤善屬文。因富才學，早年極為曹操鍾愛，甚至欲立他為太子。他多次隨父出征，出入軍營。〈白馬篇〉是他這一時期的代表作，不但表達了詩人趁時立功的宏偉理想和抱負，而且開啟了樂府詩即事銘誌的新路。但是不幸的是，曹植不善權術，行為任性，因此逐漸失寵。曹操死後，曹丕即位，曹植惡運相繼而至，先後被曹丕數次藉故加害。傳說曹丕曾限其七步成詩，曹植未走完七步即口占〈煮豆〉一首：「煮豆燃豆萁，豆在釜中泣。本是同根生，相煎何太急？」借煮豆燃豆萁諷其兄過分威逼。西元 229 年曹植被封為東阿王，縱有滿腹經綸，報國之心，無奈報國無門，唯有整日「寂寂無歡」，於是「登魚山，臨東阿，喟然有終焉之心，遂營為墓」。233 年，也就是曹植死去的第二年，曹植之子曹志遵其遺願，委派兗州刺史侯昶負責督修曹植墓。234 年將他歸葬魚山。一代英才終得其所。

建安七子中的山東人

建安七子是指東漢末年建安時期（西元 196 ～ 220 年）七位文學家的合稱。最早提出「七子」之說的是曹丕。他在《典論·論文》中說：「今之文人，魯國孔融文舉、廣陵陳琳孔璋、山陽王粲仲宣、北海徐幹偉長、陳留阮籍元瑜、汝南應瑒德璉、東平劉楨公幹。斯七子者，於學無所遺，於辭無所假，咸自騁驥騄千里，仰齊足而並馳。」這七人基本上代表了建安時期除曹氏父子而外的優秀作者，所以「七子」之說，也得到後世的普遍承認。

其中孔融、王粲、徐幹和劉楨四人係山東人士。

孔融（西元 153 ～ 208 年），字文舉，魯國人（今山東曲阜），孔子

二十世孫。曾任北海（山東昌樂）相，時稱孔北海，又任少府、大中大夫等職。為人恃才傲物，所做文章，筆鋒犀利簡潔，喜用譏諷筆調。和曹操在政治上不合，最後因觸怒曹操被殺。後人輯有《孔北海集》。

王粲（西元 177～217 年），字仲宣，山東高平（今山東鄒縣）人。東漢末年，王粲在荊州住了 16 年，劉表以其貌不揚，又體弱通脫，不甚重用。建安十三年（西元 208 年）秋，曹操南征荊州，粲勸劉表之子劉琮舉州歸降。操召授粲為丞相掾，賜爵關內侯，後又遷軍師祭酒。建安十八年（西元 213 年），魏國既建，拜侍中。建安二十一年（西元 216 年）冬，隨軍征吳，次年春，在返回鄴城途中病卒。因歷經離亂，有過痛苦的經歷，故其詩氣憤昂揚，其賦明白曉暢，為魏晉以後的抒情短賦開了先河。是「七子」中集大成者，又與曹植並稱「曹王」。王粲詩今存 23 首，王粲賦今存 20 餘篇。

徐幹（西元 171～217 年），字偉長，北海郡（今山東昌樂）人。少年勤學，潛心典籍。漢靈帝末，世族子弟結黨權門，競相追逐榮名，徐幹閉門自守，窮處陋巷，不隨流俗。建安初，曹操召授司空軍師祭酒掾屬，官五官中郎將文學。數年後，因病辭職，曹操特加旌命表彰。後又授以上艾長，也因病不就。建安二十二年（西元 217 年）二月，瘟疫流行，徐幹亦染疾而亡。徐幹提倡「大義為先，物名為後，大義舉而物名從之」。又擅辭賦，能詩，留傳作品不多。後人留有《徐偉長集》。

劉楨（西元？～217 年），字公幹，東平（今山東東平）人。曾為曹操丞相掾屬。以詩歌見長，其五言詩在當時負有盛名，多為抒寫個人抱負志趣之作，語言簡練，長於比興，曾被譽為「貞骨凌霜，高風跨俗」而與曹操並稱為「曹劉」，與曹丕兄弟頗相親愛。後因在曹丕席上平視丕妻甄氏，以不敬之罪服勞役，後又免罪署為小吏。建安二十二年（西

元 217 年），染疾疫而亡。明代張溥輯有《劉公幹集》，收入《漢魏六朝百三家集》中。

顏真卿與陵縣決戰

蘇軾曾云：「詩至於杜子美，文至於韓退之，畫至於吳道子，書至於顏魯公，而古今之變，天下之能事盡矣。」（〈東坡題跋〉）顏魯公即是今天我們耳熟能詳的顏真卿，其書法豐腴雄渾、骨力遒勁，自成一家而流芳百世，正所謂「字如其人」；顏體在相當大的程度上也展現了顏真卿秉性正直、篤實純厚的個性。

顏真卿（西元 709～785 年），字清臣，京兆萬年人，祖籍唐琅琊臨沂（今山東臨沂）。為琅琊氏後裔，家學淵博，五世祖即是著有《顏氏家訓》的北齊著名學者顏師古。開元年間中進士。因得罪宰相楊國忠，被排斥出為平原太守。平原即是今德州陵縣。陵縣地處魯西北平原，位於首都北京、港城天津、省會濟南之間，素有「京津門戶、九達天衢」之稱。

安祿山叛亂之際，黃河以北各州縣盡被占領。此前，顏真卿未雨綢繆，迅速將守軍從原來三千兵擴充為萬人，並擇取統帥、良將，一些太守、長史也各以眾歸。當時堂兄顏杲卿為常山太守（治所在今河北正定），相與起義，在安祿山後方共討叛軍。河北 17 郡歸朝廷，使安祿山所有僅范陽、盧龍等 6 郡。顏真卿被推為聯軍盟主，統兵 20 萬，橫絕燕趙，軍威大震。天寶十五年（西元 755 年），加戶部侍郎河北招討採訪使，輔佐河東節度使李光弼大將討叛賊。其間顏真卿曾指揮平原、清河（郡治在今河北南宮東南）、博平（故址在今山東西部）三郡之師大戰反

賊，斬敵首萬級，生擒一千餘人，聲威益震。因安史之亂，抗賊有功，顏真卿入京後歷任吏部尚書，太子太師，封魯郡開國公，故又世稱顏魯公。德宗時，李希烈叛亂，他以社稷為重，親赴敵營，曉以大義，終為李希烈縊殺，終年 77 歲。德宗詔文曰：「器質天資，公忠傑出，出入四朝，堅貞一志。」

顏真卿死後，三軍慟哭，皇帝廢朝五日，贈司徒，諡「文忠」。費縣顏氏後裔眾多，在其故里建「魯公廟」祭祀。宋代魯公廟遷移縣城東，現已成為山東名勝。

蘇東坡與〈登州海市〉詩

素有「人間仙境」之稱的蓬萊，更因「海上仙山」的美譽而名聞天下。這裡有巍峨的蓬萊閣雄姿，有迷人的海天風光，有美麗的八仙過海傳說，更有著神奇海市蜃樓的壯美景觀。

根據史籍記載，蓬萊城北海面常出現海市，散而成氣，聚而成形，虛無縹緲，變幻莫測。那些好事的方士便以海市的虛幻神奇，演繹出海上三神山的傳說。傳說中的蓬萊原在茫茫大海之中，與方丈、瀛洲並稱「海上三山」，是神仙出沒的地方。後來八仙過海的故事也加盟到這裡，更為蓬萊平添了幾分神采，被稱為「人間仙境」也就名副其實。安史之亂後，唐玄宗李隆基幸蜀歸來，因日夜思念楊玉環，無處尋覓，後經臨邛道士設法，於七月七日在「長生殿」得以相會。這長生殿，就建在蓬萊閣上。

一代文豪蘇軾，官居登州（今山東蓬萊）太守，任職不到 10 天，就曾兩次登臨蓬萊閣，目睹了神祕的海市奇觀，遂揮筆寫下了〈登州海市〉，即：

東方雲海空復空，群仙出沒空明中。

蕩搖浮世生萬象，豈有貝闕藏珠宮？

心知所見皆幻影，敢以耳目煩神工。

歲寒水冷天地閉，為我起蟄鞭魚龍。

重樓翠阜出霜曉，異事驚倒百歲翁。

人間所得容力取，世外無物誰為雄。

率然有請不我拒，信我人厄非天窮。

潮陽太守南遷歸，喜見石廩堆祝融。

自言正直動山鬼，豈知造物哀龍鍾。

信眉一笑豈易得，神之報汝亦已豐。

斜陽萬里孤鳥沒，但見碧海磨青銅。

新詩綺語亦安用，相與變滅隨東風。

〈登州海市〉堪稱千古絕唱，獨領風騷，為蓬萊仙境增添了迷人的光彩。當地居民為紀念蘇軾，紛紛立石以志，並且為了緬懷蘇公功德建起了這座供後人紀念瞻仰的蘇公祠。在蘇公祠內仍有蘇東坡肖像刻石搨本，西側牆壁上有清代大書法家翁方綱臨蘇東坡的〈登州海市〉楷書刻石。出自蘇東坡之手的「人間蓬萊」坊額題「人間蓬萊」四個鎏金大字至今熠熠生輝。

鄒平為什麼被稱為「范仲淹故里」

相信讀過〈岳陽樓記〉的人都會為「先天下之憂而憂，後天下之樂而樂」的胸襟所震撼，都會記住一個名字 —— 范仲淹。很多人知道范仲淹出生於江蘇蘇州，卻很少有人知道他成長在山東長山。長山，舊縣

名，位於山東省中部偏北，於 1956 年撤銷，併入今濱州市鄒平縣，稱長山區。范仲淹就是在這裡度過了他的青少年時期。

宋太宗端拱二年（西元 989 年）秋八月，在武寧軍（今江蘇徐州）節度使掌書記范墉家，誕生了一個男孩，全家人為之歡喜不已。這個男孩，是范墉的第三子，即後來大名鼎鼎的范仲淹。范仲淹出生之時，范家已家道中衰，生活變得捉襟見肘。更加不幸的是，在范仲淹 2 歲的時候，范墉撒手歸西，使得家中的生活雪上加霜。在萬般無奈的情況下，范仲淹的母親謝氏為生計所迫，便改嫁給原籍淄州（今山東淄博市西南之淄川）、在蘇州為官的長山人朱文翰。不久，繼父掛冠回鄉。剛滿 4 歲的范仲淹，隨母親來到長山縣河南村，並改姓朱，名為朱說（音悅）。幼年的范仲淹聰明好學，但由於隨母改嫁，是一種「拖油瓶」身分，常常受到當地鄉鄰的白眼和羞辱。范仲淹從小讀書就十分刻苦，朱家是長山的富戶，但他為了勵志，21 歲去附近長白山上的醴泉寺讀書，經常一個人伴燈苦讀，每到東方欲曉，僧人們都起床了，他才和衣而臥。那時，他的生活極其艱苦，每天只煮一鍋稠粥，涼了以後分成 4 份，早晚各取 2 份，拌上一點韭菜末，再加點鹽，就算是一頓飯。但他對這種清苦生活卻毫不介意，而用全部精力在書中尋找著自己的樂趣。這些經歷，為後來范仲淹成長為北宋時期偉大的思想家、政治家和文學家打下了堅實的基礎。

後人為紀念范仲淹在鄒平建起了范文正公祠。該祠始建於北宋治平二年（西元 1065 年），經元、明、清歷代重修，整個古建築至今保存尚好。它的前後兩院，古木參天，竹影婆娑，景色優美。前院的大殿為歇山式屋頂結構，斗拱飛簷，氣勢雄偉。殿內祀范仲淹坐像，殿前懸有二匾，各書「菜根味舍」和「長白書院」。後院為享殿，雕梁畫棟，也很

壯觀。祠前有一座巍峨的詩碑，上刻范仲淹〈留別鄉人〉詩：「長白一寒儒，榮歸三紀餘，百花春滿路，二麥雨隨車，鼓吹羅前部，煙霞指舊廬，鄉人莫相羨，教子苦讀書。」以此來激勵後人。

武松和宋江是同一時代的人嗎

作為中國四大古典文學名著之一的《水滸傳》流傳深遠，可謂婦孺皆知。《水滸傳》故事豪放、粗獷，人物性格刻劃也各有特色，宋江和武松便是其中比較典型的人物。

關於武松的記載最早見於宋元之際周密所著《癸辛雜識》內的「宋江三十六人贊」。民間也有很多傳說。武松排行第二，江湖上人稱武二郎，河北清河縣人。《水滸傳》中描述武松自幼父母雙亡，四處漂泊，經過山東陽谷縣（編按：應為陽穀，但在《水滸傳》中寫作陽谷）在景陽岡上打死了老虎之後，聲名大噪，做了陽谷縣步兵都頭。後來哥哥武大郎被姦夫淫婦西門慶、潘金蓮殺害。武松殺了姦夫淫婦，報案自首，被發配孟州牢城。在安平寨牢營，他結識了金眼彪施恩。為替施恩奪回店舖，武松大鬧快活林，醉打蔣門神。後被蔣門神勾結張團練陷害。在飛雲浦武松殺死公差，回鴛鴦樓殺死張團練、蔣門神，在十字坡張青酒店改扮成行者，在二龍山落草，後來投奔梁山泊，成為梁山泊第十四條好漢。

濟南泉城廣場梁山好漢武松和魯智深雕像

《水滸傳》中對宋江的描述是，宋江，人喚「及時雨」。早先為山東鄆城縣押司，整日舞文弄墨，書寫文書，是一刀筆小吏。晁蓋等七個好

漢智取生辰綱事發，被官府緝拿，幸得宋江事先告知。晁蓋派劉唐送金子和書信給宋江，宋江的老婆閻婆惜發現宋江私通梁山，趁機要脅，宋江怒殺閻婆惜，逃往滄州。後宋江被迫上梁山，做了梁山泊首領。

實際上，二人在逼上梁山之前已經有所來往，武松在柴榮府上避難之際，多次受到宋江的恩惠。僅從《水滸傳》來看，毫無疑問，兩人是生於同一時代。

然而，有關北宋末宋江起義的事件，在《宋史·徽宗本紀》以及〈張叔夜傳〉、〈侯蒙傳〉等史書中已有零星的記載。但這些書籍中只有宋江等少數人的姓名。直到宋末元初，以龔開〈宋江三十六人贊〉和〈大宋宣和遺事〉為代表的相關記載中，水滸英雄的陣營日益擴大，武松等形象的描述才逐漸豐富起來。可見歷史事實與文學作品還是有一定差距的。

李清照與漱玉泉

郭沫若所撰「大明湖畔，趵突泉邊，故居在楊柳深處；漱玉集中，金石錄裡，文采有後主遺風」的楹聯，說得便是被譽為「詞壓江南，文蓋塞北」的宋代女詞人李清照。一代詞宗李清照也是濟南泉城廣場東側的文化長廊內 12 位歷史名人雕像中唯一的女性，她的作品可謂「惆情者醉其芬馨，飛想者賞其神駿」，婉約豪放兼而有之，甚至在火星上也有一座以「李清照」命名的山，李清照在中國歷史和古代文壇上的地位可見一斑。

李清照遺留下來的名著《漱玉集》，取名源於她少女時代生活的漱玉泉。對於漱玉泉，清代田雯詩中是這樣描述的：「清波濺客衣，演漾回堂

路；清照昔年人，門外垂柳樹。」泉邊綠柳成蔭，泉水明淨亮潔，當年清照就是在漱玉泉邊梳妝打扮、吟詩作賦的。

漱玉泉的得名也有著一個很有趣的故事。傳說李清照童年，曾隨父親李格非來此觀泉，快走到泉前時，李清照跌了一跤，她張開大嘴正要哭，父親忙說：「快別哭，妳哭這泉水就不冒了。」李清照就急忙用兩手把嘴緊緊摀住，忍著沒哭出來，可是眼睛裡卻不住地掉淚。因為她沒哭，所以這泉水就一直冒到現在。又因為李清照常到這裡來觀泉，並且漱過口、洗過玉，所以才叫漱玉泉。據說在濟南有 4 處漱玉泉，趵突泉公園內的「漱玉泉」知名度最高。李清照到底在山東哪裡居住過，歷史上並無確切記載。不過史料證明，李清照之父李格非是章丘人。後人在章丘發現一塊碑石也是李格非的墨蹟。由此推論，李清照更有可能在章丘百脈泉群的漱玉泉邊梳妝，並以此泉作自己詞集的名字 —— 《漱玉集》。

清泉靈秀，人物亦風流。絕代佳人李清照聚山水之靈氣，揮灑出一篇篇華美的文章，早期的清新自然，無不表達出清照對家鄉山水生活的熱愛和讚美。

辛棄疾為什麼會「金戈鐵馬，氣吞萬里如虎」

他是南宋傑出的愛國將領，也是優秀的愛國詞人；他既有收復失地、恢復中原之志，又曾經身體力行，奔赴沙場；他的詞筆力雄健，氣勢磅礴，充滿激情，以豪放著稱於世，他就是「金戈鐵馬，氣吞萬里如虎」的一代儒將 —— 辛棄疾。

辛棄疾（西元 1140 ～ 1207 年），字幼安，號稼軒，山東濟南人氏。

所處的年代正值多事之秋，北宋已淪陷，濟南處於女真族建立的金政權的統治之下已經 20 餘年。辛棄疾從小跟著祖父踏遍祖國的大好山河，對女真族統治下的人民的痛苦生活深有體會，胸懷恢復中原的壯志。西元 1161 年夏秋間，金率軍大舉南犯，辛棄疾自發聚眾兩千餘人組成起義軍，奮起禦敵，後來與耿京部隊會合，夜追叛徒免大禍，痛殺逆賊張安國，使其名聲大震，備受軍士擁戴。後來辛棄疾奔赴南宋，始終堅持抗戰，並把當時宋金對立的形勢和軍事前景做了具體的分析，寫出了著名的〈十論〉和〈九議〉，展現了他早期的愛國情懷和戰鬥精神。辛棄疾自詡「他年要補天西北。且歸來，談笑護長江，波澄碧」，表現了其早年慷慨激昂的報國之志。

遺憾的是，辛棄疾的思想和政見並沒有得到南宋政權的重視，其職位頻頻調動，各地奔波，居無定所，在湖南時成立了一支抗金軍隊「飛虎營」。由於當權者的昏庸無道，辛棄疾以莫須有的罪名被免職，空有一腔報國之志無處施展。64 歲那年重新被朝廷重用，辛棄疾保家衛國，不減當年的英雄氣概，「憑誰問：廉頗老矣，尚能飯否？」可惜畢竟年事已高，體力不支，被迫辭官歸養，西元 1207 年溘然長逝，臨終猶不忘國恥，大喊：「殺賊！殺賊！」愛國之情，至死不渝。

父子總督牌坊是授予何人的

在山東蓬萊戚繼光祠南側約 100 公尺有兩座戚氏牌坊，牌坊立街東西兩端，東為「母子節孝」坊，西為「父子總督」坊。父子總督坊為大型花崗岩石雕坊，坊高 9.5 公尺，寬 8.3 公尺，進深 2.7 公尺，坊中間額

書：「誥贈驃騎將軍護國都指揮使前總督山東備倭戚景通」、「鎮守浙福江廣郴桂總兵都督同知前總督山東備倭戚繼光」。該坊巍峨挺拔，雕鏤精細，是中國罕見的明代大型石雕珍品。雖然樹牌坊是朝廷的旨意，但具體的設計者和巧奪天工的雕刻者是誰，卻不得而知。據說此牌坊建成後，設計和修建此牌坊的工匠們就被殺掉了，不管是真是假，但牌坊獨特和精美絕倫的雕鏤確是十分罕見，具有很高的歷史價值和藝術價值。

戚繼光（西元 1528 ～ 1588 年），是明朝名將，民族英雄，軍事家。祖籍河南衛輝，後遷山東登州（今蓬萊）。戚繼光出身將門，自幼喜讀兵書，勤奮習武，立志報國。明世宗的時候，有一批日本的海盜經常在中國東南沿海一帶騷擾。他們和中國的土豪、奸商勾結，到處搶掠財物，殺害百姓，鬧得沿海不得安寧。歷史上把這種海盜叫做「倭寇」。倭寇侵略越來越嚴重，朝廷派了個熟悉沿海防務的老將俞大猷去抵抗。俞大猷後來因為被牽連坐了牢。沿海的防務沒有人指揮，倭寇的活動又猖獗起來。朝廷把山東的將領戚繼光調到浙江，才扭轉了局面。戚繼光是個精通兵法的將領，他懂得兵士不經過嚴格訓練是不能上陣的。他根據南方沼澤地區的特點，研究了陣法，親自教兵士使用各種長短武器。經過他嚴格訓練，這支新軍的戰鬥力特別強，「戚家軍」的名氣也在遠近傳開來。幾年的時間，就把進犯浙江台州、福建的倭寇全部趕走。後來倭寇又侵犯福建，攻下興化。這時候，俞大猷已經復職。朝廷派俞大猷為福建總兵，戚繼光為副總兵。兩位抗倭名將一起，大敗倭寇，收復興化。到西元 1565 年，橫行幾十年的倭寇被基本肅清了。戚繼光因為抗倭有功，也由此成為中國歷史上著名的民族英雄。

丘處機為什麼能被成吉思汗封為國師

　　看過《射鵰英雄傳》的朋友，一定熟悉一位英雄，就是有著俠義風骨的長春子丘處機道長。但是歷史上的丘處機與文藝作品中的丘處機不盡相同，丘處機與成吉思汗的會晤也絕非郭靖引薦，其中的故事也並非《射鵰英雄傳》中的那麼簡單。

　　丘處機（西元 1148 ～ 1127 年），字通密，號長春子，山東登州棲霞縣人。他幼年便失去父母，成為孤兒，讀書不多。19 歲時拜道教全真道創立者王重陽學道，後稱長春真人，與馬丹陽、譚處端、赫大通、王處一、劉處玄、孫不二同稱全真七子。王重陽羽化後，全真七子分散傳授，以擴大全真教的影響。丘處機成為全真七子中名氣最大的一位，是當時全真教的領袖。他也是道教龍門派的創立者。由於眾多弟子們的宣傳，在人間享有「神仙」的美名，曾被金世宗召到中都講授道術。丘處機不僅是一位道行高深的道士，還是一位情操高雅、滿腹經綸、通曉古今的有志之士。

　　所謂「打天下容易，治天下難」，成吉思汗建立蒙古政權後，決定招賢選能。他得知丘處機博古通今，才能超群，想招為國師。成吉思汗兩次遣使召見丘處機，可是丘處機隱居山林，深入簡出，避而不見。成吉思汗求賢若渴，不肯放棄。於 1219 年第三次派遣近侍臣劉仲祿備輕騎素車，攜帶手詔請丘處機出山，演繹了自三國以來又一個帝王虔誠躬迎、禮賢下士的故事。當然這其中也不排除成吉思汗想長生不老的情結，聞名天下的「長生不老之術」對於一個有著萬古基業的帝王來說，其誘惑力是不可抗拒的。

　　西元 1220 年，丘處機終於被成吉思汗的誠意所打動，75 歲高齡的

他帶領弟子尹志平等 18 人，歷時 2 年，「經數十國，為地萬有餘里。蓋喋血戰場，避寇叛獄，絕糧沙漠，自崑崙歷四載而始達雪山」，與成吉思汗會面並接受了國師的職位。

孔尚任在哪裡完成的《桃花扇》

相信看過《桃花扇》的人都會被復社名士侯方域與秦淮名妓李香君曲折的愛情故事所感動，會對南明弘光王朝由建立到覆滅的動盪而短暫的那段歷史有一個全新的認知。《桃花扇》用兒女之情襯托國破家亡之痛，作者以數十年的工夫探求歷史的真實性，可以稱得上是當時歷史舞臺的一部「信史」。

《桃花扇》作者就是世稱「南洪北孔」中的「北孔」孔尚任。20 歲前後，孔尚任考取縣學生員。後來參加歲考，沒有被錄取。但孔尚任並沒有放棄做官的念頭，他典賣了家中田地，捐資納了一個「例監」（國子生）。31 歲，他於縣北石門山，讀書著述，談古論今。在少年時代和石門山讀書時期，孔尚任已對南明興亡產生興趣。這期間，他曾從親友處採取逸聞，又從諸家記載中擷取史實，準備寫一部反映南明興亡的傳奇。這就是《桃花扇》創作的醞釀時期。

康熙二十二年（西元 1683 年），康熙親自到曲阜祭孔，這是清統一全國以後第一次引人注目的尊孔大禮。孔尚任被選為御前講經人員，撰儒家典籍講義，在康熙面前講《大學》，又引康熙觀賞孔林「聖蹟」。因其博學多才，深得康熙皇帝的賞識，被破格升為國子監博士。康熙二十四年（西元 1685 年），孔尚任進京，正式走上仕途。七月初，即奉命隨工部侍郎孫在豐往淮揚，協助疏濬黃河海口。淮揚一帶是明清之

際政治軍事鬥爭的重要地區。他在揚州登梅花嶺，拜史可法衣冠塚；在南京過明故宮，拜明孝陵；遊秦淮河，登燕子磯；還特地到棲霞山白雲庵，訪問了後來被寫進《桃花扇》的張瑤星道士。這個時期，孔尚任為《桃花扇》的創作積極進行著實地考察。這時，他還結交萃聚在這些地方的明代遺民。淮揚四年不僅是孔尚任對現實認知的深化時期，也是創作《桃花扇》最重要的思想和素材的準備時期。康熙二十九年（西元 1690 年），孔尚任回京，開始了 10 年京官生涯。經過 10 年的苦心經營並三易其稿，於康熙三十八年（西元 1699 年）六月，孔尚任完成了他的傳奇戲曲名著《桃花扇》。

《桃花扇》的出現，象徵著湯顯祖以後，中國戲曲文學發展到了一個新的高峰。孔尚任也因此成為清代最享盛名的戲曲作家之一。

一部記載神仙狐魅的傳奇小說，一部描寫社會奇聞逸事的志怪傳奇，曾經被當代文學大家郭沫若給予高度評價：「寫鬼寫妖高人一等，刺貪戲謔入木三分」的文學作品，就是《聊齋誌異》。《聊齋誌異》的作者就是被稱之為世界短篇小說之王的蒲松齡。

淄博淄川聊齋草堂

蒲松齡，字留仙，號柳泉，山東淄川人，出生於一個破落的讀書世家。由於受家庭和社會風氣的影響，少年時代就醉心於科舉，19 歲時接連考取縣、府、道三個第一，名震一時。但後來卻屢試不第，在科舉考試中和官宦仕途上，蒲松齡屢屢受挫，終不得志。為生活所迫，蒲松齡只好去做私塾先生。他在仕途失落的同時，便把精力轉到寫作上去了。他一邊教書，一邊開始了文學創作。從 20 歲起，蒲松齡就開始收集、寫

作志怪小說。為了寫《聊齋誌異》，蒲松齡受了很多的苦。有人曾說蒲松齡三苦並存——生活過得苦，考試考得苦，寫書寫得苦。45 年之久的私塾教師生涯使得他「家徒四壁婦愁貧」，辛辛苦苦教一年書，賺的錢不夠大觀園半頓螃蟹宴。生活的拮据尚在其次，他的仕途之路更是辛酸漫漫。史料記載，蒲松齡三試第一後，連續 4 次參加舉人考試，全部落榜。到 72 歲，成為貢生。貢生是什麼概念？貢生相當於舉人副榜。蒲松齡在科舉考試當中所受的痛苦令人啼笑皆非，可悲可憐！蒲松齡一直考不上，也與他一直在艱苦地寫《聊齋誌異》有關係。為了寫《聊齋誌異》，他在家鄉柳泉旁邊擺茶攤，請過路人講故事，講完了回家加工；或者到古人的書裡找素材。蒲松齡就是這樣在貧困線上掙扎，在科舉路上徬徨，在寫書路上孜孜以求，終於寫出了可與《紅樓夢》並駕齊驅於中國小說頂峰的《聊齋誌異》。

在康熙五十四年（西元 1715 年）正月二十二日酉時，蒲松齡遺憾地離開了人世。他飛黃騰達的夢想化為了泡影，然而終其一生心血的《聊齋誌異》，終於為他贏得生前身後名！

在膠東傳教的美國修女 —— 慕拉第

位於蓬萊市畫河南段西側的浸信會教堂，占地面積 1,115.56 平方公尺，建築面積 373.33 平方公尺，由禮拜堂、神壇、洗禮池、更衣室等組成。清咸豐十一年（西元 1861 年）二月，美國南浸信會傳教士海雅西首至登州，於北街觀音堂創建教堂，時為華北浸信會第一教堂。此後，從清同治年間到清末民初，美國浸信會傳教士先後來此傳教，並建教堂、孤兒院、醫院、學校、工廠等。

先後在該堂傳教的美國傳教士中，以慕拉第（Lottie Moon）女士在國際宗教界影響最大。慕拉第女士於清同治十三年（西元 1874 年）到登州傳教。剛開始時登州城裡人對她很排斥，周圍的人叫她「洋鬼子」、「洋婆娘」。慕拉第對此很反感，因為她覺得大家都是一樣的，應該互相尊敬。慕拉第從周圍的農村開始傳教，逐漸被中國風俗同化，外面穿上了中國的大褂，頭髮也挽起來。經過不懈努力，初步建立了黃縣、平度、掖縣等地教堂。慕拉第曾在登州北門浸信會教堂設立了一個小學，在牌坊街南路建立女子小學，還開設了慕貞中學和育英女子中學。她對待所有婦孺、老幼都是一視同仁，也以同樣的愛心對待乞丐和每一個到她門前求助的人。由於慕拉第的樂善好施，周圍的人都接受了她，她的教會才開始發展壯大起來。為了基督教事業，慕拉第終身未嫁，1912 年死於回國途中。

慕拉第是美國基督教新教組織第一位派往國外傳教的女性教士，為傳播基督教勞苦了一生，兼之教績卓著，在西方宗教界頗具影響。美國有專門的組織研究她的生平事蹟、著作、言論、傳教方法及其宗教影響。每年耶誕節，美南浸信會都以她的名義發起宗教募捐。自 1987 年始，每年都有外國遊客專程到蓬萊參觀慕拉第女士長期生活和工作過的畫河基督教堂，拜謁「大美國女教士慕拉第遺愛碑」。自 1986 年始，煙臺推出慕拉第創立的浸信會尋根拜謁旅遊。許多教徒赴煙臺浸信會教堂尋根拜謁，其中一年人數高達 1,000 多人。

發現甲骨文的第一人 —— 王懿榮

中華民族在五千年漫長的歷史演進進程中創造了無數燦爛輝煌的文明，這些文明的記載和傳承離不開一個工具，那就是文字。中國古史有

確切紀年的是從共和元年（西元前 841 年）開始的，再往上就有很大的爭議了。夏商之前的歷史更是撲朔迷離，無從考據。甲骨文的發現從而使商朝由神話走向了現實。這種文字是 100 年前被獨具慧眼的王懿榮最早發現的。王懿榮是山東福山人，光緒六年（西元 1880 年）中進士授翰林，任國子監祭酒。王懿榮學識淵博，是一位古文字學家，他酷愛收藏歷代古董，對金石學頗有研究。

王懿榮是怎樣發現甲骨文的呢？其實很偶然，相傳在光緒二十五年（西元 1899 年），王懿榮身染瘧疾，請來太醫診治。太醫開出的藥方中有一味「龍骨」，待家人從宣武門外菜市口鶴年堂藥鋪抓回藥來，王懿榮開包審視，無意中發現「龍骨」上的道道劃劃很有規律，不是自然生成，像人用什麼刻上去的。他經過比較、研究，初步認為「龍骨」上的道道劃劃，是比古篆文還早的文字。王懿榮本來就是一位精通周代銘文的金石家，當即意識到這味「龍骨」不同尋常，便迅速著人去藥店訪尋「龍骨」的來源，並將這一帶藥店中帶字的「龍骨」全部買回，共得 1,500 餘片。經精心察看、辨識、研究，他斷定這不是什麼「龍骨」，而是古人在龜甲和獸骨上用火灼刻的古老的文字，屬於殷商後期的文字，舉世聞名的甲骨文就這樣讓王懿榮發現了。

這些「龍骨」是河南安陽一帶的農民在耕地時發現的，再經藥材商轉運到京城。「龍骨」引起王懿榮的重視後，其身價大漲，農民也爭相挖掘，30 年間就挖出 4 萬餘片。王懿榮發現甲骨文之時，正值滿清政府風雨飄搖之際。八國聯軍於光緒二十六年（西元 1900 年）攻入北京，朝廷任命王懿榮為京師團練大臣，光緒、慈禧等人則棄京而逃。王懿榮不願為洋人所俘，帶繼室謝氏、長媳張氏投井殉國。王懿榮遺留下的 1,000 多片甲骨後來都轉到了寫《老殘遊記》的劉鶚手中，他據此編成《鐵雲

藏龜》問世。甲骨文真實地記錄了中華民族的早期歷史進程，它和古代埃及的紙草文書、巴比倫的泥版文字以及印第安人的馬雅文字一樣，是整個人類的文化瑰寶。

康有為為什麼要葬在青島

戊戌變法失敗後，康有為便踏上了逃亡之路。在此期間，康有為曾四下太平洋，九渡大西洋，八經印度洋，一過北極海，先後去過 42 個國家和地區。他四遊加拿大，八訪英吉利，七過比利時，十一次進出德意志。他遍訪東西方各國，最終將自己頤養天年之地選在青島。他買下了匯泉灣旁邊的德國舊提督樓，還親自在門楣上題寫了「天遊園」三個大字，作為自己的別墅。他還在李村河南岸的棗兒山上，為自己選好了一塊龍脈墓地。

天遊園是康有為晚年生活中的第三處別墅，地址在青島福山路 6 號。這裡原是西元 1898 年德國在青島設租界時建築的提督署，當地稱之為「提督樓」。該樓築於信號山坡，屋雖小而園甚大，望海綠波，盛暑不熱，是個好去處。1914 年第一次世界大戰爆發，德國人撤離青島，這裡被日軍占領。大戰結束，中國收回膠州灣，提督署成為官產。1923 年康有為遊青島時，當時的青島市長趙琪（軍閥張宗昌的部屬）招待康有為入住提督樓。康有為看上了這個好去處，先是租賃；一年之後又買了下來，改名「天遊園」。此後每年夏天都率親屬子女來青島避暑。奇怪的是，「提督樓」曾先後住過幾個督軍一類的人物，最後卻都被槍斃，因此這座庭園被民間視為「凶宅」。康有為毫不在乎地說，提督樓的風水，犯了「白虎銜屍」的格局，購入後擬名「天遊園」可改變格局，以克凶

邪。但未及整修，1927年早春3月，康有為竟在青島一次酒宴之後暴卒。

康有為的青島情結由來已久，初到青島，康有為曾經評價青島「海上忽見神仙山，金碧觀闕絢其間」。而他那一句「青山綠樹，碧海藍天，中國第一」的讚詞以及由此衍生的「紅瓦綠樹」一說已成為島城視覺風貌的經典概括。歷史上，在德占膠澳、五四運動、青島主權回歸等重大事件發生之際，康有為曾先後十餘次因為青島問題而發出救亡圖存的呼號。

韓復榘的逸聞趣事

韓復榘是民國軍閥的典型代表，關於他的故事，社會上流傳很廣，不勝枚舉，這裡只列舉幾個比較典型的、形象的、諷刺性的故事。

據說，有一次韓復榘看見幾個人在操場上打籃球，便很生氣地對手下說：「怎麼這麼多人搶一個球？以後給每個人發一個。」

韓復榘非常喜歡審案子，而且速審速決，幾十人的案件乃至上百人的案件，霎時就審訊完畢，判決也十分簡單；要麼釋放，要麼殺掉，很少有被判刑或還押再審的；釋放的人中有該罰款或棍責的，則多了一個罰款或棍責若干。有一次，審訊完畢，韓復榘走下座位，以手指指著對執法隊說：「這邊的（左邊的）開釋！」「那邊的（右邊的）槍斃！」這一宣布，被開釋的人感激涕零，連連向韓叩頭，稱頌「韓青天」，然後揚長而去；被處死的人，則大呼「冤枉」，哭叫連天，然後被拉上8號大卡車，押赴刑場槍決。

某一次紀念週會，祕書在演講稿的末尾照例寫了句「中山先生精神不死，永遠活在人們心中」。不料，韓復榘在演講的過程中讀成了「中山先生

沒有死，永遠活著」！場內一片譁然。祕書很難堪，急忙扯了一下他的衣袖，悄聲說「精神，精神，你漏了精神」。哪裡知道，韓復榘不解其意，竟然補充了一句「還精神著呢」，一時「孫中山沒死還有精神」傳為笑柄。

1930 年代初，蔣中正在江西推廣新生活運動。一次會上，韓復榘發言道：「蔣委員長的新生活運動我贊成。不過，走路靠右側，那左邊誰走了啊？」

韓復榘為人附庸風雅，喜歡做打油詩。比較典型的就是給趵突泉做的一首詩：「趵突泉，泉趵突，三股泉水一樣粗，咕嘟咕嘟直咕嘟。」在泰山的時候，他也曾賦詩一首：「遠看泰山黑乎乎，上邊細來下邊粗，有朝一日倒過來，下邊細來上邊粗。」另有韓復榘的〈放足歌〉、〈剪髮歌〉：「纏腳不如放腳好，這個道理人盡曉。多生病，不耐老，看纏腳婦女被害真不少」；「髮辮始自滿清國，拖在腦後像豚尾，又骯髒，又累贅，被人笑罵不知悔。」

關於韓復榘的逸聞趣事甚多，比如「關公戰秦瓊」、「鶴立雞群」的故事，不一而足。

馮玉祥為什麼歸葬泰山

如今在泰山西溪口東側有一處墓地，墓為泰山花崗石砌成，傍山臨澗，莊嚴肅穆。墓前是一座大眾橋，橋跨石峽兩岸，兩邊護以紅色鐵欄，在青山綠樹映襯下，使得該墓更顯莊嚴雄偉。這就是中國現代史上顯赫一時的，與泰山有著深厚淵源的中華民國前軍政部部長馮玉祥的墓地。墓壁上橫鐫郭沫若題書「馮玉祥先生之墓」七個大字，下為馮先生浮雕頭像，上刻馮玉祥的自題詩〈我〉。

馮玉祥曾在泰山生活過很長時間，1932 至 1935 年間曾兩次卜居泰山普照寺正殿後的一座二層小樓裡，對泰安民眾多有義舉。

　　1932 年 2 月馮玉祥被任命為內政部部長。由於對蔣、汪對日妥協的態度相當不滿，馮決定辭職不就，前往泰山，讀書深造。之前幾個月來的奔相走告使得馮玉祥備嘗艱苦，如今來到山林勝地，「深覺山水樹木之可愛，清幽雅靜，既宜於養病，又宜於讀書」；近日來的煩悶，暫時被東嶽泰山雄偉秀麗的景物所驅逐，身心頓覺舒暢，於是「決定在此居住一段時間」。馮玉祥來到環境與南京、洛陽截然不同的泰山，在他生命中算是一個重大的轉折，從此他開始了一種新的生活。一方面他密切注視中國和國際的形勢，另一方面嚴格要求自己抗日愛國，生活平民化，並制定了十條生活規則來約束自己。後來由於客居山東，樹大招風，給山東帶來了不必要的麻煩，馮玉祥遂產生了離開泰山的念頭，並於 10 月 6 日離開了泰山。

　　1933 年 8 月 17 日，報國無門的馮玉祥再次來到泰山讀書學習。他積極成立研究室，舉行專題報告和座談會，還經常邀請中國的知名學者、教授、專家來泰山作短期的講學。馮玉祥潛心治學的同時，也非常關心黎民百姓，經常參加泰山的公益活動，前往農民家中探望，他們如有困難，立即解囊相助。為了使泰山貧苦農民有受教育的機會，馮玉祥還在當地陸續建立了 15 所武訓小學，經費基本上都是由他個人支出；此外還在泰山修橋、綠化，深受當地群眾的愛戴。馮玉祥用他的實際行動表達了對泰山這片熱土的摯愛。他去世後，按照他的遺囑，終於歸葬泰山。

抗日名將 —— 張自忠

他是第二次世界大戰中 50 多個同盟國中殉職最高的將領，也是抗日戰爭期間為國捐軀的唯一的國民黨上將級軍官。

張自忠（西元 1890 ～ 1940 年），字藎忱，山東臨清人。在臨清高等小學堂畢業後，先後入天津、濟南法政學校苦讀。辛亥革命起事，他加入了同盟會，因痛心民族多難，列強欺凌，於 1914 年秋投筆從戎。1917 年入馮玉祥部，歷任營長、團長、旅長、師長等職。1930 年中原大戰後，馮玉祥軍事集團被瓦解，張自忠所部被蔣中正收編。1931 年後，張自忠曾任第二十九軍第三十八師師長、第五十九軍軍長、第三十三集團軍總司令兼第五戰區右翼兵團司令等職。1933 年，長城抗戰起事，張自忠擔任二十九軍前線總指揮，率部主動出擊，與日寇血戰七晝夜，取得了震驚中外的喜峰口戰役的勝利。「七七」事變爆發後，張自忠又率部奔赴抗日前線，曾一戰淝水，二戰臨沂，三戰徐州，四戰隨棗，升任三十三集團軍總司令兼第五戰區右翼兵團總指揮。1940 年 5 月，為阻擊向襄樊、南陽進犯的日軍，他率領七十四軍從宜城渡過襄河東岸，在新街、方家集一帶與日軍血戰。5 月 16 日，日軍又增兵 1 萬餘人，陷張自忠部於重圍。張自忠率部轉戰到宜城南瓜店十里長山高岡上，沉著指揮作戰。下午日軍逼近，部隊已傷亡殆盡，他已兩處受傷，猶振臂高呼「殺敵」！敵彈又洞穿他的前胸，他告左右「努力殺敵」；敵兵衝到面前，向將軍刺殺，將軍抓住敵槍躍起奮戰，最後身負 7 處重傷，彌留之際，張自忠將軍留下最後一句話：「我力戰而死，自問對國家、對民族、對長官可告無愧，良心平安！」旋即拔佩劍自戕，一代名將張自忠壯烈殉國，年僅 50 歲。

張自忠殉國後，馮玉祥為將軍墓親書隸體墓碑「張上將自忠之墓」，又仿明史可法墓葬揚州梅花嶺之意，於 1942 年 6 月 18 日隸書「梅花山」

三個大字，鐫刻立於墓前，並親自在墓前栽植梅花樹。近代以來，北京、天津、武漢等大城市相繼恢復了「張自忠路」的名稱，以示對這位抗日烈士的永遠紀念。現今在宜昌當年將軍停靈處，即現在的東山烈士陵園，建造了張自忠將軍公祭紀念亭，時常有人到此祭奠英烈。

國學大師 —— 季羨林

　　譽滿海內外的學術大師季羨林的家鄉也是山東。1911 年，季老出生在山東臨清農村一個貧窮的農民家庭。幼時隨馬景恭識字。6 歲，到濟南，投奔叔父季嗣誠，入私塾讀書。7 歲後，在山東省立第一師範學校附設新育小學讀書。12 歲，考入正誼中學，半年後轉入山東大學附設高中。在高中開始學德文，並對外國文學發生興趣。18 歲，轉入省立濟南高中，直到 1930 年，考入清華大學西洋文學系，才真正離開了山東。

　　對於將近耄耋之年的季老來說，在山東的生活時間雖然很短，但他始終眷戀著故土。從離開故鄉去濟南上小學、中學，再到北京上大學，去德國留學，再回國執教北京大學，在這漫長的歲月中，季老總是牽掛著家鄉的父老鄉親，對故鄉的思念從未停止過。剛到德國哥廷根不久的一天，他在日記裡寫道：「我現在還真是想家，想故國，想故國裡的朋友。我有時想得不能忍耐。」他在 1989 年 11 月寫的〈月是故鄉明〉一篇散文中，用在世界上不同國家、不同環境下看到的月亮，和故鄉的月亮做了比較，他說：「看到它們，我立刻就想到我故鄉中那個葦坑上面和水中的那個小月亮。對比之下，無論如何我也感到，這些廣闊世界的大月亮，萬萬比不上我那心愛的小月亮。不管我離開我的故鄉多少萬里，我的心立刻就飛來了。我的小月亮，我永遠忘不掉你！」其實，故鄉里的

一草一木，小時候認識的每一個人和知道的每一件事，他都忘不掉，這些經常出現在他的夢中和他寫的優美散文中。季老真誠地關心自己的故鄉。他對故鄉的窮困憂心如焚，他也對故鄉的每一點進步和每一件美好的事物由衷的讚美。他還經常向見到的臨清人打聽故鄉的收成情況。

季老不僅熱愛自己的故鄉，而且盡其所能為故鄉出力，做了許多有意義的事情。建於明代中期的臨清舍利寶塔，是京杭大運河上四大名塔之一，為山東省重點文物保護單位。由於年久失修，已無法往上登攀。為了保護家鄉的文物古蹟，為了滿足家鄉人民的要求，一生從來「不願意麻煩人」，更「不善於求人」的季老，為臨清舍利寶塔的修復積極地奔走，為家鄉立了關鍵性的一功。另外季老還為故鄉設立教育獎勵基金，為故鄉修路等。對故鄉的關切之情溢於言表。

諾貝爾獎得主丁肇中

美籍華裔的丁肇中是享譽海內外的粒子物理學家，1976 年獲得諾貝爾物理學獎。

1936 年出生在美國密西根州安納保城的丁肇中，祖籍是山東省日照市東港區濤雒鎮濤雒二村。濤雒是個具有近千年歷史的古鎮，丁氏家族自明初從外地遷來，世代繁衍生息，逐漸發展成為當地的名門望族之一。日照有民諺云：「丁、牟、秦、安、李，還有山後鄭。」說的是日照六大望族姓氏。丁氏家族曾經有過一門六進士的輝煌歷史，在日照門第顯赫，丁肇中的祖父早年肄業於上海復旦大學。丁肇中的父親丁觀海1930 年代畢業於山東大學，也是中國土木工程學系講授彈性力學之第一人。父母的言傳身教和家庭薰陶漸染，使得丁肇中從小就養成了刻苦鑽

研的優良品格和嚴謹的治學態度。1949 年隨父來到臺灣。

如今日照市濤雒鎮的「丁肇中祖居」已被整修一新，大院裡還闢出幾間房建成「丁肇中科技館」，既表達了故鄉對丁肇中的厚愛，也以此激勵後來者。

成龍的祖籍在哪裡

提起國際影星成龍，相信很多人耳熟能詳，但是你知道成龍的原籍在哪裡嗎？

成龍這個名字只是藝名，成龍的本名是陳港生。祖籍在山東臨淄，家族本姓為房姓。傳到成龍父親那一代，因為其父以前是做特務的，要從事「地下工作」就得要隱姓埋名，姓房顯然太容易暴露目標，於是就改姓陳。成龍父親的老家是安徽省和縣沈巷鎮房橋村，而有關的報導證明，他們的家譜中明確記載著他們是從唐朝末期從山東臨淄遷徙過去的。也就是說，房橋村房家的祖籍在臨淄。二十四史《新唐書》、《舊唐書》以及大量的權威資料都明確記載著「房玄齡，齊州臨淄人（今淄博東北）」。今天臨淄故城南馬坊村的村碑上有著房玄齡的明確記載，村南依然能夠找到房玄齡的衣冠墓所在地。以上事實已經非常清楚地說明成龍的祖籍在齊國故都 —— 山東臨淄。

現在的臨淄是中國歷史文化名城、石化名城、世界足球（蹴鞠）起源地，有著豐富的旅遊資源。臨淄歷史悠久，作為齊國都城長達 800 餘載。齊國曾是春秋五霸之首，戰國七雄之冠，兩漢時期仍為齊王首府，是漢「五都」之一。周圍幾十里的地面上，大約分布著 150 多座古墓，被稱為「臨淄墓群」。古墓的年代上起春秋中後期，下迄秦漢。墓主有

國君、王侯、貴族、大夫、將軍、名士等。比較典型的有晏嬰塚，晏嬰「二桃殺三士」的三勇士公孫接、田開疆、古冶子的合葬墓，管仲墓，四王塚，田穰苴墓等。臨淄的春秋殉馬坑有殉戰車 10 輛，馬 32 匹，規模之大，配套之齊全，馬飾之精美，為當代中國之冠，被列為 1990 年全國十大考古發現之一。

齊魯風華，山東掠影——儒學文化的奠基與發揚：

器物圖騰 × 城樓地標 × 自然景觀 × 佳餚酒釀 × 節日傳說，異邦風情錦上添花，探索東方思想的搖籃

主　　編：王晨光

發 行 人：黃振庭

出 版 者：崧燁文化事業有限公司

發 行 者：崧燁文化事業有限公司

E-mail：sonbookservice@gmail.com

粉 絲 頁：https://www.facebook.com/sonbookss/

網　　址：https://sonbook.net/

地　　址：台北市中正區重慶南路一段六十一號八樓 815 室

Rm. 815, 8F., No.61, Sec. 1, Chongqing S. Rd., Zhongzheng Dist., Taipei City 100, Taiwan

電　　話：(02)2370-3310

傳　　真：(02)2388-1990

印　　刷：京峯數位服務有限公司

律師顧問：廣華律師事務所 張珮琦律師

定　　價：450 元

發行日期：2024 年 05 月第一版

◎本書以 POD 印製

Design Assets from Freepik.com

國家圖書館出版品預行編目資料

齊魯風華，山東掠影——儒學文化的奠基與發揚：器物圖騰 × 城樓地標 × 自然景觀 × 佳餚酒釀 × 節日傳說，異邦風情錦上添花，探索東方思想的搖籃 / 王晨光 主編 . -- 第一版 . -- 臺北市：崧燁文化事業有限公司 , 2024.05

面；　公分

POD 版

ISBN 978-626-394-284-4(平裝)

1.CST: 歷史 2.CST: 人文地理 3.CST: 山東省

671.24　113006103

電子書購買

臉書

爽讀 APP